上海地方志实录系列丛书

沪港合作发展实录

1978—2021

上海市地方志办公室 编

张 建 著

上海人民出版社

上海市哲学社会科学规划项目
编号：2018WFZ003

一、沪港合作会议机制

2003 年 10 月 27 日，沪港经贸合作会议第一次会议在香港特区政府礼宾府召开（图片由上海市人民政府港澳事务办公室提供）

2012 年 1 月 5 日，沪港经贸合作会议第二次会议在上海召开（图片由上海市人民政府港澳事务办公室提供）

2015 年 4 月 10 日，沪港经贸合作会议第三次会议在上海西郊宾馆召开（图片由上海市人民政府港澳事务办公室提供）

2018 年 8 月 24 日，沪港合作会议第四次会议在香港召开。经国务院批准，沪港经贸合作会议自第四次会议开始更名为“沪港合作会议”（图片来源：香港特区政府网站）

2021 年 8 月 30 日，沪港合作会议第五次会议通过视频方式举行（图片来源：上海市人民政府港澳事务办公室和香港特区政府网站）

二、沪港经贸合作

2012 年 10 月 31 日，香港特别行政区政府工业贸易署和上海市商务委员会在上海共同举办“沪港合作 CEPA 研讨会”，图为商务部台港澳司司长孙彤在研讨会上致辞（图片由上海市人民政府港澳事务办公室提供）

2017 年 5 月 15 日，“一带一路”沪港投资基建合作高层代表团全体成员受到泰国总理巴育接见并合影（图片由上海市人民政府港澳事务办公室提供）

2020年10月18日，由香港置地集团整体开发的位于徐汇滨江的上海西岸金融城项目举行奠基仪式（图片来源：澎湃新闻）

2021年11月5—10日，第四届中国国际进口博览会在上海国家会展中心举行，约240家香港企业参展，向来自世界各地的参展商推介香港的优质商品及服务（刘欢　摄）

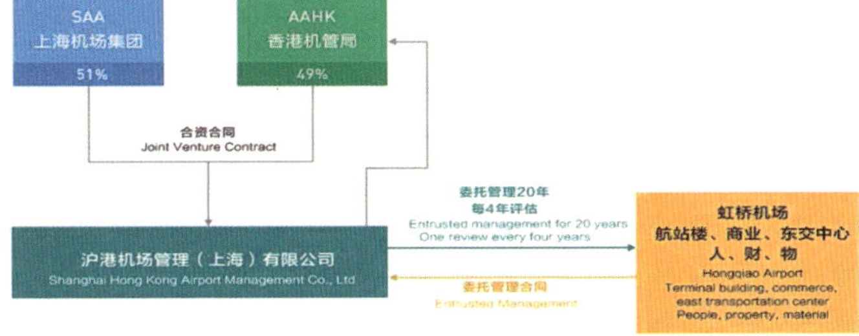

2009年10月，上海机场集团与香港机场管理局合作成立沪港机场管理（上海）有限公司

三、沪港金融合作

2010 年 1 月 19 日，上海市金融服务办公室与香港特区政府财经事务及库务局在香港签署《关于加强沪港金融合作的备忘录》（图片由上海市人民政府港澳事务办公室提供）

2016 年 6 月 13 日，上海市金融服务办公室与香港特区政府财经事务及库务局在上海签署《关于深化沪港金融合作的协议》，上海市金融服务办公室主任郑杨致辞（图片来源：上海金融服务办公室网站）

2013 年 3 月 4 日，沪港金融合作第三次工作会议在香港召开（图片来源：香港特区政府网站）

2017 年 5 月 23 日，沪港金融合作第七次工作会议在上海召开（图片由上海市人民政府港澳事务办公室提供）

2009 年 1 月 21 日，上海证券交易所与香港交易所签订《沪港交易所更紧密合作协议》，双方在加强技术与产品合作等方面达成共识（图片由上海市人民政府港澳事务办公室提供）

2014 年 11 月 17 日，香港特别行政区行政长官梁振英和香港交易所主席周松岗在香港交易所为“沪港通”首日交易鸣锣开市（图片来源：香港特区政府网站）

2015 年 7 月 10 日，上海黄金交易所与香港金银业贸易场在香港举行“黄金沪港通”开通仪式（图片来源：香港金银业贸易场网站）

2019 年沪港金融专业大学生交流考察计划（图片来源：香港青年协会网站）

四、沪港科技合作

2013 年 9 月 27 日，沪港科技合作研讨会在上海召开，上海市科协主席陈凯先院士致辞（图片由上海市人民政府港澳事务办公室提供）

2015 年 12 月 7 日，科技部部长万钢（前排中）见证沪港众创空间合作协议签约（图片由上海市人民政府港澳事务办公室提供）

2022 年 8 月 16 日，由上海科学技术交流中心、上海市科技创业中心与香港科技园公司、沪港经济发展协会、上海香港联会共同主办的“2022 沪港科技创新对话”通过香港和上海两地分会场连线举办（图片来源：“上海科技”微信号）

2011 年 3 月，中国科学院上海分院与香港中文大学签署合作协议（图片由上海市人民政府港澳事务办公室提供）

五、沪港商事仲裁调解合作

2014 年 11 月 27 日，由上海经贸商事调解中心、香港联合调解专线办事处及香港调解会主办的第二届沪港商事调解论坛在香港举行（图片来源：粤港澳仲裁调解联盟网站）

2021 年 8 月 18 日，由上海经贸商事调解中心、香港联合调解专线办事处及香港调解会主办的第五届沪港商事调解论坛在上海举行，上海经贸商事调解中心主任张巍主持论坛（图片来源：澎湃新闻）

2015 年 11 月 19 日，香港国际仲裁中心上海代表处在上海成立（图片由上海市人民政府港澳事务办公室提供）

六、沪港文化交流

2016 年 8 月，沪港文化交流座谈会召开（图片来源：香港西九文化区管理局网站）

2019 年 11 月 1 日，2019 年沪港文化创意合作会议在上海社科院举行。香港特别行政区行政长官林郑月娥出席会议并致辞（图片来源：上海社科院网站）

2019 年 11 月 1 日，香港中乐团艺术总监兼终身指挥阎惠昌指挥香港中乐团在上交音乐厅演出“都会交响”音乐会，标志着第二十一届中国上海国际艺术节“香港文化周”开幕。“香港文化周”从 11 月 1—24 日在沪举办（任珑　摄）

七、沪港教育交流

2017 年 4 月 28—29 日，由教育部中学校长培训中心主办，香港大中华会协办，上海海外联谊会、上海市教育委员会及香港特区政府教育局支持的“纪念香港回归二十周年沪港中学校长论坛”在华东师范大学举行（图片来源：华东师范大学网站）

2018 年 11 月 6 日，沪港大学联盟成立仪式在复旦大学举行（图片来源：复旦大学网站）

2019 年 10 月 4 日，在全国政协副主席董建华（后排左一）和上海交通大学名誉校董董建成的见证下，上海交通大学与香港董氏慈善基金会在香港签署捐赠协议（图片来源：上海交通大学网站）

八、其他沪港合作平台

2018 年 6 月 7 日，第九届沪港大都市发展研讨会在上海召开（图片由上海海外联谊会提供）

2015 年 11 月 24 日，2015 年沪港澳青年经济发展论坛在香港举行，主题为"全球视野下的城市经济发展新动力"（图片由上海市人民政府港澳事务办公室提供）

2018 年 8 月 23 日，2018 沪港澳青年经济发展论坛在香港举行，主题为“凝心聚力新时代　开辟科创新未来”（图片由上海海外联谊会提供）

2010 年 10 月 21 日，由上海市政协港澳台侨委员会、上海社科院和香港明天更好基金举办的“世博后沪港经济发展合作研讨会”在上海市政协召开（马俊杰　摄）

2020 年 10 月 25 日，上海国际问题研究院举行庆祝成立 60 周年纪念大会暨系列学术研讨会，系列研讨会之一“新时代‘一国两制’在香港实践面临的机遇与挑战”由全国港澳研究会和上海市人民政府港澳事务办公室指导，上海国际问题研究院主办（图片来源：上海国际问题研究院网站）

2021 年 6 月 9 日，由上海市政协港澳台侨委员会、上海社科院和香港明天更好基金举办的“‘十四五’上海发展与沪港合作”研讨会以线上线下相结合的方式召开（金松　摄）

九、沪港青少年交流

2015 年 4 月 10 日，香港特别行政区行政长官梁振英（左三）与在沪香港青年人交流（图片来源：香港特区政府网站）

2019 年 4 月 17 日，“沪港澳青少年交流实习基地”成立暨授牌仪式在上海举行（图片由上海市人民政府港澳事务办公室提供）

2016 年 6 月 1 日，“沪港明日领袖实习计划”在香港大学启动，150 多名香港大学生赴上海开展为期 7 周的暑期实习（图片来源：中央人民政府驻香港特别行政区联络办公室）

2017 年 7 月，2017“未来之星”香港大学生上海创新创业之旅在上海进行（田雯　摄）

2019 年 7 月，“沪港同心”青少年考察交流计划在上海进行（图片由上海海外联谊会提供）

2021 年 5 月 14 日，第十六届“爱我中华”在沪港澳台大学生夏令营开营式在上海交通大学举行（图片由上海海外联谊会提供）

2022 年 7 月 10 日，2022 沪港明日领袖（上海）实习计划在沪启动（图片由上海市人民政府港澳事务办公室提供）

十、沪港合作成就展

2017 年 8 月，“香港回归祖国二十周年——同心创前路　掌握新机遇”成就展暨“沪港合作成果展”在中华艺术宫举行（夏薇　摄）

2017 年 8 月 15 日，以“同心创前路，掌握新机遇”为主题的香港回归祖国 20 周年成就展暨沪港合作成果展在上海中华艺术宫揭幕（张建　摄）

十一、沪港合作发展

2020 年 8 月 18 日，香港企业家走进松江合作备忘录签约仪式在上海松江区举行（图片来源：上海松江区政府网站）

2021 年 4 月 14 日，上海市“十四五”规划解读会暨沪港澳合作交流会在上海举行（图片由上海市人民政府港澳事务办公室提供）

2021 年 8 月 12 日，上海市工商联（总商会）与香港驻沪经贸办、香港投资推广署在上海工商联大厦共同举办“聚焦航运金融 沪港协同发展”专题推介会（图片来源：上海市工商联网站）

《沪港合作发展实录（1978—2021）》编委会

主　任：洪民荣　王玉梅

副主任：姜复生

委　员（以姓氏笔画为序）：

过文瀚　吴一峻　宋仲琤　唐长国

黄文雷　黄晓明　裘晓燕　窦鸿雨

《沪港合作发展实录（1978—2021）》编辑部

主　编：唐长国

副主编：郭万隆

《沪港合作发展实录（1978—2021）》课题组

组　长：张　建

成　员：唐光俊　涂钦云　朱晓易

“上海地方志实录系列丛书”出版说明

地方志是中华民族优秀传统文化，承担着“存史、育人、资政”的重要职责。按照这一职责，上海地方志工作提出了建设成为党和政府想得起、用得上、靠得住的存史“志库”、育人“知库”和资政“智库”的目标定位。为此，按照国务院《地方志工作条例》规定，上海市地方志办公室紧密围绕国家赋予上海的重大战略、紧密围绕重大时间节点、紧密围绕重要史料的发掘整理，积极组织开展地方志书、地方综合年鉴、地方综合史的编纂与开发利用。

打造《上海地方志实录系列丛书》，是上海市地方志办公室积极发挥地方志作用的探索。《上海地方志实录系列丛书》旨在围绕中心、服务大局，及时记载、全面收集、完整反映上海承担的重大战略、发生的重大事件、开展的重点工作，努力体现及时性、重大性、客观性的特点。《上海地方志实录系列丛书》体例参照志书和年鉴，主要设卷首照、概况、专题纪事、媒体报道、访谈录、政策法规、附录等，并依据实际适当增减。《上海地方志实录系列丛书》编写采取了自编撰写、与相关部门合作、社会公开招标等多种形式和方法，公开出版。近年来，上海市地方志办公室相继组织开展了《上海新一轮对口支援新疆实录》《上海抗击新冠肺炎疫情实录》《上海科创中心实录》《上海自贸试验区实录》《沪港合作发展实录》等编纂，《上海地方志实录系列丛书》逐步形成。

希望《上海地方志实录系列丛书》能够通过及时记载变化、客观反映发展、忠实保留历史，为当代提供资政辅治之参考，为后世留下堪存堪鉴之记述。通过《上海地方志实录系列丛书》，进一步打响方志品牌、推进上海文化品牌建设，为上海改革开放和建设具有世界影响力的社会主义国际化大都市作出积极的贡献。

上海市地方志办公室

2022 年 8 月

凡　例

一、本实录坚持以马克思主义为指导，遵循辩证唯物主义和历史唯物主义原理，实事求是记述上海市与香港（香港特别行政区）合作发展的历史与现状。

二、本实录定为《沪港合作发展实录》。

三、本实录致力于全方位、多角度、实事求是记述沪港合作发展的历程、成就与现状，力求体现历史脉络、时代特色、沪港合作特点。

四、本实录记述上限为 1978 年，下限为 2021 年 12 月 31 日。

五、本实录记述地域范围为上海全境和香港全境。由上海市、香港（香港特别行政区）辐射至外地及国外事物，兼及记述。

六、本实录体裁采用述、记、图、照、表、录，诸体各随其宜，力求内容与形式统一。

七、本实录所述“市委”指中共上海市委，“市政府”指上海市人民政府。

八、本实录的政府机构简称用法按照《国务院机构简称》(2008 年）使用。

九、本实录资料来源于《上海通志》《上海年鉴》《上海经济年鉴》《上海统计年鉴》《上海港澳台侨胞联络志》《上海市志・外事・港澳台侨事务分志・外事・港澳事务卷 (1978—2010)》《上海市志・外资经济分志（1978—2010）》《香港志-总述-大事记》《沪港发展报告》等书籍，上海市政府有关部门和香港特区政府的有关官方网站信息以及《人民日报》、新华社、《解放日报》、《文汇报》、澎湃新闻、香港《大公报》、香港《文汇报》等媒体及相关的新闻报道。经考证核实后载入，一般不注明出处。

目 录

※

第二篇

专题纪事

第三篇

媒体有关沪港合作发展的部分报道

第四篇

访谈录

第五篇

合作文件

第一篇 概况

第一章　概述

香港是中华人民共和国不可分割的一部分。1949 年新中国成立以来，特别是 1978 年改革开放以来，香港各界人士积极投身国家改革开放和现代化建设，为我国取得举世瞩目的历史性成就、国家快速成长为世界第二大经济体作出了重要贡献。1997 年 7 月 1 日，中国恢复对香港行使主权，香港实行“一国两制”制度。香港自回归之日起，就重新纳入国家治理体系。中国政府在香港实行“一国两制、港人治港、高度自治”的方针，中央政府严格依照宪法和香港基本法治理香港。改革开放以来，香港同祖国内地的联系越来越紧密，交流合作更加多元、深化。一方面，香港通过积极参与国家改革开放进程对国家的改革开放作出了重要贡献；另一方面，香港也从国家改革开放发展历程中得到发展的机遇，借助国家改革开放的机遇以及中央政府的支持，成长为具有全球影响力的国际金融中心。香港与内地的相互依赖性日渐加强，形成了日益紧密的经济关系。无论是在贸易、投资，还是产业合作等领域，两地经济融合度都日益提高。同时，香港也充分发挥作用成为联通内地和国际的桥梁和纽带。

一

2018 年 11 月 12 日，国家主席习近平在北京接见香港与澳门各界参加庆祝改革开放 40 周年活动的代表团时指出：“中央充分肯定港澳同胞在国家改革开放进程中的作用和贡献。在国家改革开放进程中，港澳所处的地位是独特的，港澳同胞所作出的贡献是重大的，所发挥的作用是不可替代的。”“改革开放 40 年来，我国发展取得举世瞩目的历史性成就，港澳同胞以及在香港、澳门的外资企业和人士也有一份功劳。对这一点，祖国和人民永远不会忘记。”“国家改革开放从一开始就注入了香港、澳门活力元素。40 年来，港澳同胞在改革开放中发挥的作用是开创性的、持续性的，也是深层次的、多领域的。”习近平主席对港澳同胞和社会各界人士在改革开放中发挥的作用作出总结，包括：投资兴业的龙头作用、市场经济的示范作用、体制改革的助推作用、双向开放的桥梁作用、先行先试的试点作用、城市管理的借鉴作用。中国特色社会主义进入了新时代，意味着国家改革开放和“一国两制”事业也进入了新时代。新时代的显著特征之一就是坚持改革开放。在新时代国家改革开放进程中，香港、澳门仍然具有特殊地位和独特优势，仍然可以发挥不可替代的作用。对香港、澳门来说，“一国两制”是最大的优势，国家改革开放是最大的舞台，共建“一带一路”倡议、粤港澳大湾区建设国家战略等的实施是新的重大机遇。习近平主席提出，我们要充分认识和准确把握香港、澳门在新时代国家改革开放中的定位，支持香港、澳门抓住机遇，培育新优势，发挥新作用，实现新发展，作出新贡献。习近平主席希望港澳在未来继续为国家发挥作用，包括更加积极主动助力国家全面开放、更加积极主动融入国家发展大局、更加积极主动参与国家治理实践、更加积极主动促进国际人文交流。

2018 年 12 月 18 日，中央表彰改革开放 40 年百名改革先锋。其中港澳人士 5 名（香港 4 名、澳门 1 名），充分体现了香港、澳门在国家改革开放进程中的独特地位、重大贡献和不可替代作用，也充分体现了中央对港澳同胞作出的重大贡献的认可、尊重和重视。他们是“为国家改革开放作出杰出贡献的香港企业家和社会活动家”霍英东、“支持国家建设和改革开放的香港工商界优秀代表”王宽诚、“倾力支持国家改革开放的香港著名企业家”曾宪梓、“‘一带一路’卫生领域合作推动者”陈冯富珍、“率先到内地投资的澳门著名企业家和社会活动家”马万祺。他们是为国家改革开放伟大事业作出贡献的杰出人士和代表，带动更多的港澳各界人士参与到国家改革开放进程中。

1978 年春夏，中共中央和国务院先后派出一些主要领导干部率领代表团访问、考察欧洲五国、日本、东欧以及香港、澳门地区。积极利用外资、引进外国先进技术设备，开始成为中国经济建设中的一项重大政策，对中国的经济发展和改革开放起到了重要的促进作用。吸收各种形式的外资是对外开放的最重要方式之一，包括兴办中外合资经营企业和中外合作经营企业、开展补偿贸易、合作开发资源等。从 1979 年到 1983 年上半年，全国共批准成立中外合资经营企业 105 家，吸收外商投资约 2 亿美元。联合国贸易和发展会议发布的《2019 年世界投资报告》显示，2018 年中国吸收外资创历史新高，达 1390 亿美元，占全球吸收外资总量的 10% 以上，全球排名仅次于美国。40 年来，中国吸收外资超过 2 万亿美元。2021 年中国吸收外资 1734.8 亿美元，增长 20.2%。

40 年来，内地与香港之间的合作深入发展。经贸领域的合作不断深化、日益密切，区域合作加强推进，从珠三角、长三角等发达地区与香港的合作扩展到中部、西部地区。金融、社会、文化、教育、旅游等领域的合作也全面展开，内地与香港形成全方位、宽领域、多层次的合作格局。改革开放以来内地与香港在各阶段、各领域的合作，不但在加快中国的现代化建设、推进中国快速成长为世界第二大经济体中发挥了积极的作用，而且对促进香港经济发展、保持香港繁荣稳定、推动“一国两制”实践也发挥了重要作用。中共十九大报告提出，支持香港、澳门融入国家发展大局，以粤港澳大湾区建设、粤港澳合作、泛珠三角区域合作等为重点，全面推进内地同香港、澳门互利合作。国家“十三五”规划提出，支持香港巩固国际金融、航运、贸易中心地位，参与国家双向开放和“一带一路”建设，加大内地对港澳开放力度。中共十八大以来的党和政府文件多次提出发挥港澳独特优势，提升港澳在国家经济发展和对外开放中的地位和功能，支持港澳发展经济、改善民生、推进民主、促进和谐，并提出了深化内地和港澳合作发展的若干重大举措。改革开放以来，香港融入国家发展大局、融入中华民族伟大复兴进程。借助“一国两制”优势，香港也从与内地紧密的关系中获得最大的收益。依靠内地的庞大市场空间，提升、巩固了香港的国际金融、贸易、航运中心地位，通过在内地的投资，获得巨大的经济利益；通过《内地与香港关于建立更紧密经贸关系的安排》（Closer Economic Partnership Arrangement，CEPA），香港与内地基本实现贸易自由化；通过开放内地“自由行”，支撑香港的旅游、零售等行业的发展。借助中概股在香港的上市，香港股市在全球 IPO 中高居前列、香港股市规模也位居世界前列。借助沪港通、深港通、债券通等香港与内地的金融互联互通，参与内地的金融市场，扮演内地与国际金融联通的关键角色。

1993 年 6 月，中国证监会与香港证监会签订《监管合作备忘录》，正式允许内地公司在香港联合交易所上市。7 月 15 日，青岛啤酒成为首家发行 H 股于香港上市的内地企业。随后，中资企业赴港上市数量和规模逐渐上升。1997 年，包括中国移动、南方航空等大型中资公司赴港 IPO，总融资规模达到 700 亿港元。随着红筹股和 H 股赴港上市逐渐增多，中国公司在港股市场上比重上升，增加了香港资本市场在全球的竞争力。2003 年 6 月 29 日，内地与香港签署 CEPA，并从 2004 年开始实施。2014 年底，沪港通互联互通机制开启。自沪港通开通以来，基金互认、深港通、债券通、粤港澳大湾区“跨境理财通”等政策相继落地，香港与内地金融的互联互通持续深化。互联互通已经成为国际投资者进入 A 股市场的主要桥梁，而港股通也为内地投资者配置港股搭建了新途径，双向交易规模和影响力持续提升。2015 年 11 月 27 日，两地签署《CEPA 服务贸易协议》，标志着两地在服务贸易领域基本实现自由化。2018 年 12 月，两地签署《CEPA 货物贸易协议》；2019 年 11 月，两地又修订了《CEPA 服务贸易协议》，在内地与香港货物贸易已全面实现自由化的基础上，在多领域大幅提升内地服务贸易对香港的开放水平，在金融、法律、建筑及相关工程等多个重要服务领域增添了开放措施，进一步降低香港企业和专业人士进入内地市场的门槛，为两地贸易往来提供更全面的制度安排。

香港一直是内地最大的外部资金来源地和融资平台，一直扮演国家（内地）“走出去”与“引进来”的关键桥梁与窗口角色。改革开放初期，外商直接投资的来源地主要是港澳台地区，内地首批引进外来资金来自香港企业，第一家中外合资企业来自中国香港，第一家五星级酒店也由中国香港商人投资。即便随着开放力度和范围加大，外国直接投资增加，仍以吸收港澳台资金为主，其中又以港资为主。改革开放40年，港资占内地吸收外资的比例超过50%，多达1万亿美元以上。内地对外投资的发展也是先以港澳地区为主。《2019年世界投资报告》显示，2018年对外投资方面，日本对外投资金额全球居首，为1430亿美元；第二位是中国，为1300亿美元。根据中国商务部、国家统计局和国家外汇管理局联合发布的《2019年度中国对外直接投资统计公报》，2019年中国对外直接投资为1369.1亿美元。美国彼得森国际经济研究所（The Peterson Institute for International Economics，PIIE）报告显示，截至2018年底，中国（内地）非金融类对外直接投资在香港的存量达到6220亿美元（8817亿新元），相当于香港同年GDP的170%，说明大量中国内地企业通过香港投资全球。96家中国央企中，有50家至少有一家子公司在香港上市。当前香港还是人民币国际化和推进"一带一路"建设的重要战略平台。2015年中国内地对香港直接投资首次超过港商对内地投资，香港成为内地"走出去"的重要承接地。2020年中国内地对香港直接投资891亿美元，是CEPA签署前（2003年为12亿美元）的74倍。截至2020年底，内地对香港非金融类累计直接投资1.44万亿美元，占内地对外投资存量总额的56%（截至2020年底为2.58万亿美元）。

改革开放40多年历程中，香港不仅率先为内地引进资金、技术等"硬件"，更输入现代化的发展理念、经营方式、管理经验等"软件"。这些来自香港的智慧，在改革开放各阶段均发挥了不可或缺的作用，助力国家走向现代化。1997—2021年，内地与香港贸易额由507.7亿美元增加至3603.3亿美元，增长6.1倍，年均增长8.5%；截至2021年底，内地累计吸收香港投资超1.4万亿美元，占内地吸收外资总额的57.6%，内地对香港非金融类直接投资存量超8000亿美元，占内地对外非金融类直接投资的53.2%。香港作为重要贸易和投资通道的作用进一步发挥。香港回归祖国20多年来，内地与香港经贸交流合作不断深化，水平不断提高，领域不断拓展。内地与香港实现优势互补、共同发展，香港在融入国家发展大局中，成为国内大循环的重要参与者和联通国内国际双循环的重要促进者。

二

1840年鸦片战争爆发。1842年，清政府与英国签订《南京条约》，割香港岛给英国，开放上海、广州、福州、厦门、宁波五处为通商口岸。上海与香港的命运因为这一重大历史事件发生了联系，自此中国两个城市的命运在历史风云激荡中交织在一起。当历史走到20世纪40年代后期的解放战争、20世纪70年代末80年代初的改革开放这些重大事件时，上海和香港的命运在国家发展历史进程中也在发生着改变，也在伴随着历史进程发生着互动。香港和上海有着共同的历史背景，却有着不同的历史命运。共同的历史背景使香港和上海在1840年以来中国建设国家的现代性追求中形成了惊人的同一性。这种同一性洋溢在香港和上海的社会、经济和都市文化之间。不同的历史命运使资本、人才和文化以某种或偶然或必然的方式在香港和上海之间大规模移动。正是这种同一与差异，使香港和上海这两座城市间发生联系和互动，也自觉或不自觉地彼此观望。香港和上海两个城市之间的历史、文化、经济、身份的交错，在这两个城市之间建立起某种超越历史的象征性和实质性联系。历史风云际会，香港和上海之间互为镜像，成为中国城市发展史、中国改革开放史上的靓丽风景线。香港的上海元素、上海的香港元素都为这两座城市彼此的发展增添了色彩。香港和上海这两个城市各自的发迹、成长和盛衰，以及它们之间的相互影响，一直是国内外学者、投资者与施政者殷切关注的课题。被称为“东方明珠”的上海与有着“东方之珠”美誉的香港，是我国两大重要的经济中心城市。双珠并耀、珠联璧合，对中国经济，特别是长江三角洲和珠江三角洲区域经济的发展，产生重要的推动作用。因此，沪港两地的合作，历来广受关注。回顾历史，沪港合作源远流长。在中国近代史上，上海曾是远东最大的贸易金融中心和中国最大的工商业城市。早在20世纪上半叶，两地在经济、文化等领域的交流就十分频密。新中国成立后，香港作为中国内地联系世界的窗口，上海作为中国内地最大的工商业城市，双方经贸联系依然十分紧密。20世纪70—80年代，香港快速发展，成为“亚洲四小龙”之一。改革开放以后，特别是1997年香港回归以来，沪港合作尤其是经贸合作进一步加强，合作领域不断拓展，层次不断提高，为今后加强全面合作打下了坚实基础。

上海和香港地区素有交往和交流。1978年11月，中共上海市委统战部成立联络处，重点负责对外联络工作。上海市委统战部部长张承宗提出海外统战工作的重点先放在港澳，逐步扩大到台湾和海外；在港澳方面又重点放在当地的苏浙帮（上海帮）人士，放在工商界和知识界，逐步扩大到广东帮、福建帮人士和教育、科技等领域。在他的多方努力下，经市委批准，上海工商界经济访问团于1979年3月访问香港，成为当时颇有影响的一件大事。

上海是中国改革开放伟大成就的重要内外展示平台，香港是中国独特的“一国两制”制度的实践平台。上海和香港都成为中国走向世界舞台和中华民族伟大复兴进程中的战略性、标志性城市。上海和香港之间的沪港合作无论对于上海、香港，还是对于整个国家，甚至对于国际大都市的发展史，无疑都是值得浓墨重彩书写的历史华章。加强沪港合作，对上海改革开放、经济发展，对香港提升竞争力、保持长期繁荣稳定，对“一国两制”稳步推进，都有重要意义和积极作用。

2018 年 11 月 5 日，国家主席习近平在首届中国国际进口博览会开幕式上的主旨演讲中概括了上海的城市品格：“一座城市有一座城市的品格。上海背靠长江水，面向太平洋，长期领中国开放风气之先。上海之所以发展得这么好，同其开放品格、开放优势、开放作为紧密相连。我曾经在上海工作过，切身感受到开放之于上海、上海开放之于中国的重要性。开放、创新、包容已成为上海最鲜明的品格。这种品格是新时代中国发展进步的生动写照。”2017 年 7 月 1 日，国家主席习近平在庆祝香港回归祖国 20 周年大会暨香港特别行政区第五届政府就职典礼上的讲话中指出，香港的命运从来同祖国紧密相连。香港依托祖国、面向世界、益以新创，不断塑造自己的现代化风貌。沪港两地人文相亲，经济相融，合作源远流长，尤其是改革开放以来的经贸合作，无论是从规模还是从领域来说都达到了相当可观的程度。改革开放之初，香港企业就来到上海投资兴业，为推动上海发展发挥了积极作用。1990 年上海市委书记朱镕基访问香港时曾说：香港之所长，是上海之所短；上海之所长，是香港之所需。沪港两地制度不同，基础不同，经济腹地不同，运作方式也不一样，各有特点和长处。改革开放以来，沪港合作成为上海改革开放与经济发展的重要推动力。港资是上海最大的外资来源。港资港企港人在上海发挥重要作用。香港是上海城市治理主要的学习、借鉴对象。香港是上海对外投资和“走出去”的重要平台。上海是港人主要投资、学习、就业、生活的集聚地。上海成为香港资本重要获利来源。

三

沪港合作是一个单一制国家之内的地方行政区域之间的合作。1997 年 7 月 1 日中国政府恢复对香港行使主权，按照“一国两制、港人治港、高度自治”的方针，香港保持原有的资本主义制度 50 年不变，实行与国家主体不同的社会制度。按照《中华人民共和国香港特别行政区基本法》第十二条的规定，香港特别行政区是中华人民共和国的一个享有高度自治的地方行政区域，直辖于中央人民政府。《基本法》第二十二条规定，中央人民政府所属各部门、各省、自治区、直辖市均不得干预香港特别行政区根据本法自行管理的事务。因此，包括上海在内的内地各省市区与香港的合作是“一国两制”框架下的地方之间的合作。2003 年 6 月 29 日，中央为应对香港形势，支持香港特区政府依法施政，促进香港长期繁荣稳定，制定《内地与香港关于建立更紧密经贸关系的安排》（CEPA）。在中央政府的支持下，1997 年香港回归以来，特别是 2003 年《内地与香港关于建立更紧密经贸关系的安排》签署以来，香港与内地省区市层面的政府共同推动、建立了多个地区性合作机制，包括沪港合作会议机制。2014 年 6 月，国务院新闻办公室发布的《"一国两制" 在香港特别行政区的实践》白皮书指出，中央支持香港特别行政区与内地深化经贸合作，支持香港特别行政区与内地各省、自治区、直辖市加强区域合作，批准香港特别行政区与北京市、上海市建立区域合作机制。

上海和香港是国家具有特殊地位和辐射功能的中心城市。沪港两地人文相亲，经济相融，合作交流源远流长。沪港富有成效的合作关系不仅对推动两地经济与社会发展起到了重要作用，也为促进中国内地经济的发展发挥了积极的作用。上海市政府按照中央的部署，加强与香港特区政府的沟通协商，并经国务院批准，2003 年 10 月 27 日，沪港双方正式建立沪港经贸合作会议机制。上海市市长韩正和香港特别行政区行政长官董建华在香港共同主持召开沪港经贸合作会议第一次会议，正式宣布建立沪港经贸合作会议机制，决定根据需要由双方协商不定期举行会议，沟通交流沪港两地合作情况，讨论合作交流重要事项，研究安排重要工作。沪港经贸合作会议机制是由沪港双方主要行政领导牵头、有关政府部门参加的非常设议事协调机制，旨在发挥政府的引导力和推动力，为沪港两地政府、社会、企业各个层面之间的交流合作服务，推动沪港两地互惠互利，共同发展。

沪港建立经贸合作会议机制以来，双方合作领域不断拓展，从经贸领域逐步扩大到卫生、旅游、文化、教育、城市治理以及公务员交流等领域，合作项目不断深化，人文交流更加频繁，沪港两地在商贸、金融、科技、文化、教育、青少年、自贸区等领域合作交流取得丰硕成果，促进了沪港两地经济社会发展。沪港两地进一步融入新发展格局，携手开展更大范围、更高水平、更深层次的合作，努力取得更丰硕的成果，更好地惠及两地民众，共同服务国家发展大局。进入 21 世纪，上海的港澳事务机制化建设日趋完善，归口管理、统筹协调功能进一步加强。2004 年 4 月，中共上海市委、市政府同意市人民政府外事办公室增挂市人民政府港澳事务办公室牌子，其主要职能为：做好上海市与港澳特区的交往，统筹协调与特区政府的联系，负责接待特区政府重要代表团，协调开展与特区有关重要活动，推动与特区的交流合作。2003 年以来《内地与香港关于建立更紧密经贸关系的安排》的签署和补充、2010 年在上海举行的世博会、2013 年在上海设立的自贸区、2018 年以来在上海举行的中国国际进口博览会等都为沪港合作提供了重要的平台。上海是2004年首批确认的实施“港澳自由行”计划的城市之一。2004年7月1日，上海居民凭通行证和签注，无须随旅行团即可前往港澳地区旅游。港澳“自由行”政策极大地激发了上海居民赴港旅游的热情，也推动了沪港两地旅游业的合作与发展。

2012年1月5日，沪港经贸合作会议第二次会议在上海召开，香港特别行政区行政长官曾荫权率领多位特区政府主要官员出席。此次会议依托《内地与香港关于建立更紧密经贸关系的安排》的框架，旨在巩固2003年底第一次会议以来的各项成果，进一步推动上海市与香港特区在新形势下的深化合作。香港特别行政区行政长官曾荫权回顾了两地合作的丰硕成果。2006—2010年的5年间，香港与上海的贸易总金额增长32%，达到每年147亿美元。同时，香港仍是上海最大的境外资金来源地，上海近三成外商直接投资来自香港，截至2010年底，香港对上海的投资项目共有17000多个，累计实际投资由2006年的161亿美元增加至2010年底的311亿美元，5年间增长93%。双方签署的协议内容涵盖商贸投资、金融、航空物流、旅游会展、科技、文化创意及体育、专业人才交流、教育及医疗、社会管理等九大领域。在商贸投资方面，双方将结合香港服务业优势和上海发展契机及广大腹地，鼓励、支持香港企业在沪发展，拓宽沪港经贸信息交流渠道。在医疗方面，支持上海申康医院发展中心和香港医院管理局进一步探讨深化交流方案，并签署《2012—2016年合作协议书》。2015年4月10日，沪港经贸合作会议第三次会议在上海召开。上海市委副书记、市长杨雄，香港特别行政区行政长官梁振英，国务院港澳事务办公室副主任周波，上海市委常委、常务副市长屠光绍，香港特别行政区财政司司长曾俊华等出席。沪港双方回顾了合作成果，并就《沪港经贸合作会议第三次会议关于合作领域及内容建议书》进行了说明。沪港两地政府相关部门负责人签署了商务合作、金融合作、公务员实习交流3个专项协议。会议还围绕沪港金融服务、城市交通管理及航运服务、商务及创意产业等合作议题进行了互动交流。自2012年1月沪港经贸合作会议第二次会议举行以来，沪港合作不断深化，取得显著成效。2012—2014年香港来沪投资合同金额分别达到120.65亿美元、153.16亿美元和198.51亿美元，同比增长40.3%、25.5%和31.2%。同时，2012—2014年上海对港投资总额分别为22亿美元、33.63亿美元和46.51亿美元，同比增长255%、50%和33.3%。上海自贸试验区挂牌后，截至2015年2月底，区内新落户港资企业1265家，占同期落户外资企业数的45.9%。自贸区办结向香港地区投资项目66个。通过沪港两地机场合作，2013年虹桥机场在全球机场排名已从第81提升至第12。在社会发展领域，两地文化交流活跃，沪港每年文化交流项目逾50项；教育合作富有成果，在沪就读香港大学生已有600余人；

卫生合作不断拓展，首家香港独资医疗机构已在沪开业；两地专业人才和青年交流频繁。截至 2014 年底，持证在沪就业的香港人士约 8000 人。2016 年 2 月，上海市政府发布的《上海市国民经济和社会发展第十三个五年规划纲要》，明确提出要进一步增强与港澳经济合作密度，加强金融、贸易、投资、专业服务、教育和科技创新等重点领域的合作。

沪港经贸合作会议机制建立 10 多年来，两地合作交流呈现多元化全方位态势。经国务院批准，沪港经贸合作会议更名为“沪港合作会议”。2018 年 8 月 24 日，沪港合作会议第四次会议在香港特区政府总部召开，会议就沪港两地未来的广泛合作交流意见。会后，两地代表还签署了 15 项涵盖不同范畴的沪港合作项目协议。沪港合作会议第四次会议探讨了两地在“一带一路”倡议、文化合作及创意产业、教育、金融、青年发展，以及创新及科技 6 个重点合作领域的发展前景。双方也就持续深化其他领域的合作，包括法律和争议解决、商贸投资、航空航运和物流、体育及旅游、专业人才交流、医疗卫生等交换了意见。香港特区行政长官林郑月娥在会上表示，国家当前的经济发展已经进入新时代，由高速增长阶段转向高质量发展阶段。香港和上海同为国家对外开放的重要窗口。在这新形势下，沪港两地应该共同把握机遇，发挥优势互补，以更紧密、更深入的合作去服务国家所需，贡献国家发展。上海市市长应勇表示，沪港合作每年都在取得新进展。他此次率团来香港，不仅是为了加强与香港，乃至粤港澳大湾区的全面合作，也是为了学习和借鉴香港建设国际金融中心的经验。应勇希望沪港两地今后的合作范围更加广泛，在凝聚共识、发挥优势的基础上将两地合作推向一个新高度。在沪港合作会议后，沪港合作项目签署仪式在香港金融大会堂举办。沪港两地此次在法律服务、教育、商贸、创新及科技、文化以及金融六大范畴签署了 15 项合作协议。2021 年 8 月 30 日，香港特区行政长官林郑月娥率领的香港代表团与上海市市长龚正率领的上海代表团，以网上视频形式举行沪港合作会议第五次会议。沪港合作会议第五次会议由林郑月娥和龚正共同主持。沪港双方就 13 个范畴的合作方向达成共识，包括拓展内销及“一带一路”倡议、文化及创意产业、创新及科技、金融、教育及人才培养、法律和争议解决、医疗卫生及药品监管、青年发展、便利港人在内地发展、航空航运和物流、城市规划建设管理和环境保护、体育及旅游和社会福利服务等方面。林郑月娥与龚正在会上签署《沪港合作会议第五次会议合作备忘录》。此外，两地政府部门、法定机构和有关组织还签署 4 份合作文件，包括《开启“十四五”双循环商机经贸合作备忘录》《沪港创新及科技合作备忘录》《香港医院管理局与上海申康医院发展中心 2021—2026 年合作协议书》和《上海博物馆与香港故宫文化博物馆合作意向书》。

40 多年来，香港是上海外商投资特别是服务业外商投资的最大来源地。香港在沪投资规模一直占上海吸引外资的 50% 以上。同时，香港也逐步成为上海企业“走出去”的重要窗口。香港是新中国成立以来上海企业（培罗蒙西服）第一个境外投资项目落户地，香港也是上海企业境外投资的第一大目的地。在“一国两制”构想指引下，沪港已经形成密切合作、共同发展的良好关系。不断促进沪港合作交流，走优势互补、共同繁荣发展道路，这是沪港两地在日趋激烈的国际竞争中实现更大发展的必由之路，也符合国家发展战略和利益。在新形势下，积极推进“一带一路”建设、人民币国际化、上海自贸区建设、上海科创中心建设都是国家今后重大的发展战略，这也为沪港合作提供了更多机遇和更广阔的空间。

第二章　内地与香港的其他合作机制

内地与香港之间的合作是按照“一国两制”的原则，发挥两地各自优势，推进香港与内地更紧密和互惠共赢的区域合作，扩大发展机遇，推动各方面的合作。

自香港回归祖国以来，香港与内地合作范围与日俱增，水平不断提升。2016年3月，国家公布《中华人民共和国国民经济和社会发展第十三个五年规划纲要》，其中涉及港澳部分的内容再次单独成章（《港澳专章》）。《港澳专章》确立了香港在国家整体发展中的重要功能定位，以及在多个重要范畴的发展空间和机遇，并强调深化内地与港澳合作，支持香港参与国家双向开放、“一带一路”建设。国家规划除了肯定中央对保持香港长期繁荣稳定的大力支持，也为香港与内地进一步提升合作提供了一个坚实的基础和平台。通过加强与内地合作，香港一方面能够发挥独特优势，协助内地经济协调发展，为国家改革开放作出贡献，另一方面能够完善及提升香港的经济结构，通过融入国家发展大局实现自身发展。因应不同地区各自的资源及优势，香港与内地不同地区的合作重点有所不同，以达至优势互补，互惠共赢。截至2021年底，香港特区政府参与内地区域合作的机制性平台包括：粤港合作联席会议、深港合作会议、泛珠三角区域合作行政首长联席会议、沪港合作会议、京港合作会议、闽港合作高层会议、川港合作会议和鄂港合作会议。通过这些平台促成的合作范畴十分广泛，包括跨境基建、金融合作、促进人流物流的便利措施、商贸投资推广、环境保护、食物安全、信息科技、城市建设、旅游合作、文化活动交流、体育项目推广以及康复治疗、人才培训，等等。

粤港合作联席会议

1998年3月30日，广东省常务副省长王岐山与香港特区政府政务司司长共同领衔的首次粤港合作联席会议在广州召开，此后在广州和香港轮流召开。2003年，经国务院批准，粤港合作联席会议升格为由两地行政首长共同主持。2010年4月，粤港双方签署《粤港合作框架协议》，这是首份经国务院批准、以协议形式实践香港与内地省区市之间区域合作的纲领性文件。目前，粤港合作机制已经形成3个层级，分别是广东省省长和香港特区行政长官层面的粤港合作联席会议、广东省分管副省长和香港特区政府政务司司长层面的粤港合作工作会议以及粤港合作联络办主任会议（粤港合作联席会议下设“粤港合作联席会议联络办公室”作为常设机构，联络办公室分别设在广东省人民政府港澳事务办公室和香港特区政府政制及内地事务局）。粤港合作联席会议另设立若干专责小组，负责对各专题合作项目的研究、跟进和落实。2021年5月14日，粤港合作联席会议第二十二次会议以视频连线方式举行。广东省省长马兴瑞、香港特别行政区行政长官林郑月娥共同主持会议并作主题发言。会议强调，粤港将重点加强5个方面的合作：一是持续做好粤港疫情联防联控工作，稳妥有序优化粤港通关安排，促进两地互联互通。二是扎实推进前海深港现代服务业合作区、河套深港科技创新合作区等重大合作平台建设，积极拓展合作空间，高水平打造深港口岸经济带。三是加强创新创业合作，依托粤港澳联合实验室等平台载体，共同开展关键技术攻关，合力提升粤港产业发展能级，打造全球科技和产业创新高地。四是深化商贸和消费合作，携手开拓国内国际市场，共同打造国际消费枢纽。五是促进两地青少年交流交往，支持更多香港青年来粤创新创业就业，在医疗、生态环境、食品安全等民生领域加强合作，推出更多造福两地居民的务实举措，提升宜居宜业宜游水平。马兴瑞、林郑月娥共同见证《粤港马产业发展合作协议》《广州市人民政府 香港赛马会关于共同促进穗港赛马产业发展的框架合作协议》《广东省体育局与香港赛马会大湾区体育项目合作补充备忘录》《广东省商务厅与香港特别行政区政府投资推广署深化粤港澳大湾区投资推广合作备忘录》《广东省商务厅 香港贸易发展局开启“十四五”双循环商机深化粤港经贸合作备忘录》等合作协议签署。

泛珠三角区域合作行政首长联席会议

泛珠三角区域合作行政首长联席会议是2004年经国务院批准，由福建、江西、湖南、广东、广西、海南、四川、贵州、云南等9省区和香港、澳门特别行政区(简称“9+2”各方)共同推动成立的一个重要的区域性合作交流平台。泛珠区域国土面积为全国的1/5，人口占1/3，经济总量占1/3以上。在“9+2”框架内，一是建立了行政首长联席会议制度、政府秘书长协调制度、部门衔接落实制度、日常办公室工作制度。二是举办“泛珠三角区域合作与发展论坛暨经贸洽谈会”活动，签署专项合作协议。2021年9月24日，2021年泛珠三角区域合作行政首长联席会议在成都召开，泛珠区域“9+2”各方行政首长出席会议，会议主题为“深化泛珠区域开放合作 协同构建新发展格局”，会议通报2020年泛珠三角区域合作行政首长联席会议以来工作进展情况，泛珠区域“9+2”各方行政首长对推进泛珠合作有关重要事项进行审议。

深港合作机制

深港合作会议是深港两地政府最重要的沟通协商机制，是两地政府研究推动交流合作、总结合作成果、研究问题，部署下一阶段合作方向的重要平台，由深圳市市长和香港特区政府政务司司长共同主持。2004 年 6 月中旬，深圳市市长李鸿忠率领深圳相关官员访港与香港特区政府政务司司长曾荫权举行会议，双方就多方面交换意见，包括口岸、基建、旅游、物流、工商专业服务、高科技合作、金融、法律、环保、教育及公务员交流等，并在会后签署《加强深港合作备忘录》。双方政府的有关部门和机构签署 8 份合作协议书，范围包括法律服务、工业及贸易、投资推广、经贸交流、旅游、科技及高新技术等。2019 年 4 月 2 日，2019 年深港合作会议在深圳举行，深圳进一步完善深港合作有关机制，谋划一批合作项目，研究出台更多便利港澳青年、港澳居民在深圳工作、生活的政策措施，充分发挥前海等重大平台的作用，积极推动口岸等基础设施互联互通，携手打造国际一流湾区和世界级城市群。经双方协商，自 2021 年开始深港合作升格为最高层次，由深圳市委书记和香港特别行政区行政长官共同主持，并在深港合作下成立 19 个工作专班。2021 年 9 月 6 日，深港高层会晤暨深港合作会议在深圳举行。香港特别行政区行政长官林郑月娥、深圳市委书记王伟中共同主持会议，香港特区政府政务司司长李家超、深圳市市长覃伟中出席。深港双方签署《深圳市人民政府　香港特别行政区政府关于推进河套深港科技创新合作区“一区两园”建设的合作安排》《深圳市人民政府　香港大学关于在深合作办学备忘录》《深圳深港科技创新合作区发展有限公司与香港科技园公司发展“香港科学园深圳分园”框架协议》《深圳国际仲裁院与一邦国际网上仲调中心有限公司合作备忘录》4 份合作协议，举行河套深港科技创新合作区深港联合办公室、前海港澳 e 站通、香港中文大学（深圳）医学院和粤港澳大湾区国际仲裁中心交流合作平台香港机构进驻 4 个合作项目启动仪式。

京港经贸合作会议 / 京港合作会议

京港合作是香港与内地合作的一个重要机制，京港两地一直本着互惠互利原则，以经贸为起点，不断提升合作的广度和深度。香港和北京都是具有特殊地位和功能的中心城市，在国家深化改革开放和现代化建设过程中，扮演着非常重要的角色。北京是全国政治中心、文化中心、国际交往中心和科技创新中心；香港依靠“一国两制”优势，不断巩固和提升国际金融、航运和贸易三大中心定位，并致力于推动和发展科技创新事业。2004 年 9 月，京港共同签署“经贸合作会议”合作机制。第一层次为京港两地行政首长会晤；第二层次由北京市副市长和香港特区政府财政司司长主持，负责落实具体合作计划；第三层次由双方的联络办公室主持，负责日常沟通。京港经贸合作会议第一次会议在文化、旅游、环保、人力资源和奥运经济等七大领域加强合作。2006 年 11 月 15 日，京港经贸合作会议第二次会议召开，香港特区行政长官曾荫权与北京市委副书记、市长王岐山共同主持会议。2010 年 11 月 26 日，京港经贸合作会议第三次会议召开。香港特区行政长官曾荫权，北京市委副书记、市长郭金龙共同主持会议。

此后，国务院批准京港两地合作机制由“京港经贸合作会议”提升为“京港合作会议”。2018 年 10 月 24 日，京港合作会议第四次会议召开。北京市委副书记、市长陈吉宁，香港特区行政长官林郑月娥共同主持会议。京港双方在会议上就 8 个范畴的合作达成共识，包括“一带一路”建设和经济贸易、服务业、科技创新、文化创意、教育及公务员培训、城市管理与公共服务、青年发展以及便利港人在内地发展的措施。

闽港合作会议

2014 年 11 月，香港与福建同意成立闽港合作会议。2015 年 1 月 22 日，福建省委书记尤权、省长在福州会见由香港特区政府政务司司长林郑月娥率领的代表团一行。双方举行闽港合作会议第一次会议，副省长郑晓松和林郑月娥分别代表双方签署《关于加强闽港经贸合作的协议》和《关于加强闽港金融合作的协议》。2016 年 14—16 日，闽港合作会议第二次会议在香港举行。副省长梁建勇与香港特区政府政务司司长林郑月娥共同主持召开会议。会议总结双方交流合作取得的成果，达成近期加强闽港多领域合作及共同开展“海上丝绸之路”合作等 8 点共识。2018 年 11 月 28 日，闽港合作会议第三次会议在福州召开，就“一带一路”建设、创新及科技合作和青年交流等内容签署 3 份合作协议，并就加强 10 个领域的交流合作达成共识。3 份合作协议包括《关于闽港携手参与国家“一带一路”建设合作协议》《福厦泉国家自主创新示范区与香港科技园公司创新合作框架协议》和《关于香港青年武夷山生物多样性保护实习计划的框架协议》。

川港合作会议

2018 年 5 月 11 日，川港高层会晤暨川港合作会议第一次会议在成都召开，四川省政府和香港特别行政区签署《川港合作会议合作机制安排》和《川港高层会晤暨川港合作会议第一次会议备忘录》，标志着川港合作从地震援建、民间交流提升到地方政府间全方位和机制化合作。香港特区行政长官林郑月娥、国务院港澳事务办公室主任张晓明、香港中联办主任王志民、四川省委书记彭清华、出席会议并见证协议和备忘录签署。根据双方建立的合作机制，今后将根据需要不定期举行会议，川港双方就各政策范畴的具体合作事项可视情况以会议纪要或备忘录体现有关共识，并由相关对口部门于工作层面跟进落实。在第一次会议备忘录中，双方同意在“一带一路”建设、文化创意产业、科技、金融、青年发展、建筑、教育、中医药和食品安全、旅游、机场建设管理以及便利港人在川发展等11个领域加强合作，并由双方对口部门建立联络机制跟进落实。2021年9月23日，川港高层会晤暨川港合作会议第二次会议在成都召开，四川省人民政府与香港特区政府签署《川港高层会晤暨川港合作会议第二次会议备忘录》和有关重点领域合作协议。四川省委书记彭清华、香港特区行政长官林郑月娥、国务院港澳事务办公室副主任黄柳权出席会议并致辞，共同见证备忘录和协议签署。四川省委副书记、省长黄强主持会议，省委副书记邓小刚出席。四川省委常委、副省长李云泽通报川港合作会议第一次会议以来有关工作推进情况，香港特区政府政务司司长李家超宣布川港合作会议第二次会议拟重点推进的领域。会议审议通过黄强提请会议审议的下一步推进的具体合作措施。李云泽与李家超分别代表双方签署备忘录，双方有关方面还签署教育、经贸、中医药等重点领域合作协议。

鄂港合作会议机制

2021年11月29日，鄂港高层会晤暨“鄂港合作会议”第一次会议在武汉举行，湖北省人民政府与香港特别行政区政府签署《关于“鄂港合作会议”机制的安排》《鄂港高层会晤暨“鄂港合作会议”第一次会议备忘录》，标志着香港特区与内地中部省份首个合作机制正式建立。湖北省副省长赵海山介绍鄂港合作机制安排；香港特区政府政务司司长李家超介绍“鄂港合作会议”第一次会议重点推进领域和具体合作项目。双方还签署文化交流与合作协议书、深化鄂港经贸合作备忘录。省委书记、省人大常委会主任应勇，香港特别行政区行政长官林郑月娥，国务院港澳事务办公室副主任黄柳权分别致辞并共同见证合作协议、备忘录等签署。省委副书记、省长王忠林主持会议。根据此次鄂港两地达成的共识，湖北将打造鄂港青年创新创业交流基地，对接创业补贴、项目资金、人才政策等，为在鄂香港青年提供“一站式”落地服务。同时，结合鄂港优势学科领域和重点产业，鼓励两地优势互补，通过科技成果对接推动有关成果产业化、商用化。

第三章　大事记

1978 年

11 月　香港环球航运集团主席包玉刚等抵沪探亲访问。

11 月 22—24 日　香港中华总商会会长汤秉达率代表团抵沪观光访问。

12 月　香港中国染厂集团董事长查济民等抵沪，参观上海第一印染厂、国棉十七厂，并同上海市纺织局有关人员进行座谈。

1979 年

3 月 11—24 日　以上海市委统战部部长张承宗为团长、市工商联主委刘靖基为副团长的上海工商界经济代表团访问香港，这是“文革”结束后上海第一个工商经济访问团访问香港，也是上海第一个工商经济访问团赴境外访问。参加访问的还包括唐君远、刘念智、郭秀珍、陈元钦、杨延修、吴志超、丁忱和马韫芳。访问团成员向香港工商界人士介绍内地改革开放的路线、方针和政策。

10 月 20—31 日　应上海市工商联的邀请，由香港纺织业同业公会副理事长唐翔千为团长、伟伦纺织厂有限公司董事长吴中一、华达纱厂有限公司董事经理郭正达和东方石油公司总经理刘浩清为副团长的香港工商界代表 21 人访问上海。这是“文革”后第一个访沪的香港大型访问团。访问团在沪参观业务对口的工厂，与上海有关部门、机构和人士举行座谈和交流。上海市领导彭冲会见访问团一行。

1980 年

1 月 7 日　上海号客货轮首航香港。停航 28 年的沪港客货班轮复航。

3 月　国家建设委员会以中国建筑机械总公司名义与瑞士迅达电梯公司和香港怡和迅达电梯公司签署建立中外合资电梯公司的协议，计划成立北京和上海两家电梯厂，合资比例中方占 75%，期限 20 年，主要业务是按照瑞士图纸生产电梯，合营期间由国家建设委员会统一领导，并向上海市政府征询意见。

6 月 21 日　根据中英航空协定，虹桥机场正式开通上海—香港客班机，中国民航每周开 6 班，香港国泰每周开 2 班。

7 月 5 日 中国、瑞士、中国香港三方合资中国迅达电梯有限公司正式成立。由中国建筑机械总公司、瑞士迅达股份有限公司、香港怡和迅达（远东）股份有限公司合资经营。8 日，中国迅达电梯上海电梯厂成立，是全国机械工业第一家中外合资经营工厂，也是改革开放以来上海第一家中外合资工厂。

8 月 31 日 香港联沪毛纺织有限公司董事长唐翔千和上海纺织局签署成立合资公司（上海联合毛纺织有限公司）的合同和章程。上海纺织局是控股方，占股 60%，港方股份为 40%，总投资 600 万美元。上海纺织品经营公司、上海市工商界爱国建设公司是上海合作方。上海纺织局局长张惠发任董事长，唐翔千任副董事长。市长汪道涵出席签字仪式。

9 月 上海市对外经济联络局以成套设备出口公司名义签约承接港商投资的深圳华美钢铁有限公司建设项目，总投资 1000 万美元，是改革开放后上海承接的第一个对外承包工程项目。

1981 年

2 月 9 日 上海工业合作联社投资 120 万港元收购香港培罗蒙公司，同年 4 月 8 日开业。这是改革开放后上海第一家非贸易性境外投资项目。

7 月 6 日 邓小平在北京接见香港环球航运集团名誉主席包兆龙、主席包玉刚父子。包玉刚向邓小平提出给上海交通大学捐赠 1000 万美元，建造一座现代化图书馆，命名为“包兆龙图书馆”。1982 年 6 月 10 日，上海交通大学包兆龙图书馆举行奠基典礼，上海市长汪道涵出席典礼。1985 年 10 月 27 日，包兆龙图书馆落成。

7 月 17 日 上海市政府以香港天厨味精厂、南洋兄弟烟草公司及其下属的永发印务有限公司为基础，在香港注册成立上海实业有限公司，作为上海市政府在香港的窗口企业。主要任务是为上海加快引进技术、资金、人才、扩大进口代理业务及管理下属三家企业。上海实业公司是上海市在境外最大的综合性企业集团，1993 年改为上海实业（集团）有限公司。

7 月 26 日 经国家对外经贸部批准，上海第一家沪港合资企业——上海联合毛纺织有限公司获得国家工商局颁发的“沪字第 00001 号”营业执照。8 月 4 日举行开工典礼。1987 年发展成为上海联合纺织（集团）公司，拥有 10 家企业，成为上海第一个中外合资集团性公司。1992 年（集团）公司成为中外合资第一个股份制上市公司。

年内 国家公安部规定上海市赴港人数名额，每日去港单程（定居）3 人，双程（探亲）3 人；1983 年单程 3 人，双程 6 人；1992 年调整为单程 3 人，双程 16 人。

1982 年

4 月 16 日 经国家对外经济贸易部批准，上海纺织经营公司与香港上海实业公司、香港溢达有限公司共同投资在香港建立香港申达制衣厂，这是改革开放后上海第一个境外纺织合资工业企业。

5 月 4—6 日 香港美心集团创办人伍沾德与其兄伍舜德以及香港贸易发展局局长简悦强等一行抵沪访问。

年内 香港大庆石油公司总经理张永珍在上海合资建造高级住宅雁荡公寓。之后，港人先后到沪兴建沪港合资联谊大厦、龙柏高级公寓、希尔顿酒店、城市酒店等。至 1983 年，港澳同胞在沪投资项目 10 个，占上海市批准外商投资项目 60%。

年内 上海航空食品有限公司成立，由中国东方航空集团公司与香港港沪航空食品有限公司共同投资组建，是上海最早成立的中外合资企业之一。

1983 年

5 月 上海市长汪道涵率上海市代表团 11 人，结束对美国旧金山的访问后，回国途经香港，港府副政治顾问马德克到机场迎接，香港环球航运集团主席包玉刚宴请。

12 月 15 日 由中国建筑材料贸易总公司、上海耀华玻璃厂、中国银行上海分行、英国皮尔金顿股份有限公司和奥地利联合发展公司（香港）联合投资的中外合资上海耀华皮尔金顿玻璃有限公司成立。这是中国第一个中外合资的建材企业，也是中国迄今为止最大的一个中外合资经营项目。

1984 年

1984 年起 中国人民政治协商会议上海市委员会增补同上海有密切关系的港澳地区代表人士为市政协委员，以加强联系，听取对上海经济和社会发展的意见和建议。

3 月 17 日 上海市政协第六届第五次常委会（扩大）会议，首次增补香港侨民有限公司董事长、香港东方石油公司总经理刘浩清为市政协委员。截至 2019 年底，上海市政协委员中有 68 名港澳委员，其中来自香港的政协委员 57 人。

5 月 香港环球国际集团主席叶仲午在闵行经济技术开发区开办该区内第一家

沪港合资上海环球玩具有限公司。

6月1日　香港和上海合资开发上海闵行、虹桥两地区。

7月　沪港合作兴建静安希尔顿饭店，总投资1.02亿美元，这是上海第一家五星级宾馆。1983年2月开业的由霍英东投资的广州白天鹅宾馆是内地首家中外合资的五星级宾馆。

10月　香港实业界青年访问团12人，应上海市青年联合会邀请，由团长香港益电半导体有限公司董事经理邵炎忠、副团长香港东方石油公司董事刘意成、副团长香港快航船务公司董事总经理吴钰淳率领访沪。这是上海市青年联合会首次邀请香港青年团体。

11月16日　沪港经济发展协会在上海成立。以工商界人士为主成立上海沪港经济发展协会，旨在加强沪港两地经济界人士联系，"增进友谊、经济合作、技术交流、培训人才"，广交朋友，沟通合作渠道，为上海引进外资、技术，培训人才，推动中外企业合资、合作，促进沪港两地经济发展。

11月　香港商人刘岭波同锦江饭店合资开办上海首家超级市场——吉佳超市。

12月8日　上海旅游系统第一家沪港合资企业——上海旅游服务开发公司成立。

1985年

1月25日　香港沪港经济发展协会成立，唐翔千任会长，副会长为李国宝、胡法光、陈金邦、陆达权、刘浩清。协会主要功能是联系香港工商界参与对上海的投资，参与上海培训管理人才，支持发展上海文化、教育、艺术和社会福利事业。

2月　经上海市政府、国家对外经济贸易部批准，成立合资企业上海闵行联合发展有限公司。总投资1.7亿元，注册资本1亿元。由上海市闵行虹桥开发公司出资65%，港澳中银集团5家成员行（中国银行香港分行、金城银行香港分行、新华银行香港分行、浙江兴业银行香港分行、广东省银行香港分行）出资25%，中国银行上海市分行出资10%。

5月7—8日　香港总督尤德夫妇应邀访问上海，出席由香港贸易发展局和中国国际贸易促进委员会上海市分会联合在上海展览中心举办的"香港产品展览会"开幕式。香港贸易发展局主席邓莲如率香港经济贸易访沪代表团一行20人到沪参加展览会开幕式活动。上海市长汪道涵和尤德为展览会剪彩。汪道涵与国家经贸部部长郑拓彬分别会见尤德夫妇。

5月8日　香港新鸿基（中国）有限公司、上海锦江联营公司、上海投资信托公司合作建造的30层总高度为107米的上海第一幢高层办公大楼联谊大厦落成，这是沪港合作建造的国内第一幢高层涉外商务办公楼。

5月8—13日 香港贸易发展局、中国国际贸易促进委员会上海市分会联合主办“香港产品八五”展览在上海举行。港督尤德与上海市市长汪道涵主持开幕礼。这是香港产品首次在上海作大规模展出，共有90家香港厂商参加，向内地介绍新科技、产品的设计和品质，主要产品包括最新的电子产品、印刷机械、光学仪器、电脑、家用电器、通讯器材和钟表等。展览会吸引逾7万人进场，香港参展商共获得1.5亿元订单。

5月 《沪港经济》杂志创办。由沪港经济发展协会主办。旨在振兴上海，繁荣香港，促进两地的经济合作。主要介绍沪港两地经济情况，提供两地经济、技术、市场信息，介绍两地经济机构和投资环境，提供有关的科技知识及有助于两地经济繁荣的资料，报道有关上海合资企业的情况等。

5月 香港中华总商会副会长张永珍与上海建工局合作建造的雁荡大厦落成，这是沪港合资的上海第一幢高层公寓。

6月20日 沪港合资的上海闵行联合发展公司和上海虹桥联合发展有限公司成立。1986年8月29日，国务院批复同意上海市建立闵行和虹桥两个经济技术开发区，列入国家级开发区，执行沿海开放城市经济技术开发区的各项政策。

年内 上海华建公司与香港协昌、上海长江航运局等合资建立长江万里旅游公司。公司拥有的“长城号”旅游船率先在长江三峡航行，是改革开放后长江航道上的第一艘旅游船。

年内 香港瑞安集团与上海团市委共同开发城市酒店，是上海改革开放后，第一家以中外合资方式建设的四星级国际商务酒店。

1986年

2月5日 上海美术电影制片厂、香港时代艺术有限公司、珠江电影制片厂三方经对外经济贸易部批准注册、合资成立的广州时代动画公司开业，是内地第一家中外合资动画企业，也是内地电影行业第一家中外合资企业。

5月 复旦大学在香港投资建立第一家高科技合资企业——香港裕华科技有限公司。

5月 根据中共中央书记处关于上海如何学习香港、借鉴香港的指示，上海组织成立“沪港经济比较研究”课题组，由市委研究室组织，通过学习香港，对土地利用、外汇自由兑换、税收、自由港等课题进行对策性研究。课题组分地产、金融、港口、税收、利用香港五个专题。

6月 上海外经公司、上海针织公司与香港投资商联合投资的毛里求斯“香港上海针织厂”开业，是上海第一个海外投资的生产性项目。

8月26日—9月9日 上海市委、市政府派出11人组成的房地产、港口考察团赴香港，主要聚焦探讨三个专题：土地批租和房地产经营、港口建设和自由港政策以及进一步发展香港上海实业公司的作用。

12月2日 上海机电实业公司与日本三菱电机株式会社、香港菱电（集团）有限公司三方组建上海三菱电梯有限公司，投资总额为1700万美元，注册资本950万美元，沪方占60%，日方、港方占40%。

同年 邵逸夫向内地10所高校各捐资1000万港元，用于校园项目建设。华东师范大学是10所高校之一。

1987年

1月11—15日 华东师范大学校长袁运开、副校长项立嵩等前往香港，就华东师范大学图书馆逸夫楼扩建项目的设计、用途、进度、效益等情况，向邵逸夫先生进行介绍。

3月29日 上海足协主席朱勇和香港足球总会主席许晋奎在和平饭店签署举行“沪港杯”足球赛协议书，“沪港杯”足球赛恢复。香港足球队在上海江湾体育场客场迎战上海足球队，市长江泽民出席观看并开球。沪港杯足球赛始于1908年，每年比赛一次，轮流在上海和香港进行。

6月27日 港商独资上海瑞金大厦开业，投资总额7612万美元，注册资本2537.3万美元，中国建设投资（香港）有限公司占100%，经营管理瑞金大厦。

10月 中央批准进行土地使用权有偿出让后，上海市土地批租领导小组（1988年改称上海市土地使用制度改革领导小组）及土地批租试点办公室邀请香港测量师、律师、银行家、发展商及建筑师等17人在深圳分批进行座谈咨询。

12月1—3日 香港总督卫奕信夫妇应邀访问上海，出席由上海市贸易促进会和香港贸易发展局共同举办的“香港上海经济区经济贸易合作研讨会”开幕式和香港贸易发展局驻上海办事处开幕典礼。上海市市长江泽民和市政府顾问、国务院上海经济区规划办公室主任汪道涵分别会见总督卫奕信。上海市副市长李肇基和总督卫奕信为香港贸易发展局驻上海办事处开幕剪彩。

12月2日 香港贸易发展局主席邓莲如率香港高层经济贸易代表团访问上海。

年内 唐翔千在大同中学创设“唐君远奖学金”。1992年扩展为“唐氏教育基金会”。1999年，办理登记手续，定名为“上海唐氏教育基金会”，注册资金4000万元。2005年，更名为“上海唐君远教育基金会”。

1988 年

1 月 25 日—2 月 13 日　由上海市土地批租办公室副主任王安德、上海虹桥联合发展有限公司经理周友琪及朱克君三人组成的上海虹桥 26 号地块国际招标文件起草组，带着初稿到香港进行修订。在港期间，在仲量行合伙人梁振英的协助下，完成内地首个面向国际的土地招标文件的最后修订工作，梁振英负责英文版的翻译。

6 月 7—18 日　上海市土地管理局考察团访港，为上海批租作市场考察及政策宣传。访港期间接触上海实业有限公司、太古地产有限公司、恒基兆业地产有限公司、瑞安集团有限公司、新鸿基地产发展有限公司等多家香港发展商及中银 13 家银行团。同时向梁振英、刘绍钧、简福怡、周安桥、罗康瑞、阮北耀及胡经纬七人颁发上海市房地产改革咨询顾问证书。

6 月 20 日—7 月 2 日　上海虹桥 26 号地块国际招标工作在香港和上海两地同步进行。7 月 2 日，日本孙氏企业有限公司以 2805 万美元投得虹桥经济技术开发区 26 号地块使用权 50 年。标志着上海成为改革开放后首个按照国际标准开展土地批租的城市。这次成功的土地使用制度改革试点背后，包含着香港地产、法律、金融、工商等业界专业人士的贡献。上海土地使用制度改革的成功经验随后在全国推广，加快了城市建设改造和民生发展。

8 月 31 日　中华人民共和国成立后上海第一家侨资银行办事处-香港廖创兴银行上海办事处开业。

同日　上海市市长朱镕基会见香港仲量行董事梁振英。20 世纪 80 年代中后期，为适应改革开放的需要，我国内地借鉴香港等地土地批租制度的经验，开始探索试行国有土地使用权有偿出让的制度。梁振英受聘担任上海市土地使用制度改革领导小组顾问。

11 月 4 日　上海市政府办公厅发布《上海市人民政府办公厅关于同意组织开展本市房地产市场信息调查工作的通知》，接受香港专业人士的建议，进行房地产市场信息调查。调查结果《1989 年上海房地产市场调查报告》于 1989 年 5 月发表。

11 月　内地举办首个大型国际动画电影节——上海动画电影节，香港动画业界十多人获邀出席，与内地动画导演等进行专业交流。

12 月 12 日　香港港龙航空公司定期包机首航上海。

年内　上海在内地率先批租土地。上海在全国率先推进土地使用制度改革，市委、市政府成立了上海市土地批租领导小组，借鉴香港做法，聘请梁振英、简福怡、刘绍钧、罗康瑞等香港人士担任咨询顾问，研究出租土地使用权的试行办法。

1989 年

3 月 29 日 香港“海上大学”船首航上海，上海市委书记江泽民、交通部长钱永昌会见该船董事长董建华。

12 月 7 日 上海实业有限公司在香港召开上海房地产市场调查报告发布会。

1979—1989 年 港澳同胞在沪协议投资 8 亿多美元，签订合同 387 项，分别占上海市外商投资协议总额 39.2% 和签订合同数 60.27%，均居各国和地区在沪协议投资总额和签订项目数之首。

1990 年

1 月 梁振英就住房制度改革的建议致函上海市委书记、市长朱镕基，朱镕基作出批示。

2 月 22 日 由香港金马国际联合公司开办的上海第一家技贸型外商投资服装企业—中国上海金马时装公司在上海开业。

3 月 14 日 上海市委书记、市长朱镕基会见香港仲量行董事梁振英。朱镕基指出，香港、新加坡解决房子问题，基本的方法都是国家、企业、个人一起来，上海一定要制定一个国家、企业、个人一起上的办法来解决住房问题。他要求把上海有关部门召集起来，请梁振英作个报告，并选派一些人到香港培训，学习土地批租和开发房产市场的经验。

3 月 30 日 上海市有偿出让第一块工业用地 50 年的土地使用权，由香港齐来贸易有限公司以 1088 万美元的协议受让金获得。这块土地位于漕河泾新兴技术开发区，总面积 42724 平方米。

6 月 8—12 日 上海市委书记、市长朱镕基、市政府顾问汪道涵率上海经济代表团访问香港，考察地铁、港口，参观居民住宅、证券交易所，访问贸易发展局、煤气公司，了解香港经济发展和城市建设的成功经验，出席 90 年代上海经济发展——沪港合作展望研讨会，介绍上海发展规划和浦东开发开放情况，同香港各界知名人士座谈，会晤香港总督卫奕信。

7 月 4 日 上海市委书记、市长朱镕基在上海市党员干部会议上就“访问香港、新加坡引起的一些思考”作长篇讲话。

7 月 经过对香港、新加坡的多方了解，上海市制定住房改革方案，包括实行住房公积金制度、认购住宅建设债券、提租发补贴等三大部分，开启上海市房改的新阶段。这一模式后来也影响全国。

9月8日　中国人民银行颁布《关于上海外资金融机构、中外合资金融机构管理办法》，允许外资金融机构及中外合资金融机构按照该管理办法在上海成立外资银行、外资银行分行、合资银行及合资财务公司。外资银行开设营业性机构范围，由深圳、珠海、厦门、汕头及海南五个经济特区扩展至上海。至于该管理办法生效前已在上海市经营的外资银行分行，则需补办设立和登记手续。1990年12月，东亚银行完成补办设立及登记手续，获准在上海设立分行，成为该管理办法颁布后首家在上海市设立分行的香港银行。1991年1月，汇丰银行完成补办设立及登记手续，获准在上海设立分行。1991年初，东亚银行及汇丰银行上海分行获准全面经营外汇业务。

1990年10月、1991年6月　香港日本劝业角丸证券（亚洲）有限公司总经理毛玉亭，先后率香港证券交易所主席、恒生银行董事长利国伟，香港新世界发展有限公司主席郑裕彤等金融界人士到沪，考察浦东，研究浦东开发合作和融资等问题。

11月8日　沪港合作的上海第一家中外合资经营的现代化医疗保健机构——华山环宇保健医疗中心对外营业。

11月17日　上海市委书记、市长朱镕基会见香港邵氏兄弟有限公司总裁邵逸夫和方逸华女士。

1991年

1月10日　中华人民共和国成立后上海首家中外合资金融机构——上海国际财务有限公司在浦东成立。该公司由中国银行上海市分行、交通银行上海分行、日本三和银行、香港东亚银行有限公司合资组建，注册资本2000万美元，各方分别占25%，均以美元现汇出资。

2月2日　上海联合纺织实业有限公司转制为股份有限公司，委托上海申银证券公司向社会公开募股增资，成为上海首家中外合资股份公司。12月10日，经市政府同意发行股票。

12月5日　中国银行上海分行与上海齐来工业发展有限公司签订合同，齐来公司以有偿受让的上海市第一块工业用地的土地使用权作抵押，获得银行500万美元贷款，在上海开创了新的融资方式。上海齐来工业发展有限公司是香港齐来贸易有限公司于1990年11月出资3400万美元100%控股的公司，经营范围包括在受让的地块上营造工业大楼和为其配套的服务大楼，转让、抵押、出售、出租受让地块上的建筑物及配套的物业管理，停车场（库）经营的配套服务。

12 月　香港海心毛纺织公司总经理柯庆生被授予 1991 年度上海市白玉兰纪念奖。

1992 年

2 月 12 日　中国烟草行业规模最大的合资企业——上海高扬国际烟草公司在外高桥保税区动工兴建，投资总额 5000 万美元，注册资本 4500 万美元，上海烟草（集团）公司占 65%，香港的南洋兄弟投资（中国）有限公司占 25%，香港天利国际经贸有限公司占 10%，生产销售烟草制品及烟草类专用设备和材料。

2 月 28 日　上海市外高桥保税区开发公司、中国银行上海信托咨询公司、港澳中银集团属下的中国建设投资（香港）有限公司、招商局集团（香港）有限公司四方共同组建中外合资上海外高桥保税区联合发展有限公司，投资总额 2 亿美元，注册资本 8000 万美元，经营成片土地开发，是上海浦东新区当时投资最大的中外合资企业。

3 月 27 日　上海联合纺织实业股份有限公司在上海证券交易所挂牌上市，成为上海第一家上市的中外合资股份制企业。

9 月　以香港为亚太区总部的美国友邦保险有限公司在上海设立分公司，恢复内地业务，为改革开放后首家获准重返内地经营的外资保险公司。

秋　邵逸夫捐赠 1000 万港元建造的逸夫职业技术学校开学。

12 月 1 日　上海市市长黄菊应香港贸发局之邀，率上海市代表团赴香港进行访问，考察工厂企业、港口码头、市政设施和金融证券市场，了解房地产及第三产业，会见经济界人士，探索沪港进一步经济合作的途径。

同日　香港和记黄埔集团主席李嘉诚和上海市港务局签署合资建造上海集装箱码头协议，上海市市长黄菊出席签字仪式。该项目投资 56 亿元人民币，沪港双方各出资 50%，这是中国交通行业和沿海港口最大的合资项目，建成后可承担上海口岸 92% 以上集装箱进出口业务。

12 月 18 日　香港金山轮船国际有限公司董事长董建华、副董事长梁敏行、泰昌祥轮船有限公司董事长顾国华等一行来沪，出席江南造船厂为香港金山轮船代理有限公司、上海宝山钢铁总厂合营的香港宝敏轮船有限公司建造的 65000 吨巴拿马型散装货轮“宝敏”号命名典礼，上海市副市长谢丽娟出席典礼。

1993 年

1 月 10 日　上海实业与上海市商业开发公司合作建设的上海东方商厦开业，是上海开设的第一家中外合资大型百货零售企业。

3月29日 海华轮由上海外虹桥码头直抵香港，这是解放后上海首次开通直达香港海路。

6月19日 中国证监会、上海证券交易所、深圳证券交易所与香港证监会及香港联合交易所在北京签订证券市场监管合作备忘录，正式开启内地企业赴港上市。同年7月，青岛啤酒成为首家在香港联合交易所发行H股的内地企业。

11月22—23日 上海社科院世经所和德国艾伯特基金会上海办公室联合召开的“21世纪沪港澳经济合作关系”国际研讨会在上海举行。上海社科院院长张仲礼，香港立法局议员、香港基金主席黄宏发等出席会议。

11月27日 美国最大的国际性投资银行摩根士丹利中国总部由香港移至上海，这是40年来内地吸纳的第一家外资银行总部。

12月 沪港合资兴建的中国最大的展览展销中心——上海世贸商城动工，面积28万平方米，投资2.5亿美元。

年内 上海市公安局出入境管理处与香港入境管理处商定，上海市可签发上海市民多次往返香港的证件，简化办证手续。

1994年

3月 上海港汇广场动工兴建。广场包括两栋高52层的甲级写字楼和楼面面积122262平方米共6层的购物商场，于1999年12月28日落成开业。该项目由香港发展商恒隆、恒基兆业及希慎兴业合股组成的港兴企业有限公司与上海徐家汇商城有限公司合作开发，总投资6亿美元。2011年项目更名为港汇恒隆广场。

4月 中国太平洋保险（集团）股份有限公司投资设立境外子公司——中国太平洋保险（香港）有限公司，注册资本为2.5亿港元。

11月 上海市常务副市长徐匡迪率经济考察团访问香港。

同年 上海市放宽市民赴香港探亲条件，在全国首先实行在港有亲即可前往探望。

同年 香港峻岭集团有限公司董事长丁人骏向长征医院两次共捐赠4350万美元，建造上海急救医疗中心。建筑面积6万余平方米，是上海最大的急救医疗中心。

1989—1994年 香港邵氏兄弟有限公司总裁邵逸夫捐赠2000多万元，建造上海逸夫职业技术学校、上海逸夫戏曲进修学校，复旦大学、同济大学、华东师范大学逸夫楼，改建天蟾舞台，建上海博物馆逸夫馆等。

1995 年

7 月 27 日　上海铁路局就开行沪港直通列车向铁道部提交调研报告。

8 月 18 日　上海金茂大厦工程合同签字仪式举行。工程由上海建工集团、日本大林组、法国西宝营公司、香港其士公司联合参与，并按照国际惯例进行总承包。

10 月 21 日　沪港经济专门委员会成立。

12 月　香港德加拉电器有限公司总经理陈农园被授予 1995 年度上海市白玉兰纪念奖。

1996 年

1 月 18—19 日　沪港经济发展与合作研讨会在上海召开，此次研讨会由市政府发展研究中心与香港工商专业联会联合主办。研讨会由上海市市长徐匡迪和香港工商专业联会会长罗康瑞共同主持。会议就“城市规划及房地产业的发展与合作”“贸易与工业的发展与合作”“金融业的发展与合作”等重要问题进行讨论。

5 月 22—24 日　由上海市医学会医院管理学会和香港医务行政学会共同召开的“1996 沪港医院管理学术研讨会”在上海举行，双方就新形势下医疗保险、医院管理等方面的发展趋势和战略思考进行探讨交流，香港医务行政学会主席等 7 名香港医院的行政管理人员和上海及边地区代表约 150 人参加会议。

5 月　在香港回归前夕，上海实业集团将香港及内地优质业务联合组建红筹股在香港成功上市，此后上实又多次重大注资。

同月　香港瑞安集团与卢湾区政府签署《沪港合作改造上海市卢湾区太平桥地区意向书》，确立“整体规划、成片改造、分期开发、总体平衡”的开发原则，开启太平桥项目的建设。

6 月　瑞安集团有限公司与上海虹口区政府共同对占地 90 万平方米的上海虹镇老街 16 个旧区进行改造，达成共识。瑞安将上海市中心旧区打造为一个包括办公楼、购物中心、酒店、文化及娱乐设施以及住宅物业的“瑞虹新城”综合社区。其中，住宅部分是由外资发展商开发的首批内销楼盘之一。

同月　香港科技大学与中国科学院上海生物工程研究中心等单位联合组建生命科学及生物技术联合实验室。

7 月　上海市政府向铁道部发出关于请求开行上海至九龙特快旅客列车的公函。

同月 香港上海实业（集团）有限公司获得24家国际金融机构联合提供的2.5亿美元银团贷款。这项3年期的贷款将用于新建长2.61公里的延安路高架路，改造总面积为18.5万平方米的南市区旧城区，以及用作收购或合作投资于上海多家企业。

12月17—19日 沪港金融合作与发展战略研讨会在香港举行。沪港经济发展协会、香港贸易发展局共同主办，香港上海实业集团协办。上海代表团由上海的银行和其他金融机构的代表组成。

12月26日 香港瑞安集团和上海中虹集团联手建造的瑞虹新城奠基仪式举行，为沪港合作改造上海旧城区投资最大的项目。港方投资5亿美元，计划建内销商品房167万平方米，工程将于10年内完成。

12月 香港九广铁路公司和上海铁路局在上海签署《上海-九龙直通旅客列车办法》文件。

年内 香港汇丰银行获准在上海经营人民币业务，标志着沪港金融合作跨上新台阶。

年内 中国香港（地区）商会—上海正式成立。

1997年

3月25—26日 “香港：联系京沪穗 携手创繁荣”研讨会在沪举行。研讨会由香港贸易发展局主办，上海市对外经济贸易委员会、外国投资工作委员会和国际贸易协会协办。香港特别行政区候任行政长官董建华应邀出席研讨会并作演讲。中共中央政治局委员、上海市委书记黄菊会见董建华。

5月12日 香港大学、香港中文大学、香港城市大学、香港科技大学、香港理工大学、香港浸会学院和岭南学院等7所高校联合在上海复旦大学博物馆设展。共展出400多张图片，介绍各校设施、学科结构、教学方式、学生生活等情况。

5月19日 上海至香港九龙的沪港列车（沪九直通车）K99次旅客列车正式投入运营。K99是长三角地区唯一一趟进港列车，全程1991公里，运行时间30小时。

5月 上海市科学技术协会和香港工程师学会在上海科学会堂联合主办以“加强沪港科技合作，携手迈进21世纪”为主题的沪港科技合作研讨会。此后，沪港科技合作研讨会每两年轮流在上海和香港举行。研讨会对增进两地工程师与科技工作者之间的沟通与交流，拓宽两地合作的管道与领域，促进科技和经济的持续发展发挥了重要作用，并已成为两地学术界、工程界以至企业界交流合作的重要平台。

7月1日 上海各界人士庆祝香港回归大会举行。

7月30—31日 由上海市市政管理委员会主办的“97沪港城市卫生管理研讨会”在上海举行，香港特别行政区市政总署署长钟丽帼在研讨会上介绍香港城市卫生管理的经验。

9月21—29日 复旦大学为17名香港特区政府律师举办中国法律知识培训班。这是香港回归后内地高校为香港特区政府职员举办的首次法律培训班。

9月27日 香港瑞安集团向上海大学捐赠1200万港元创建上海经济管理中心的捐赠仪式在上海大学举行。全国政协副主席钱伟长出席捐赠仪式。

1998年

4月4日 由上海市政府发展研究中心、上海市政府协作办和香港工商专业联合会主办，主题为“沪港合作开发长江经济带”的第三届沪港经济发展与合作研讨会在沪举行。上海市市长徐匡迪参加会议并致辞，香港特别行政区行政长官董建华发来贺信。中央有关部门和上海及长江沿岸省市政府有关部门的领导、香港近40名企业界和专业人士以及近100名上海及长江流域各省市的专家学者、企业家参加研讨。

4月4日 “长江开发沪港促进会”成立。促进会广泛联络有关部门、企业和专家，努力促进沪港两地与长江沿岸地区的双边与多边合作，充分发挥上海、香港与国际社会联系密切等优势，积极为上海、香港及海外投资者寻找适合的投资机会创造条件，促进与协助他们在长江流域的投资和开发。

4月30日 香港中文大学、香港大学和中科院上海有机化学研究所共同组建化学合成联合实验室，为中国科学院与香港首次在内地建立联合实验室。

9月19日 由复旦大学和香港大学合作设立的沪港管理教育与研究中心在复旦大学成立。

11月13日 上海市市长徐匡迪在香港科技大学接受荣誉工程学博士学位。

12月26—29日 由香港教育工作者联合会组织的香港300名中学生，来沪开展“香港学生大使交流计划”访问交流活动。

同年 香港大学与复旦大学合作创立联合培养MBA(工商管理硕士国际课程)，为首批获得国务院学位办批准的内地与港澳台地区高校合作MBA学位教育项目。2018年英国《金融时报》全球EMBA项目排名中，该联合培养项目位居第35、全球非全日制MBA项目第4。

12月 来自香港的上海新锦发房地产有限公司总经理李晓东、上海德胜联兴印铁容器有限公司董事长王文荣、上海侨益房地产有限公司总经理黄建华被授予

1998年度上海市白玉兰纪念奖。

1999年

1月14日 由中科院上海有机化学研究所、香港中文大学和香港大学共同组建的沪港化学联合实验室在中国科学院上海有机化学研究所揭幕。上海市市长徐匡迪会见香港中文大学校长李国章和香港大学校长郑耀宗并一起出席揭幕仪式。1997年科技部副部长惠永正，戴立信、林国强、支志明、麦松威和黄乃正五位院士共同发起设立沪港化学联合实验室。

3月14—17日 由香港贸易发展局首次在内地举办的香港品牌产品展览及推荐活动在沪举行，67家香港公司参展，共设120个展台。

9月6—8日 “'99沪港科技合作研讨会”在香港召开。

9月26日 中共中央政治局委员、上海市委书记黄菊会见应邀出席'99《财富》全球论坛上海年会的香港特别行政区行政长官董建华及夫人。

10月15日 香港旅游协会上海办事处在沪成立。

11月 香港王董国际有限公司设计的上海新锦江大酒店，获评为“新中国50年上海十大金奖经典建筑”。

12月3日 由上海市青年联合会、香港青年联会、上海海外联谊会、沪港经济协会共同主办首届“沪港青年经济发展论坛”，就密切上海与香港两地联络与发展进行研讨。后发展为沪港澳青年经济发展论坛。

12月22日 香港瑞安集团董事长罗康瑞、香港半岛针织有限公司董事长唐翔千、香港南丰集团董事长陈廷骅、香港东方石油有限公司副董事长刘浩清被授予1999年度上海市荣誉市民称号。

12月 来自香港的香港菱电集团董事长胡法光被授予1999年度上海市白玉兰荣誉奖。

同月 来自香港的香港胡良利万益珠宝行董事长胡楚南、扬子江大酒店行政经理罗志明、房地产从业者王佰生被授予1999年度上海市白玉兰纪念奖。

年内 由香港恒隆集团投资建设的港汇广场开业。

2000年

5月4日 复旦大学校长王生洪率领该校院长、系主任15人代表团访问香港中文大学，在王生洪和香港中文大学校长李国章的共同倡议下，决定联合组建“沪港发展联合研究所”。

5月29日 上海交通大学与香港大学就筹建孵化基地及创新科技研究达成合作协议。合作模式为由上海交通大学提供技术及人才，香港大学协助高技术孵化转型以达到国际标准及进入国际市场；两校同时为孵化基地提供研究资金，引进商业机构投资者及风险管理基金。协议初步选定深圳作为孵化基地。

6月2日 上海市市长徐匡迪会见香港特别行政区行政长官董建华，介绍上海近年来经济快速发展和浦东开发开放等方面的情况。董建华希望香港和上海能在经济、高科技、金融等领域加强合作，共同在21世纪取得更大发展。

同日 以“中国加入WTO以后，沪港两地面临的机遇、挑战与合作前景”为主题的第一届沪港大都市发展研讨会在上海国际会议中心举行。香港特别行政区行政长官董建华、上海市市长徐匡迪出席会议并演讲。上海市科学技术委员会主任、香港证券及期货事务监察委员会主席、香港特区行政会议召集人等沪港两地12位专家就经济、科技、工业、金融和中介服务等5个专题发表了演讲。

6月10—12日 首届“上海与香港都市文化比较学术研讨会”在上海师范大学举办。来自美国哈佛大学、纽约大学、香港中文大学、香港大学、香港科技大学、香港岭南大学、浸会大学、香港城市大学以及上海高校的100多位专家学者与会。

11月7日 第一届沪港杯青少年足球赛在香港举行。

2001年

1月 沪港发展联合研究所成立，由香港中文大学和复旦大学在两校经济、社会、政治、文化等多学科交叉基础上联合创办，是香港回归以后内地与香港重点大学最早成立的合作研究和交流机构。海峡两岸关系协会会长、上海市原市长汪道涵题写“沪港发展联合研究所”所名。联合研究所旨在联合海内外学术研究人才，搭建中国城市研究的高端平台，为国家政策提供咨政建议。

3月1日 第五届沪港经济发展与合作会议在沪举行。上海市市长徐匡迪，中央人民政府驻香港特别行政区联络办公室副主任刘山在，香港特区政府财政司司长梁锦松、工商局局长周德熙、工商专业联合会会长罗康瑞，以及长江沿岸城市和沪港两地政府部门等各界人士近300人参加会议。

4月17日 “发展与交流——沪港专业人士圆桌会议”在沪举行。会议由香港“专业联盟”和上海市突出贡献专家协会共同发起。“专业联盟”发起人梁振英率领的代表团与上海突出贡献专家协会及建筑、法律、会计、医学等各界的专家就两地相关行业发展、行业环境、人才互动等问题进行交流。

5月18日 由WTO上海研究中心、香港WTO研究中心和香港中华法律研究中心联合举办的“中国加入世贸的前奏——国际专家圆桌会议”在沪举行。

5月31日　由复旦大学和香港大学合作组建的“沪港WTO与中国发展联合研究中心”成立。

6月　上海海外联谊会、香港沪港经济发展协会、上海沪港经济发展协会在沪共同举办“沪港科技、工商、金融专业交流活动”。香港60名专业人士与上海科技、工商、金融界联合举办“沪港科技投资研讨会”“沪港企业项目合作推介会”和“沪港金融合作交流会”，深入探讨沪港两地在三个领域进一步加强合作交流的问题。

9月12日　上海市市长徐匡迪在人民大厦会见来访的香港特区政府财政司司长梁锦松一行，双方就进一步加强沪港两地的合作与交流交换看法。

9月30日　香港永新企业有限公司董事长曹光彪被授予2001年度“上海市荣誉市民”称号。

年内　由香港恒隆集团投资兴建的南京西路恒隆广场正式落成，成为浦西最高建筑。

2002年

2月10日　永乐电影城在上海开业，是首批获批准建立的合资院线电影院之一，由上海永乐股份有限公司和香港广裕有限公司合资建设。

5月　沪港两个交易所签署合作谅解备忘录，双方在信息交流、人员培训、高层互访和产品开放等方面加强合作。

6月28日　沪港技术与资本联动研讨会在沪举行。中国证监会主席周小川、科技部副部长邓楠出席会议并讲话。香港交易所主席李业广和总裁邝其志率领的高管人员、律师、会计师、保荐人和来自上海等10多个省市的企业家、科研机构专家共1000多人出席研讨会。

7月　上海市人民政府外事办公室与香港特区政府公务员事务局共同签署《沪港两地公务员交流实习活动实施协议书》，计划开展为期4年的公务员交流活动，并从9月始进行第一期3个月的沪港公务员交流。

11月23日　由上海市人民政府发展研究中心、上海市人民政府协作办公室、香港工商专业联会和上海实业集团公司共同举办的第六届沪港经济发展与合作会议在上海举行。会议主题是“上海在区域经济一体化中的地位和作用”。来自沪港两地的政府官员、经济界、学术界人士和长江开发沪港合作促进会全体理事约100人出席会议，并就“国内区域经济协调发展的前景”和“沪港两地在推动区域经济协调发展中的优势”等专题进行研讨。

2003 年

1 月 18 日 由香港董氏慈善基金会和上海交通大学联合创办的“董浩云航运博物馆”在上海交通大学徐汇校区开馆。

6 月 29 日 内地与香港签署《内地与香港关于建立更紧密经贸关系的安排》（CEPA）。上海与香港在 CEPA 框架下加强合作。

8 月 1 日 港资康汇医院管理有限公司与上海民营博爱医院签订委托管理合同，出资 5000 万元为医院改造设备，拥有该院为期 10 年的经营管理权。这是沪港医院“委托管理”的新模式。

10 月 8 日 上海与香港合作创建的上海港华医院正式开业。

10 月 15 日 复旦—港大 IMBA 学员在复旦大学逸夫楼举行开学典礼。复旦大学—香港大学沪港 IMBA（国际 MBA）项目是国务院学位办批准的首个沪港高校合作办学的项目。

10 月 27 日 沪港经贸合作会议第一次会议在香港召开。上海市市长韩正和香港特别行政区行政长官董建华共同主持，正式宣布沪港经贸合作会议机制建立。沪港双方在 CEPA 框架下就机场、港口、世博会、旅游会展、投资商贸、金融服务、专业人才交流、教育和体育等 8 个领域签署合作框架协议。沪港合作机制是香港与内地省（直辖市）正式建立的合作机制之一。

同日 上海机场集团与香港机场管理局签订《沪港机场紧密合作框架意向书》，并就双方的人员培训、经验交流及顾问咨询合作交流等方面开展一系列具体合作项目。双方组成了机场一期航站楼流程改造等 4 个项目小组，具体推进合作项目的实施。

同日 上海港口管理局与香港经济发展及劳工局签订《关于加强沪港港航领域合作与交流的备忘录》，双方加强学术与业务交流，上海港口局派出多批管理人员赴港短期培训，并与劳工局合作举办“物流研讨会”，共同探讨上海国际航运中心物流建设的有关问题。

11 月 24 日 上海“引进香港千名专才”计划启动，上海向首批来沪工作的 11 位香港专才颁发《上海市居住证》（B 证），是沪港两地原有人才合作与交流良性互动局面的继续与深化，为今后进一步保持双方良好合作奠定基础。

11 月 25 日 上海海外联谊会、上海沪港经济发展协会、香港总商会、香港贸易发展局、香港沪港经济发展协会联合在沪举行“第二届沪港大都市发展研讨会”。研讨会就世博会项目以及黄浦江两岸开发、物流、会展、投资和商务服务业等一系列问题进行广泛的讨论和交流。沪港两地政商界人士 300 余人出席研讨会。

12月18日 香港生产力促进局与上海技术产权交易所联合在香港举办“第二届上海高新科技成果推介会”，借展示上海高新科技项目，为香港与内地企业提供一个有效的商业配对及科技联盟的平台。

12月29日 利丰贸易（上海）有限公司（香港利丰贸易公司的全资附属公司）获商务部批出出口企业许可证，成为内地首家具有采购权的外商独资贸易公司。

12月 世茂集团董事长许荣茂（香港）获2003年度白玉兰荣誉奖。

同年 经司法部批准，上海市司法局与香港特区政府律政司签署合作协议，上海市律师协会与香港大律师公会在香港签署合作备忘录。

2004年

1月2日 上海银行与香港上海汇丰银行合作推出申卡国际信用卡，上海银行成为首家与外资银行合作开发并发行信用卡的国内商业银行。

1月15日 在以“更便利的制度，更紧密的合作”为主题的CEPA框架下，港澳与长江三角洲共同发展研讨会在沪举行。同时，中国贸促会、香港投资推广署、澳门贸易投资促进局联合主办的CEPA香港澳门（内地）推广周在沪举办。上海市市长韩正、中国国际贸易促进委员会会长万季正、香港投资推广署署长卢维思、澳门贸易投资促进局主席李炳康、江苏省副省长张卫国、上海市副市长周禹鹏、浙江省政府副秘书长楼小东等参加。上海和周边省市及港澳的政府官员、商界领导人、知名学者围绕港澳与长江三角洲合作导向、世界贸易组织和CEPA对地区经济发展的作用影响、港澳与长江三角洲合作的推动力、香港现代服务业的新天地、CEPA与2010年上海世博会等5个专题进行探讨。

4月 上海市委、市政府同意上海市人民政府外事办公室增挂上海市人民政府港澳事务办公室牌子。

5月中旬 上海市世博局与香港贸易发展局在香港召开“中国2010上海世博会投融资国际研讨会”，进一步推动沪港双方的合作往来。

5月20—21日 沪港现代服务业展示洽谈会在香港会展中心举行。

7月1日 上海赴港自由行开通。上海是2004年首批确认的实施“港澳自由行”计划的城市之一，上海居民凭通行证和签注，无须随旅行团即可前往港澳地区旅游。港澳“自由行”政策激发上海居民赴港旅游的热情，推动沪港两地旅游业的合作与发展。

7月5日 上海海外联谊会和上海高校海外联谊会联合举办的首届“爱我中华”上海高校港澳学生千岛湖夏令营在上海交通大学举行开营仪式。

9月2—5日 由上海会展公司承办的2004香港工展会·上海在上海展览中心举行，是香港四大商会之一的中华厂商联合会在举办37届后首次在香港以外举办，以借CEPA协定推广香港品牌，推动两地的经贸交流和合作。

11月10日 上海新天地被文化部命名为首批全国文化产业示范基地。项目由香港瑞安集团内地房地产旗舰公司瑞安房地产开发，对上海石库门建筑进行修复及改造，使其成为集时尚、娱乐、休闲与文化的城市地标。

12月13日 香港机场管理局与上海机场集团签署协议，向上海机场提供咨询服务，包括客运大楼流程管理、零售业务营运以及航空货运发展，为期5个月。

年内利丰贸易（上海）有限公司成为商务部批准的中国第一批外商独资出口贸易公司，为香港利丰贸易公司在上海设立的第一家具有采购出口权的外商独资贸易公司。

2005年

1月18日 经中国银监会批准，香港中信嘉华银行在内地的首家分行落户上海，是CEPA实施以来，第一家在上海设立分行的香港银行。

6月9日 由上海市高校毕业生就业中心和香港赛马会共同主办的“上海-香港大学生暑期实习计划”启动，250名香港大学生进入上海70余家企业实习，实习期为8周。

12月3日 上海市市长韩正在锦江小礼堂会见了香港特别行政区财政司司长唐英年一行。

2006年

5月5—7日 香港特别行政区行政长官曾荫权一行访问上海，市长韩正会见曾荫权一行。

5月27日 由上海市政协主办、香港沪港经济发展协会协办的“沪港现代服务业发展研讨会”在深圳举行。全国政协副主席董建华、上海市政协主席蒋以任、广东省政协主席陈绍基、香港特别行政区政府署理财政司司长叶澍堃出席并致辞。上海市政协副主席宋仪侨主持研讨会开幕式，上海市副市长胡延照作主旨演讲，深圳市政协主席李德成参加会议。19位市政协委员、专家、学者和企业家代表在研讨会上围绕金融服务业、物流业、会展旅游业及其他专业服务业等专题进行演讲并讨论。

8月　上海国际集团（香港）有限公司重组整合集团在德国、日本、美国及原香港子公司和办事处的资源，是集团唯一的境外一级子公司。公司注册资本约2.96亿美元。

9月上旬　香港特区政府驻上海经济贸易办事处正式成立。办事处的主要职能是致力于推动沪港两个经济中心城市之间，以及香港与江苏、浙江、安徽、湖北四省之间，在经贸等领域的联系、交流与合作。

10月　中国工商银行成功实现A+H同步上市，沪港交易所合作进入新的阶段，合作内容不断深入，合作领域及合作层面不断深化。随着中国资本市场改革开放稳步推进，沪港资本市场联系日益密切，两个证券交易所之间加强交流与合作，有利于双方优势互补，促进共同发展，对上海国际金融中心建设起到积极作用。

11月15日　中共中央政治局常委、国务院副总理黄菊在上海会见由金融管理局总裁任志刚率领的香港银行公会代表团。

2007年

2月2日　由香港特区政府驻上海经济贸易办事处举办的“香港金融服务研讨会”在上海举行。研讨会的目的是希望增加长江三角洲地区的内地企业对香港特区的营商环境和金融市场的了解。香港特区政府财政司司长唐英年在研讨会上致辞。

4月18日　全国铁路实行第六次大提速，沪港列车也列入提速“大名单”，列车等级由“K”（快速）改为“T”（特快），行车单程时间由25小时缩短至19小时54分。

4月　上海市委书记习近平会见香港上海汇丰银行有限公司主席郑海泉。

6月　上海市委书记习近平会见香港新鸿基地产发展有限公司主席兼行政总裁郭炳湘。

6月1日　“庆香港回归十周年　推进沪港两地合作”高峰论坛在上海隆重举行。

8月1日　由商务部和上海市人民政府联合举办的“落实CEPA补充协议四，推动沪港服务业互动合作”推介会在上海举行。香港特区政府商务及经济发展局局长马时亨出席并致辞。

8月30日　“上海金秋文化、旅游、体育盛事推介会”在香港举行，市政府有关领导向香港各界人士和新闻媒体介绍2007年秋季上海的文化旅游活动。

9月1日　上海在浦东新区市民中心设立全国第一个“CPA绿色通道”，一站式受理香港投资者的审批及咨询，后扩展至全市范围。

11月1日 由香港特别行政区政府驻上海经济贸易办事处和香港贸易发展局举办的“香港回归十周年CEPA研讨会”在上海举行。200多位上海市及长三角其他地方的政府工商主管部门、经贸团体和企业的有关人员出席研讨会。

11月5日 上海第一家沪港合资期货经纪公司——中信东方汇理期货有限公司获得批准，公司投资总金额和注册资本均为10000万元，中信华东（集团）有限公司占40.92%，上海中信进出口有限公司占17.08%，东方汇理金融香港有限公司占42%，从事金融期货经纪业务，中信期货经纪业务，期货信息咨询、培训。

同年 香港大学上海学习中心正式启用。

2008年

5月30日 香港特别行政区政府与上海世博会事务协调局正式签署中国2010年上海世博会参展合同，并确认参与网上世博会项目。

10月12日 “上海世博会香港推广周”推介会在香港举行。

11月6—8日 全国政协委员、美国友邦保险（百慕大）有限公司资深区域总监、创会会长容永祺率领香港专业及资深行政人员协会代表团一行30人首次到沪访问。这是香港专业及资深行政人员协会代表团首次访沪。中共中央政治局委员、上海市委书记俞正声，上海市委常委、统战部部长杨晓渡分别会见代表团一行。在沪期间，代表团拜会上海海外联谊会、徐汇区海外联谊会、上海市欧美同学会以及市世博局、上海银行等，了解上海金融业的发展现状和2010年世博会的筹备情况，并与上海相关专业界人士进行座谈交流。

12月2—5日 中央统战部副部长、中华海外联谊会副会长尤兰田率中华海外联谊会港澳名誉理事访问团70余人到沪访问。这是中华海外联谊会港澳名誉理事访问团首次访沪。中共中央政治局委员、上海市委书记俞正声，上海市委常委、统战部部长杨晓渡会见访问团。访问团在沪期间，考察上海市世博局、上海城市规划展示馆、上海博物馆、金山枫泾镇等。

2009年

1月21日 上海证券交易所与香港交易所签订《沪港交易所更紧密合作协议》，双方在加强技术与产品合作等方面达成共识。

3月27日 上海市城乡建设和交通委员会主办、香港航运发展局及海事处协办的“上海-香港航运服务业互动发展研讨会”在上海举行，香港特区政府运输及房屋局局长郑汝桦出席并致辞。

6月　上海汽车香港投资有限公司成立。作为上汽集团的海外投融资平台，主要从事上汽集团的海外投资活动。

8月13日　香港特区政府财经事务及库务局局长陈家强率领的香港金融业代表团访问上海。代表团的40多名成员来自证券业、银行、会计、保险、监管机构、金融专业团体和金融服务中介机构。

8月21日　“沪港国际贸易中心互动发展”研讨会在市政协召开。市政协主席冯国勤致辞。部分市政协委员、港澳台侨委员会特聘成员，沪港两地相关政府部门负责人及专家学者参加研讨会。

10月12日　上海机场（集团）有限公司与香港机场管理局举行沪港机场合作项目签约仪式，双方合资成立上海沪港机场管理有限公司，进一步加强沪港两地机场合作。根据合作协议，上海沪港机场管理有限公司，受托管理虹桥机场的东西航站楼、虹桥综合交通枢纽东交通中心与旅客流程相关区域，以及航站楼商业零售业务。上海沪港机场管理公司注册资本金1亿元，其中上海机场集团出资5100万元，香港机场管理局出资4900万元，合资期限自2010年起为期20年。

2010年

1月19日　上海市金融服务办公室与香港特区政府财经事务及库务局在香港签署《关于加强沪港金融合作的备忘录》，其中一个合作措施是两地金融代表定期召开会议，促进双方在金融方面的交流和合作。上海市副市长屠光绍与香港特区政府财经事务及库务局局长出席并分别致辞。香港特区政府财政司司长曾俊华出席仪式。1月21日上海证券交易所和香港交易及结算所在香港就2009年签署的《沪港交易所更紧密合作协议》举行合作成果新闻发布会，并公布新的合作内容。上海市副市长屠光绍与香港特区政府财经事务及库务局局长出席并致辞，全力支持沪港两地金融市场开展合作。

4月1日　2010沪港行业协会合作发展论坛在上海举办。论坛由上海市经济团体联合会、长江开发沪港促进会等沪港两地社会组织共同发起，这是首次在上海举办。

4月26日　香港特区行政长官曾荫权参观中国2010年上海世界博览会（上海世博会）香港馆及“城市最佳实践区”香港展览，并参观中国馆。

5—10月 上海世博会香港馆在世博园展出。5月1日，2010年上海世界博览会香港馆开幕。10月18日至22日举办为期5天的“香港活动周”，活动期间每月都有特定的活动主题，其中5月主题是绿色城市；6月主题是旅游城市；7月主题是一国两制；8月主题是文化城市；9月、10月主题是创意城市。

5—10月 世博会期间3500名香港学生组成上海世博参访团来沪参访交流。

5月8—10日 香港立法会议员代表团来沪参观世博会。

5月15日 由香港设计中心举办的“香港：创意生态—商机、生活、创意”设计展览开幕典礼在上海卢湾区局门路550号八号桥三期举行。展览是香港特别行政区参与中国2010年上海世界博览会的节目之一，内容包括主题展览、工作坊、座谈会及教育论坛，以展现香港创意产业的生态和活力。展期由该日起至10月底上海世博会结束为止。香港特区政府财政司司长曾俊华、上海市副市长屠光绍出席开幕典礼。

7月16日 中国民用航空局与香港特别行政区运输及房屋局经磋商后，决定增加上海虹桥机场作为内地与香港定期通航点，各方每周可执行14班上海虹桥—香港航线往返航班。

9月14日 “世博沪港绿色科技合作与发展机遇论坛”在上海举行，香港和上海两地的资讯及通信科技业代表交流绿色科技与经济发展的关系和前景。论坛是“香港资讯及通信科技周”的其中一项重点活动，配合中国2010年上海世界博览会“城市，让生活更美好”的主题和“低碳世博”“绿色世博”的目标。科技周是香港特区参与上海世博会节目之一，于9月13日至16日举行。

9月16日 为促进内地和香港企业在品牌发展上的交流合作，由香港贸易发展局、香港广告商会合办，上海市商务委员会及香港设计中心协办的“创意香港品牌中国”研讨会在上海国际会议中心举行。研讨会是香港特区参与2010上海世博会的节目之一。

2011年

1月8日 上海经贸商事调解中心挂牌成立，沪港两地的商事调解机构同时签署合作备忘录，这标志着上海在建设国际贸易中心中有了与国际接轨的专业商事纠纷调解服务。

4月1日 长三角香港现代服务业高峰交流会在上海举行，由上海海外联谊会和香港中华总商会共同举办。同日，香港中华总商会长三角委员会成立。

5月6日 上海医药集团股份有限公司在香港正式向全球发售H股。这是上海国资系统首个在A股和H股两地上市的企业。

6月8日　浦发银行香港分行作为浦发银行首家境外分行、香港第149间持牌银行、第8间可于香港从事所有银行业务的中资银行正式成立。

6月10日　由上海交通大学和香港科技大学共同承办的国际工业工程师协会（世界最大的相关专业组织）在沪召开首届亚洲会议。

7月11日　中共中央政治局委员、上海市委书记俞正声会见香港中国商会上海访问团。

9月21日　第六届沪港大都市发展研讨会在香港举办，这是该研讨会首次在香港举办。会议主题为“深化CEPA实施，促进沪港经贸发展”。

11月14日　“沪港澳，携手共创金融发展新空间”——2011沪港澳青年经济发展论坛在上海举办。

2012年

1月5日　沪港经贸合作会议第二次会议在上海举行，上海市市长韩正和香港特别行政区行政长官曾荫权出席会议。双方就商贸合作、文化交流、公务员交流、医疗合作四方面签署合作协议。

6月30日—7月2日　应香港特别行政区邀请，上海市市长韩正赴港出席庆祝香港回归祖国十五周年庆祝大会暨香港特别行政区第四届政府就职典礼等活动。

6—7月　沪港金融专业大学生互访交流。来自上海的22名大学生在香港进行为期5周的实习交流，来自香港的22名大学生在上海进行5周的实习交流。沪港金融大学生互访交流考察，是沪港经贸合作会议第二次会议确定的首次实施的沪港金融交流项目。

7月30日—8月6日　香港回归祖国15周年展览在梅龙镇广场举办。

11月7日　由香港工业贸易署、上海市商务委员会、香港驻上海经济贸易办事处共同主办的“沪港合作CEPA研讨会”在上海举行。

2013年

3月4日　沪港金融合作第三次会议在香港召开，来自沪港两地政府和金融监管部门的代表与会。会上通报沪港金融业发展现状及合作情况，与会代表围绕加强两地金融业务与产品合作、金融监管合作及深化两地金融人才交流培训等内容进行探讨。

3月中旬　香港特区政府房屋署测量师、房屋经理等代表团一行来沪进行专业考察。考察团赴浦东三林基地实地参观保障性住房小区，实地了解小区建设和管理等情况。

6月4日 中共中央政治局委员、上海市委书记韩正在上海会见香港特别行政区行政长官梁振英一行。

6月5日 香港特别行政区行政长官梁振英等一行到黄浦区局门路8号桥创意产业园区参观考察。

6月21日 国务院新闻办公室港澳台新闻局、中央政府驻香港特别行政区联络办公室宣传文体部、上海市政府新闻办公室和市政府发展研究中心共同主办的沪港两地金融发展论坛在上海举办。来自香港的22名资深财经评论员与16名内地金融界专家学者参加论坛，就沪港两地金融合作发展话题展开讨论。上海市委常委、常务副市长屠光绍会见香港资深财经评论员及香港媒体代表团一行，国务院新闻办公室秘书长才华参加论坛。

9月27日 2013沪港科技合作研讨会在沪召开，由上海市科学技术协会和香港工程师学会共同举办，以“生态文明建设与城市品质提升”为主题，沪港两地百余名专家学者、企业界代表和政府官员围绕资源、环境、交通和人口等议题展开交流。

12月10日 中国城市竞争力研究会在香港发布的报告显示，上海因设立第一个国家级自由贸易试验区等综合因素的驱动与影响，其城市综合竞争力首次超过香港位列第1。

12月16—19日 应国务院新闻办公室、中央政府驻香港特别行政区联络办公室邀请，香港大公报、香港成报、香港中通社、中国日报（香港版）、香港商报、亚洲电视、NOW宽频电视、凤凰卫视、香港电台、紫荆杂志、无线电视、香港经济日报、商业电台等香港部分主流媒体高层人士来沪访问。参访上海自贸区、上海报业集团、徐汇区滨江西岸文化走廊和上海环境能源交易所等，与有关政府官员和专家学者进行交流。

12月19日 上海市市长杨雄在市政府大厦会见香港媒体高层参访团。

2014年

1月6日 香港东亚银行上海自贸试验区支行开业，成为首家在自贸区内开业的外资银行。

1月 汇丰银行上海自贸区支行正式挂牌。

3月4日 中共中央政治局委员、上海市委书记韩正会见香港特别行政区行政长官梁振英。

4月11—13日　香港立法会主席曾钰成率香港立法会议员代表团50余人访沪。香港特区行政长官梁振英率特区政府代表团20余人访沪。其间，香港立法会议员团参观虹桥综合交通枢纽、中国商飞公司以及上海城规馆等，参加国际形势与外交政策、全面深化改革、上海自贸试验区建设情况介绍等系列讲座。

4月12日　中共中央政治局委员、上海市委书记韩正，市委副书记、市长杨雄会见香港特别行政区行政长官梁振英及香港特别行政区立法会主席曾钰成率领的立法会议员访沪团。

4月　沪港金融合作第四次会议在上海召开，来自沪港两地政府部门、金融监管部门和金融市场的代表与会。会上通报沪港两地经济与金融业发展现状与合作情况，两地代表就加强沪港金融业务及产品合作、深化两地金融人才培训与交流等进行深入探讨。

9月14日　2014首届沪港金融高峰论坛在上海举行，由中欧国际工商学院与香港金融管理学院联合主办。沪港两地金融机构负责人、行业领军人物、企业家及专家学者围绕“金融开放进程中沪港金融合作”主题，聚焦“人民币国际化”“自贸区金融改革”及“沪港通”等议题展开交流。

11月10日　中国证券监督管理委员会、香港证券及期货事务监察委员会决定批准上海证券交易所、香港联合交易所有限公司、中国证券登记结算有限责任公司、香港中央结算有限公司正式启动沪港股票交易互联互通机制试点（沪港通）。

同日　由上海市政协港澳台侨委员会、上海社科院及香港明天更好基金联合召开的“2014年度沪港合作与发展”研讨会，在上海市政协举行。上海市政协副主席姜樑、上海社会科学院院长王战、香港明天更好基金执行主席陈启宗代表主办单位致辞。来自沪港两地的相关政府部门及专家学者、企业家100多人参加会议。

11月17日　沪港通下的股票交易正式开始。中共中央政治局委员、上海市委书记韩正和中国证监会主席肖刚在上海证券交易所、香港特区行政长官梁振英和香港交易所主席周松岗在香港交易所分别为“沪港通”首日交易鸣锣开市。

11月　在上海市政府金融服务办公室和上海金融业联合会的直接指导下，13家在港上海金融机构联合发起成立香港上海金融企业联合会。

12月1日　香港慈善机构、上海五大宗教联席会议公益慈善交流座谈会在沪举行，来自香港的新界慈善机构访沪团以及上海五大宗教的代表130多人参加座谈，畅谈沪港两地开展慈善工作的心得体会，交流做好慈善工作、发展慈善事业的意见建议。

12月10日　沪港T99次列车等级改为直达特快，车次改为Z99次，列车运行时间缩短到19小时16分。

12 月 15 日 香港岭南大学成立潘苏通沪港经济政策研究中心。

2015 年

3 月 27 日 由上海金融业联合会、香港上海金融企业联合会共同举办的以“中国黄金市场走向全球”为主题的沪港金融业合作交流研讨会在香港特别行政区举行。研讨会主要围绕 2015 年黄金走势及展望以及中港两地黄金市场的发展等方面进行探讨，聚焦如何吸引境外投资者，将上海建设成为亚洲乃至全球范围内具有影响力的黄金转口贸易中心，致力于将交易所打造成具有国际影响力的贵金属交易市场。

3 月 30 日 中共中央政治局委员、上海市委书记韩正会见由香港中华总商会会长杨钊率领的访问团。

4 月 9 日 沪港金融合作第五次会议在沪举行，沪港两地政府、金融监管部门和金融要素市场的代表出席。双方分别介绍沪港金融业发展的最新进展及合作情况；与会代表围绕“沪港通”、上海自贸试验区建设和跨境人民币业务、证券及期货业务、再保险业务以及深化两地金融人才培训与交流等进行探讨。

4 月 10 日 沪港经贸合作会议第三次会议在上海举行，上海市市长杨雄和香港特别行政区行政长官梁振英出席会议。沪港两地政府相关部门负责人签署商务合作、金融合作、公务员实习交流 3 个专项协议。会议还围绕沪港金融服务、城市交通管理及航运服务、商务及创意产业等合作议题进行互动交流。沪港双方确定“沪港经贸合作会议”正式更名为“沪港合作会议”。

5 月 中国证监会与香港证监会签署《关于内地与香港基金互认安排的监管合作备忘录》，允许符合资格的内地与香港基金通过简化程序在对方市场销售。7 月 1 日正式实施。这一安排有利于上海与香港资本市场的创新合作。

7 月 10 日 上海黄金交易所与香港金银业贸易场在香港举行“黄金沪港通”开通仪式。在此机制下，上海黄金交易所引入香港金银业贸易场作为交易所类机构特殊会员，香港投资者可直接参与内地黄金交易。“黄金沪港通”创新清算安排，香港金银业贸易场内会员和投资者只需在中银香港开户，就可参与上海黄金交易所主板、国际板的交易。“黄金沪港通”实现了两地黄金市场互联互通，有利于提升内地黄金市场的国际影响力。

7 月 13 日 上海市市长杨雄会见沪港经济发展协会会长姚祖辉一行，并称在与香港的合作问题上，“我们持开放的态度”。杨雄向沪港经济发展协会访沪团简要介绍上海经济社会发展情况。

8 月 20 日 由香港特别行政区政府驻上海经济贸易办事处、上海市司法局、上海市商务委员会以及上海市国际贸易促进委员会共同主办的“香港法律及解决争议服务研讨会2015”在上海丽丝卡尔顿大酒店举行。

8月31日 上海香港联会成立。

同日 由上海金融业联合会、上海交通大学上海高级金融学院、中国金融研究院、香港上海金融企业联合会、北大博雅金融、协同台湾富邦金控、富邦华一银行、富邦财险共同主办的“2015上海金融高峰论坛”，在上海中国金融信息中心召开。

10月20日 香港国际仲裁中心上海代表处挂牌成立。

11月 上海市律师协会与香港大律师公会举办第七届“陆家嘴法治论坛”。香港大律师公会主席谭允芝资深大律师率20名会员参会。这是香港大律师公会第一次单独组团拓展内地法律服务市场，第一次聚焦国家发展战略探讨法律服务保障相关问题，第一次在大律师群体中落实CEPA相关政策规定。

11月 香港国际仲裁中心在上海自贸区设立代表处，成为首家入驻内地的境外仲裁机构，实现国际仲裁中心在沪设立机构零突破。

12月 上海市科技创业中心与香港科技园签署沪港众创空间合作协议，共同推进沪港青年创新创业双向流动。

2016年

3月1日 沪港金融合作第六次工作会议在香港举行，来自沪港两地政府、金融监管部门和金融市场的代表出席会议。双方分别介绍沪港金融业发展最新进展及两地合作情况，将进一步深化合作机制，更新调整现有的合作备忘录，在金融机构、金融业务和产品、金融市场、金融监管合作、金融人才培训、金融科技等方面加强联动合作，促进两地金融业共同发展。

3月17日 第三届沪港商事调解论坛举行，由上海经贸商事调解中心、香港联合调解专线办事处、香港调解会联合主办。论坛以“商事调解与司法改革——调解在商事纠纷解决中的价值”为主题，最高人民法院、上海市人民政府港澳事务办公室、上海市商务委员会等及沪港有关企业法律顾问、调解员、律师代表共180人出席。香港特区政府律政司司长袁国强作“调解发展的过去与未来：香港的经验”的演讲，分享了香港调解以行政政策、法律依据和宣传推广为三大基石的发展经验。

5月6日 香港特别行政区全国人大代表考察团来沪，就上海国际金融中心建设及上海自由贸易实验区金融改革试点等情况开展专题调研。上海市市长杨雄出席专题调研汇报会并与代表座谈交流。在沪期间，考察团赴自贸区、洋山深水港、中国商飞公司等地考察调研。

6月 香港特别行政区政府财经事务及库务局与上海市金融服务办公室在沪签署《关于深化沪港金融合作的协议》。

7月29日 中共中央政治局委员，上海市委书记韩正会见由全国政协经济委员会副主任、全国工商联副主席、香港中国商会主席陈经纬率领的香港中国商会访沪团。

7月 科技部“内地与香港合作众创空间”在上海挂牌。

8月5日 由香港上海浦东联会、上海香港联会共同主办的“浦东发展新机遇—2016沪港青年专业合作论坛”在上海浦东新区举行。各行业领袖与300余位沪港青年代表同台论道，通过主题演讲、小组讨论等多种方式，围绕金融、高科技、文化产业等议题进行深入研究和探讨，共同为浦东新区的创新发展建言献策，助力沪港间的交流与合作，以期望迎来两地合作发展的新阶段、新机遇。

9月2日 上海社会科学院与香港贸易发展局签署合作协议，共同推动沪港企业把握“一带一路”机遇。根据协议，双方在建立数据库、分享信息、调查研究、合办活动等方面加强密切合作。

12月16日 由上海市人民政府港澳事务办公室、市经济和信息化委员会、市文化广播影视管理局、香港特区政府驻上海经济贸易办事处和香港特区政府商务及经济发展局创意香港联合主办的“2016沪港创意和文化产业合作交流研讨会”在沪召开。数十名业内企业代表、专家学者等围绕沪港两地文化创意产业合作交流进行深入探讨和互动交流，分享两地在文化创意产业合作交流的成功经验。

同日 由香港上海金融企业联合会牵头举办的第一届沪港金融论坛在香港成功举办。该论坛以“新形式下沪港金融合作的机遇和挑战”为主题，邀请银行业和证券业的金融界专家介绍沪港金融合作过往取得的成绩和经验，探讨未来沪港金融合作的机遇和挑战。

2017年

2月5日 上海市委常委、统战部长沙海林率领上海海外联谊会代表团访问香港。

3月10日 沪港金融工商青年专业论坛在上海举行。

4月14日 “香港回归二十年与‘一国两制’在香港的实践”学术研讨会在上海国际问题研究院举行。来自国务院港澳事务办公室、中央统战部、中央人民政府驻香港特别行政区联络办公室、香港特区政府中央政策组、上海市委统战部、上海市人民政府港澳事务办公室以及香港大学、香港中文大学、香港一国两制青年论坛、香港中评智库基金、澳门科技大学、北京大学、中国人民大学、深圳大学、复旦大学、上海大学、上海社科院、上海东亚研究所以及上海国际问题研究院的30多位政府实务部门人士和专家学者与会。研讨会就行政长官选举后的香港政治形势、香港回归20年取得的成绩、“一国两制”在香港实践面临的挑战等话题展开广泛讨论，并就落实“一国两制”在香港实践提出建设性的思考和建议。

4月18—20日 全国政协港澳台侨委员会“深化港澳与内地旅游合作”专题调研组在沪考察调研。

4月21日 上海市商务委员会、香港贸易发展局和上海市工商业联合会在沪共同举办“‘新领域、新模式、新机遇’沪港优势互补 携手共建‘一带一路’合作论坛”，探讨沪港如何发挥各自优势，服务于国家“一带一路”战略。

同日 上海市商务委员会与香港贸易发展局在上海签署合作协议，将加强沪港投资贸易领域的交流合作、加强沪港会展领域交流合作、继续加强双方机构间的交流合作，并建立沟通合作协调机制，并举办“一带一路”合作论坛。

4月28—29日 由教育部中学校长培训中心主办，香港大中华会协办，上海海外联谊会、上海市教育委员会及香港特区政府教育局支持的“纪念香港回归二十周年沪港中学校长论坛”在华东师范大学举行。香港中学校长培训班项目始于1997年，由设立于华东师范大学的教育部中学校长培训中心和华东师范大学共同创办，每年举办一次，每班学员40人左右。

5月11—13日 由香港特区政府行政会议成员、一国两制研究中心总裁张志刚率领的香港智库高层访问团访问上海，了解上海经济社会发展及高端智库建设等情况。

5月23日 沪港金融合作第七次工作会议在上海召开。在证券和期货合作方面，沪港双方同意鼓励上海金融机构充分利用香港平台进行投资和融资，并争取让更多香港证券金融机构到上海开展业务。在保险业方面，双方探讨了有关保险公司开展沪港双向跨境再保险业务以及允许香港保险产品在上海销售等问题。双方将继续举办“沪港金融专业大学本科生交流及考察计划”，推动两地金融人才交流和培训。

5月 上海市人民政府港澳事务办公室与香港贸易发展局合作，组织沪港两地基建、投资企业和专业机构赴泰国、越南进行市场考察和项目接洽。

6月22日 沪港电影合作交流论坛在上海举行。

6月23日 “电影人眼中的石库门摄影展”暨“香港经典电影展映”开幕式及“沪港青年电影人文创会”揭幕仪式在沪举行。

7月 债券通正式启动。债券通是指境内外投资者通过香港与内地债券市场基础设施连接，买卖两个市场交易流通债券的机制安排。

同月 由香港大公文汇传媒集团和上海市人民政府港澳事务办公室联合举办的“未来之星”香港大学生上海创新创业之旅代表团在上海参访。

8月14日 香港大学和上海海事大学签订学术合作计划，旨在培训海商法律专业人才，建立本地海运业人才库。签字仪式上，香港船东会与上海国际航运研究中心还共同发起成立“沪港航运研究中心”，以加强上海和香港在相关领域的研究、交流合作。

8月15日—9月5日 “香港回归20周年成就展”暨“沪港合作交流成果展”在中华艺术宫举办。“沪港合作成果展”集中展示了20年来，沪港两地在商贸、金融、科技、文化、教育、青少年、自贸区等领域合作交流所取得的丰硕成果，充分展示上海和香港人文相亲，经济相融，合作源远流长的情况。

8月22日 香港特别行政区行政长官林郑月娥一行到访徐汇区，参观上海梦中心项目。

8月23日 中共中央政治局委员、上海市委书记韩正，市委副书记、市长应勇会见香港特别行政区行政长官林郑月娥。

9月8日 上海市市长应勇会见香港恒隆集团董事长陈启宗一行。

10月16日 “借力‘一带一路’加强沪港金融互联互通——第二届沪港金融合作论坛”在香港举行。来自上海和香港的数十家金融机构和企业代表就沪港两地金融企业的合作提出建议，探讨沪港金融合作在“一带一路”下的合作机遇和前景以及如何加强沪港金融互联互通。香港交易所行政总裁李小加作为主礼嘉宾发表演讲。

11月23日 以“创新的青年，卓越的城市”为主题的沪港澳青年经济发展论坛在上海举行。来自上海、香港、澳门三地的青年企业家、专家等近200名代表与会，围绕沪港澳青年合作创新畅想未来。与会的香港和澳门青年代表还参观和访问上海“长阳创谷”、上海光源和杜邦中国研发中心等创新及创业平台。来自台北市的部分青年团体代表也列席论坛。

12月5日 2017年沪港青年科技创新论坛在沪举行。论坛以“共享科创机遇、共创美好未来”为主题，邀请来自沪港两地的专家、学者和青年共聚一堂，在上海建设具有全球影响力的科技创新中心、香港建设面向国际的国家级科技创新中心的背景下，探讨沪港青年如何把握发展机遇、应对挑战、践行新时代创新创业之路。

2018年

4月11日 中国人民银行行长易纲在博鳌亚洲论坛上宣布，自5月1日起沪港通每日额度扩大4倍。同日，中国证监会、香港证监会发布联合公告，沪股通每日额度从130亿元调整至520亿元，沪港通下港股通每日额度从105亿元调整到420亿元。

4月16日　中共中央政治局委员、上海市委书记李强会见以全国政协常委、香港江苏社团总会会长唐英年为团长的香港苏、浙、沪社团联合访沪代表团一行。

4月　因上海浦东国际机场扩建工程，上海国际机场股份有限公司与香港机场管理局签订管理咨询协议，委托香港机场管理局针对航站楼流程、商业规划及航站楼管理等三方面进行评估并提出建议。

5月19日　由上海经贸商事调解中心、香港联合调解专线办事处、香港调解会共同主办、香港特区政府律政司协办的第四届沪港商事调解论坛在香港律政中心举行。论坛主题为“调解于一带一路地区、内地及香港的发展、机遇与未来”。

6月7日　由上海海外联谊会和沪港经济发展协会联合主办的第九届沪港大都市发展研讨会在上海举行。

6月8日　中共中央政治局委员、上海市委书记李强会见由沪港经济发展协会会长姚祖辉率领的沪港经济发展协会代表团一行。

6月9日　复旦大学举行“复旦大学管理学院文化节·香港日”活动。“复旦大学管理学院文化节·香港日”旨在以庆祝复旦大学–香港大学工商管理（国际）硕士项目创办20周年。1998年，复旦大学管理学院和香港大学经济及工商管理学院联合创办复旦大学–香港大学工商管理（国际）硕士项目。

7月18日　上海市副市长许昆林会见由香港大公文汇传媒集团副董事长、总编辑李大宏率领的2018“未来之星，从香港出发——上海创新创业之旅”交流团。

8月22—24日　上海市市长应勇访问香港。考察港岛西废物转运站，了解垃圾分类、转运和处理情况，实地察看灵实胡平颐养院、灵实怡明长者日间护理中心、香港房屋协会乐颐居等，了解养老服务体系建设、社区建设、公共体育设施开放等情况。

8月23日　沪港金融合作第八次会议在香港举行。

8月24日　第四次沪港合作会议在香港举行，上海市市长应勇和香港特别行政区行政长官林郑月娥出席会议。沪港围绕经贸、教育、文化、金融、法律仲裁、科创等领域签署15个合作协议。

同日　香港西九文化区管理局与上海西岸（徐汇滨江综合开发建设管理委员会）签订合作协议，促进沪港文化艺术交流。

同日 在上海市商务委员会的支持和推动下，上海经贸商事调解中心和香港国际仲裁中心就加强商事调解合作签署协议。上海经贸商事调解中心与香港有关机构合作，自2012年起在沪港两地轮流举办沪港商事调解论坛，成为两地合作的一项机制化成果。

同日 “家国事业”沪港澳青年合作交流计划（2018—2020）启动。

8月31日 在沪港人杰出成就暨上海香港联会成立3周年庆典在沪举行。来自7个领域（经济、服务业、公益、教育、青少年发展、民生、文创）的在沪港人杰出成就获得者代表逐一分享他们在上海打拼事业、奉献社会的故事。香港贸易发展局罗康瑞主席获在沪港人终身成就奖。

9月23日 沪港高铁G99开通，沪港之间铁路时间缩短至8小时17分。

11月5—10日 首届中国国际进口博览会在上海举行。香港地区展示区位于国家贸易投资综合展的中国馆之中，约126平方米，以“香港进”为主题。共有超过160家香港企业参展。香港工业贸易署与贸易发展局于11月6日在进博会上举办“国际贸易 香港经验”论坛，汇聚多名创新科技、金融及法律界人士，共同探讨大数据运用、香港金融服务对跨境企业的支援，以及香港专业服务风险管理等议题，重点介绍香港服务业在国际贸易中可担当的角色。

11月6日 沪港大学联盟在上海复旦大学成立。香港特别行政区行政长官林郑月娥、教育部副部长田学军、上海市副市长翁铁慧、中央人民政府驻香港特别行政区联络办公室副主任仇鸿出席仪式并致辞。复旦大学党委书记焦扬、香港大学校长张翔、上海交通大学校长林忠钦作为联盟高校代表在仪式上致辞。“沪港大学联盟”由上海8所高校（复旦大学、上海交通大学、同济大学、华东师范大学、上海大学、上海理工大学、上海师范大学、华东政法大学）和香港8所高校（香港大学、香港科技大学、香港理工大学、香港教育大学、香港中文大学、岭南大学、香港浸会大学、香港城市大学）共同倡议发起，旨在加强两地大学在人才培养和科学研究等领域的交流合作，实现互利共赢，协同创新。

11月13日 上海市政协港澳台侨委员会、上海社会科学院港澳研究中心、香港明天会更好基金联合主办“改革开放再出发，沪港合作创新篇——纪念改革开放40周年”2018沪港合作与发展研讨会。沪港两地各界人士围绕主题，回顾40年来两地取得的成就与经验，并就如何更好地推动沪港合作进行深入讨论。

11月17日 上海证券交易所统计显示，截至11月16日，平稳运行4年的“沪港通”累计成交金额达10.31万亿元。其中，沪股通累计共930个交易日，交易金额6.05万亿元，日均交易金额65.02亿元；港股通累计共912个交易日，交易金额4.27万亿元，日均交易金额46.77亿元。

11月23日 由东亚银行（中国）有限公司设立的“沪港银行历史展览馆”揭

牌成立，是内地首家由外资银行设立的面向公众开放的银行历史类展览馆。展览馆以历史时间发展为主线，展现自 19 世纪中期至今两地银行业的起迭变迁和交融发展，设于上海市四川中路 299 号东亚银行大厦。东亚银行 1920 年在上海开设第一间分行，现为内地网络最庞大的外资银行之一。

11 月 28—30 日　中国福利会国际和平妇幼保健院代表团赴中国福利会创始地香港开展纪念中国福利会建会 80 周年寻根交流活动。

11 月 29 日　2018 沪港金融论坛在香港举行，林郑月娥出席闭幕式。

沪港金融论坛从 2016 年开始举办，致力推动沪港两地金融合作。香港特区政府财经事务及库务局与上海金融办从 2012 年开始合办的沪港金融专业大学本科生交流及考察计划，已有近 380 名两地金融专业大学本科生参与，为两地人才库增加新力量。

11 月　为进一步加强沪港两地交流合作，促进港商在沪投资和两地信息共享，学习借鉴英美法系市场准入法律制度和市场管理经验，提高上海登记注册工作人员业务水平，上海市工商局与中国委托公证人协会有限公司、中国法律服务（香港）有限公司签订长期交流合作协议。

12 月 5 日　由上海市商务委员会和香港贸易发展局共同组织的“上海投资营商环境推介会”在香港会展中心中小企业服务中心会场举办。会议邀请中央人民政府驻香港特别行政区联络办公室、香港中国商会等机构的嘉宾，香港各界中小企业 120 余人参加会议。

12 月 9 日　上海证券交易所、深圳证券交易所、香港交易所同步发布公告，为进一步优化互联互通机制，推动内地与香港资本市场协调发展，沪深港交易所已就不同投票权架构公司纳入港股通股票具体方案达成共识。

12 月 11 日　上海市司法局《关于香港、澳门律师事务所与内地律师事务所在本市开展合伙联营试点工作的实施办法（试行）》施行，香港、澳门的律师事务所可以和内地律师所在上海组建合伙型联营律师事务所。港澳与内地律所的合伙联营自 2014 年起在广东省广州市、深圳市、珠海市开始试点，2017 年 12 月司法部下发通知，将合伙联营地域范围扩大到广东全省和上海市。

12 月 17 日　以“共享科创机遇，共创美好未来”为主题的 2018 年沪港青年科技创新论坛在上海举行。沪港青年科技创新论坛创办于 2017 年，由沪杏科技图书馆、香港杏范教育基金会等发起，由市科学技术委员会、市人民政府港澳事务办公室提供支持。

同年　香港上海普陀联会以主办单位的身份，在香港启动“沪港明日领袖”金融法律实习计划和信息电贸实习计划，共招募近 100 名香港优秀大学生来沪开展为期 6 周的实习。

2019 年

1 月 31 日 上海市市长应勇在回答香港大公文汇传媒集团的提问时表示，上海和香港一直有着密切联系，在经贸、人文、社会等各个领域，都进行了广泛而务实的合作，取得一系列重要成果。2018 年 8 月召开了沪港合作会议第四次会议，签署 15 项合作协议，明确 55 个合作项目，现在都在推进和落实中。香港在金融、人才等方面有其独特优势，值得上海认真借鉴。上海愿在已有成果的基础上，进一步聚焦金融、科技、文化、青少年发展等领域，与香港进行全面的合作与交流。

3 月 5 日 香港 · 上海杨浦 · 澳门联合会成立大会在香港举行。香港特区政府政务司司长张建宗出席。新成立的香港 · 上海杨浦 · 澳门联合会总部位于香港，旨在参与并推动包括“一带一路”、长三角一体化、粤港澳大湾区等建设。

4 月 17 日 “沪港澳青少年交流实习基地”成立暨授牌仪式在上海举行。沪港澳青少年交流实习基地由上海市人民政府港澳事务办公室与上海海外联谊会共同牵头，会同全市港澳工作有关单位，并征求国务院港澳事务办公室和香港特区政府有关部门意见而成立。首批授牌的成员单位包括中共一大会址纪念馆、上海科技馆、复旦大学、蚂蚁创客小镇、东亚银行等，共计 39 家单位，涵盖全市青少年交流实习的优势资源，包括有国情历史、上海发展、文化创意、特色教育和实习创业 5 个方面。

4 月 21—23 日 香港特别行政区立法会主席梁君彦率香港立法会议员代表团共 22 名议员访沪，随同来访的有特区政府 23 名政府官员，另有约 30 余名媒体人员随团活动。国务院港澳事务办公室副主任黄柳权、中央人民政府驻香港特别行政区联络办公室副主任何靖陪同访问。

4 月 22 日 上海市市长应勇会见香港立法会主席梁君彦率领的香港立法会议员代表团。

5 月 16 日 由闵行区招商服务中心主办、闵行海外联谊会协办的“投资闵行　互利共赢——2019 沪港经贸合作交流会”在香港举行，当天参与活动的有来自香港九龙社团联会、香港中华厂商联合会、香港工业总会、香港工商总会、沪港经济发展协会、香港中华总商会、香港大埔林村等企业家代表以及闵行区区委常委、统战部部长李红珍、闵行区副区长吴斌、九龙社团联合会理事长、中华总商会副会长王惠贞等共计 150 余人。

8 月 10 日 中共中央政治局委员、上海市委书记李强会见由港区省级政协委员联谊会主席郑翔玲、会长施荣怀率领的联谊会代表团一行。

8 月 19—21 日 香港特区政府律政司司长郑若骅访问上海，与香港法律和争议解决业界人士拜会上海市政府官员和内地业界代表，并拜访上海市司法局和法院，讨论沪港法律合作事宜。

9 月 4 日 中共中央政治局委员、上海市委书记李强会见香港新鸿基地产发展有限公司主席兼董事总经理郭炳联。

11 月 1 日 中共中央政治局委员、上海市委书记李强，市委副书记、市长应勇会见香港特别行政区行政长官林郑月娥一行。

同日 2019 年沪港文化创意合作会议在上海社科院举行，香港特别行政区行政长官林郑月娥出席会议并发表主旨演讲。会议围绕沪港合作在粤港澳大湾区文化创意发展和一带一路文化交流中的作用、意义以及合作形式和机制等议题进行交流研讨。会议期间，上海社会科学院上海文化研究中心与香港文艺团体“进念・二十面体”，就沪港合作开展两地文化发展研究、建立智库平台签订协议。

11 月 1—24 日 “香港文化周”系列活动在上海举行。“香港文化周”是第二十一届中国上海国际艺术节的重要组成部分。文化周共推出 7 台演出和 1 个展览，既有来自香港地区的原创作品，也有沪港两地合作排演的新作。根据双方协议，2020 年“上海文化周”将在香港举行。具体由香港特区政府康乐及文化事务署与上海国际艺术节中心负责。

11 月 15 日 2019 沪港合作与发展研讨会在上海召开。沪港两地专家学者围绕“新时代持续发挥沪港在国家改革开放中的作用”主题，共议在长三角一体化发展和粤港澳大湾区建设两大国家战略下的沪港合作新发展，全国政协副主席梁振英出席会议并发表主旨演讲。

11 月 28 日 香港交易所与上海航运交易所在沪签订合作备忘录，旨在在金融和航运领域开展合作，共同推动境内航运价格的国际化。两家交易所计划在市场调研、产品研发、市场推广以及业务培训等方面展开深入合作，希望借此促进境内航运指数的金融化。

12 月 6 日 “第一届沪港科技创新论坛暨 2019 沪港青年科技创新论坛”在临港开幕。论坛聚焦临港新片区政策、科技金融政策、人工智能、生物医药等重点领域，来自沪港两地的青年科技工作者和创业者 200 余人参加。

12 月 7 日 中国香港（地区）商会—上海（简称上海香港商会）和香港贸易发展局共同发起的“2020 在沪港商创新发展计划”启动。相关计划得到沪港青年会、沪港专业人士联会、上海香港联会等支持。

12 月 16 日 2019 年沪港金融论坛在香港交易所举办。来自沪港两地的 180 余名金融业界人士参加。沪港金融论坛由上海金融业联合会、香港中国企业协会上市公司委员会、香港上海金融企业联合会等共同举办，旨在为沪港两地金融机构搭建交流合作平台。2016 年开办，已成功举办 3 届。

2020 年

5 月 21 日 为进一步支持在沪港资企业复工复产，促进新形势下沪港合作，助力长宁区经济社会发展，上海市人民政府港澳事务办公室与长宁区政府、上海香港商会共同举办“沪港合作・助力发展——香港企业家走进长宁”主题活动。活动邀请 30 余位香港企业家参加，通过调研企业、推介交流、签署合作备忘录等活动，进一步增进香港企业家对长宁区最新发展及投资商机的了解，为长宁区与香港企业拓展合作搭建平台。

7 月 13 日 上海市副市长许昆林在市政府贵宾室会见香港特区政府驻上海经济贸易办事处主任蔡亮和香港贸易发展局华东、华中首席代表吕剑一行。

8 月 9 日 2020 沪港少青舞台艺术夏令营汇演暨沪港少青舞台艺术团揭牌仪式在上海话剧艺术中心举行。夏令营由上海香港联会、沪港经济发展协会、沪港青年会联合主办，上海市人民政府港澳事务办公室、香港特区政府驻上海经济贸易办事处、上海海外联谊会和市青年联合会共同参与作为活动的指导单位。共有 36 名 7 至 14 岁在沪就读的香港青少年报名参加活动，12 名香港在沪求学的青年为活动提供志愿者服务。夏令营通过引入专业音乐剧团队为营员们提供音乐舞台表演技能培训，在 6 天的时间内打造出一台集合百老汇舞台剧目和粤语歌曲为一体的演出。

8 月 18 日 上海市人民政府港澳事务办公室与松江区政府、香港贸易发展局、上海香港商会合作举办“沪港合作 发展共赢——香港企业家走进松江”活动，近 30 家香港企业的代表参加调研对接。香港企业家参观长三角 G60 科创走廊规划展示馆和松江区城市发展规划馆以及海尔 COSMOPLAT 卡奥斯工业互联网创新应用体验中心，听取松江区经委、投促中心负责人介绍松江区最新产业发展和规划。

10 月 18 日 “西岸金融城”奠基暨产业战略合作签约仪式在徐汇滨江举行。上海市副市长汤志平出席活动并为项目动工奠基。“西岸金融城”项目位于上海金融科技中心建设实施方案中“两城、一港、一带”的黄浦江金融集聚带，总建筑面积约 180 万平方米，总投资额达 700 亿元。该项目由怡和集团旗下的香港置地集团于 2020 年 2 月 20 日竞得，计划于 2028 年全面竣工交付。项目建成后，该地区将成为集艺术、时尚、文化、活力于一体的顶级金融城新标杆。

10 月 25 日 由上海国际问题研究院主办的“新时代‘一国两制’在香港实践面临的机遇与挑战”在上海举行，来自国务院港澳事务办公室、上海市人民政府港澳事务办公室、全国港澳研究会、北京大学、清华大学、复旦大学、香港新范式基金会等机构的20多位有关部门负责人和学者就香港形势进行研讨。

2021年

3月17日 上海市市长龚正会见香港东亚银行有限公司联席行政总裁李民斌一行。

4月14日 上海香港商会联合香港贸易发展局、上海市人民政府港澳事务办公室、上海市发展改革委员会、上海市政协港澳台侨委员会举办“十四五”规划解读会暨沪港澳合作交流会，上海市发展改革委员会领导为在沪香港企业解读上海“十四五”规划相关政策和港商机遇，以更好协助香港企业融入国家和上海发展。上海香港商会40余位会员参加。

5月20日 由上海香港联会、沪港经济发展协会、上海黄浦海外联谊会主办的“黄浦开新局，沪港谋新篇”沪港连线论坛以视频会议的方式在沪港两地同步举行。

6月1日 香港与内地交易所买卖基金（ETF）互挂计划的产品首次在香港和上海两地同时上市。

6月9日 2021沪港合作与发展研讨会召开。沪港两地专家学者以视频会议形式，聚焦“‘十四五’上海发展与沪港合作”研讨交流。全国政协副主席梁振英在香港会场出席并讲话。

8月12日 上海市工商联（总商会）与香港特区政府驻上海经济贸易办事处、香港投资推广署在上海工商联大厦共同举办“聚焦航运金融 沪港协同发展”专题推介会。来自航运物流、信息技术、环保等行业的民营企业代表分别就在香港设立公司、发展海外业务、税务架构管理等进行现场提问，与香港特区政府驻上海经济贸易办事处负责人和演讲嘉宾深度交流探讨，并将进一步对接有关经贸合作信息，积极推动具体项目落地。

8月18日 由香港特区政府律政司、上海市法学会、上海经贸商事调解中心、香港调解会等机构发起举办的“第五届沪港商事调解论坛”在上海自由贸易试验区临港新片区举办。论坛线上线下吸引各界人士近2000人参加，与会嘉宾围绕“全球经贸争端解决机制”共议如何促进全球一体化纠纷解决机制的构建。

8月30日 沪港合作会议第五次会议通过视频连线的方式举行。上海市委副书记、市长龚正，香港特别行政区行政长官林郑月娥致辞并签署第五次会议合作备忘录。上海市副市长宗明、香港特别行政区政府财政司司长陈茂波回顾沪港合作情况并展望未来愿景。沪港双方就13个范畴的合作方向达成共识。林郑月娥与龚正签署《沪港合作会议第五次会议合作备忘录》。此外，两地政府部门、法定机构和有关组织还签署4份合作文件，包括《开启“十四五”双循环商机经贸合作备忘录》《沪港创新及科技合作备忘录》《香港医院管理局与上海申康医院发展中心2021—2026年合作协议书》和《上海博物馆与香港故宫文化博物馆合作意向书》。

10月21日 主题为“新技术·新业态·新发展”的2021沪港科技合作研讨会以线上线下结合形式在上海青浦和香港同步举办。会议由中国科协指导，上海市科学技术协会、香港工程师学会和青浦区人民政府共同主办。来自上海、香港、澳门、江苏省吴江市、浙江省嘉善市相关学（协）会、高校、科研院所、企业等机构的专家学者、企业精英约300人与会。

11月29日 2021年沪港澳青年经济发展论坛以三地连线形式在上海举办，沪港澳百余名嘉宾和青年代表以线上线下方式参加论坛。论坛由上海海外联谊会、上海市青年联合会、香港青年联会、澳门青年联合会、沪港青年交流促进会、香港沪港经济发展协会、澳门苏浙沪同乡会青年委员会、沪澳青年交流促进会等共同主办。

12月2日 十一届亚洲知识产权营商论坛—沪港合作专场举办。由香港特别行政区政府、香港贸易发展局及香港设计中心联合举办的第十一届亚洲知识产权营商论坛，汇聚来自知识产权业的专业人士和商界领袖，共同探讨业内的最新发展与趋势。香港贸易发展局总裁方舜文致大会欢迎辞、香港特别行政区行政长官林郑月娥、国家知识产权局局长申长雨、世界知识产权组织总干事邓鸿森分别致大会开幕辞。沪港合作专场由上海市知识产权局、上海市长宁区人民政府和香港贸易发展局主办，上海市长宁区市场监督管理局（知识产权局）、沪港经济发展协会和上海香港联会承办，国家知识产权国际运营（上海）平台、上海知识产权交易中心、上海香港商会等协办。

第四章　统计数据

表 1-4-1　上海与香港的贸易（1978—2021）

年份	贸易总金额（亿美元）	增长率（%）	出口总金额（亿美元）	增长率（%）	进口总金额（亿美元）	增长率（%）
1978	5.82		5.8		0.02	
1979	6.67	14.6	6.58	13.5	0.09	350.0
1980	8.30	24.4	8.01	21.7	0.29	222.2
1981	8.21	–1.1	7.60	–5.1	0.61	110.3
1982	6.83	–16.8	6.49	–14.3	0.34	–44.3
1983	8.03	17.6	7.39	13.9	0.64	88.2
1984	8.39	4.5	6.89	–6.8	1.50	134.4
1985	9.56	14.0	5.85	–15.1	3.71	147.3
1986	9.68	1.3	6.67	14.0	3.01	–18.9
1987	12.25	26.6	8.02	20.2	4.23	40.5
1988	14.63	19.4	7.85	–2.1	6.78	60.3
1989	15.75	7.7	8.91	13.5	6.84	0.9
1990	15.60	–1.0	10.30	15.6	5.30	–22.5
1991	16.53	6.0	10.78	4.7	5.75	8.5
1992	18.97	14.8	11.60	7.6	7.37	28.2
1993	23.60	24.4	14.04	21.0	9.56	29.7
1994	37.29	58.0	20.13	43.4	17.16	79.5
1995	35.21	–5.6	23.26	15.6	11.95	–30.4
1996	36.63	3.3	24.13	3.7	12.23	2.3
1997	36.61	3.9	22.95	–4.9	13.66	11.7
1998	25.97	–41	20.50	–10.7	5.47	–60
1999	28.82	–11	19.09	–6.9	9.73	77.9
2000	39.70	38.7	23.02	20.6	16.68	71.4
2001	42.49	7.0	26.22	13.9	16.27	–2.5
2002	48.48	12.4	31.19	15.9	17.29	6.3

续表

年份	贸易总金额（亿美元）	增长率（%）	出口总金额（亿美元）	增长率（%）	进口总金额（亿美元）	增长率（%）
2003	60.92	20.4	45.26	31.1	15.66	−9.0
2004	80.82	24.6	69.20	34.6	11.62	−25.8
2005	96.99	20.0	85.66	23.8	11.33	−2.5
2006	110.65	14.1	102.02	19.1	8.63	−23.8
2007	139.69	26.2	125.08	22.6	14.61	69.2
2008	137.90	−1.3	125.72	0.5	12.18	−20.0
2009	119.77	−15.1	109.86	−14.4	9.91	−22.9
2010	146.7	18.4	134.09	18.1	12.61	21.4
2011	171.93	14.7	161.46	17.0	10.47	−20.7
2012	168.23	−2.2	159.69	5.01	8.54	−18.4
2013	174.9	3.96	167.7	10.08	7.2	−15.7
2014	192.5	10.1	184.6	4.77	7.9	9.7
2015	214.7	11.5	193.4	−6.2	21.26	169.1
2016	222.26	3.5	181.40	−0.2	40.86	92.2
2017	183.61	−15	179.64	11.4	3.97	−90.28
2018	217.1	15.2	200.12	8.5	16.98	328
2019	220.44	5.91	204.73	6.83	15.71	−7.48
2020	207.13	−5.6	201.20	−1.4	5.93	−62.3

资料来源：根据历年《上海统计年鉴》编制。

表 1-4-2　香港对上海的直接投资（1981—2021）

年份	合同项目			合同投资额			实际投资额		
	上海总数（个）	香港（个）	占比（%）	上海总额（亿美元）	香港（亿美元）	占比（%）	上海总额（亿美元）	香港（亿美元）	占比（%）
1981—1985	151	78	51.7	12.14	2.78	22.9	1.08	0.23	21.7
1986	62	17	27.4	2.97	0.2	6.6	0.98	0.29	29.4
1987	76	35	46.1	2.47	1.22	49.6	2.12	0.28	13.2
1988	219	129	59.0	3.33	0.99	29.6	3.64	0.93	25.6

续表

年份	合同项目			合同投资额			实际投资额		
	上海总数（个）	香港（个）	占比（%）	上海总额（亿美元）	香港（亿美元）	占比（%）	上海总额（亿美元）	香港（亿美元）	占比（%）
1989	199	105	52.8	3.60	1.11	30.8	4.22	1.71	40.6
1990	201	83	41.3	2.14	1.11	51.9	1.77	0.39	22.4
1991	365	171	46.8	2.79	1.28	45.9	1.75	0.47	26.9
1992	2012	1036	51.5	18.60	17.65	94.9	12.59	7.25	57.6
1993	3650	1718	47.1	37.57	43.38	61.8	23.18	9.24	39.7
1994	3802	1574	41.4	53.47	63.08	63.1	32.31	16.75	51.8
1995	2845	990	34.8	53.60	36.47	34.6	32.50	18.44	56.7
1996	2106	643	30.5	58.08	38.61	34.8	47.16	22.32	47.3
1997	1807	526	29.1	53.20	13.24	24.9	48.08	17.56	36.5
1998	1490	356	23.9	58.48	7.68	13.1	36.38	10.26	28.2
1999	1472	347	23.6	41.04	10.72	26.1	30.48	11.74	38.5
2000	1814	419	23.1	63.90	9.44	14.8	31.60	7.86	24.9
2001	2458	479	19.5	73.73	7.75	10.5	43.91	11.59	26.4
2002	3012	619	20.6	105.76	16.81	15.9	50.30	12.22	24.3
2003	4321	864	20.0	110.64	20.28	18.3	58.50	14.96	25.6
2004	4334	884	20.4	116.91	24.48	20.9	65.41	16.37	25.0
2005	4091	916	22.4	138.33	31.00	22.4	68.50	8.74	12.8
2006	4061	919	22.6	145.74	35.39	24.3	71.07	13.53	19.0
2007	4206	1141	27.1	148.69	55.07	37.0	79.20	19.74	24.9
2008	3748	1267	33.8	171.12	136.74	79.9	100.84	31.00	30.7
2009	3090	1122	36.3	133.01	74.84	56.3	105.38	39.55	37.5
2010	3906	1335	34.2	153.07	68.08	44.5	111.21	46.35	41.7
2011	4329	1448	33.4	201.03	86.01	42.8	126.01	56.44	44.8
2012	4043	1436	35.5	223.38	120.65	54.0	151.85	68.43	45.1
2013	3842	1550	40.3	249.36	153.16	61.4	167.80	83.52	49.8
2014	4697	1808	38.5	316.09	198.51	65.2	181.66	115.79	63.7
2015	6007	2589	43.1	589.43	409.36	72.4	184.59	112.95	61.2

年份	合同项目			合同投资额			实际投资额		
	上海总数（个）	香港（个）	占比（%）	上海总额（亿美元）	香港（亿美元）	占比（%）	上海总额（亿美元）	香港（亿美元）	占比（%）
2016	5153	1863	36.2	509.78	376.14	73.8	185.14	107.35	58.0
2017	3950	1233	31.2	401.94	228.48	56.9	170.08	96.91	57.0
2018	5597	1620	28.9	469.37	254.58	54.2	173.00	99.88	57.7
2019	6800	1788	26.3	502.53	287.30	57.2	190.48	118.29	62.1
2020	5751	1588	27.6	516.54	337.92	65.4	202.33	135.66	67.0
2021	6708							158.63	

资料来源：根据历年《上海统计年鉴》编制。

沪港合作发展交流主要数据

1996年，上海和香港经济贸易合作和文化交流在年内进一步发展。香港4个官方代表团访问上海，上海公民赴香港旅游1.68万人次，因公赴港6303人次。至1996年底，香港在沪的直接投资项目达6594个，协议投资总额208.5亿美元，分别占外资沪投资总数的42%和46%，均位列第一。工业投资项目最多，香港公司在沪投资朝第三产业方向发展，投资额占香港全部投资的75%。香港公司积极参与上海基础设施项目的投资，这方面的投资占外资投资总数的36.4%。最引人注目的是沪港金融合作，上海在港企业上海实业集团在香港联交所成功上市和香港汇丰银行获准在上海经营人民币业务，标志着沪港金融合作跨上新台阶。

1997年，香港回归祖国，上海和香港之间各方面的关系也更加密切。香港特别行政区首任行政长官董建华于3月、10月两次访问上海。黄菊、徐匡迪等上海市党政领导人分别会见董建华。香港特区政府政务司司长、财政司司长、政务主任代表团、香港中华厂商会访问团等相继访问上海。上海方面有5537人次访问香港。1997年，香港在沪投资项目526个，合同投资金额13.24亿美元，分别占各国外商和港、澳、台地区在沪投资总数的29.19%和24.89%，继续位列第一。首列沪港旅客列车于5月19日正式通车。沪港之间在教育、科技、图书、文化艺术等方面的合作和交流更加频繁，显示出沪港关系进入一个全面发展的新时期。至年底，香港累计在沪投资项目7112个，占全市外资项目总数的40.65%；合同外资金额114.7亿美元，占全市合同外资总数的39.44%，在来沪投资的80个国家和地区中高居榜首。

1998年，沪港关系进一步拓展。香港特区政府保良局、教育统筹局分别组团访沪。香港特区证券联交所主席、香港中华总商会副会长、中华电力公司主席、新鸿基地产发展有限公司副主席、雇主联合会主席、港龙航空公司执行总裁、国泰航空公司副总裁等一大批香港工商界知名人士相继访问上海。上海方面有5374人次访问香港。受亚洲金融危机的影响，1998年香港在沪投资项目356个，合同投资金额7.68亿美元，分别比上年下降32.3%和42%。但香港在沪投资项目和合同投资金额的累计总数，仍居来沪投资的83个国家和地区的榜首，分别占全市利用外资项目总数的39.39%和全市合同外资总额的35.26%。沪港间教育、科技、文化、艺术等交流和合作也有新的发展。至年底，香港累计在沪投资项目7477个，占全市利用外资项目总数的39.39%；合同外资金额123.18亿美元，占全市合同外资总额的35.26%，在来沪投资的83个国家、地区中居于榜首。

1999年，沪港关系继续保持良好发展态势。香港特别行政区行政长官董建华再次访沪。上海市政协副主席朱达人率团访问香港。香港工业及科技发展局主席、香港特区政府廉政公署专员、香港驻京办事处主任、香港总商会主席、太古集团主席、新世界发展有限公司主席、永新企业有限公司董事长、期货交易所董事会主席等政府官员及企业家相继访问上海。上海方面有4941人次访问香港。全年香港来沪投资项目347个，合同投资金额10.72亿美元，比上年增长39.6%。至年底，香港来沪投资项目累计7787个，占全市历年外商投资项目总数的38.07%；投资合同金额131.07亿美元，占全市合同外资总额的33.58%。在来沪投资的国家、地区中，香港来沪投资项目数和合同外资金额都居于首位。

2000年，沪港关系继续保持良好发展态势。香港特别行政区行政长官董建华再次访沪。香港长江实业（集团）有限公司董事长、香港九龙仓集团有限公司名誉主席、香港交易所主席、香港机场行政总监等政府官员及企业家相继访问上海。上海方面有5056人次访问香港。全年香港来沪投资项目419个，占全市批准外商投资项目总数的23.1%；合同投资金额9.44亿美元，比上年下降11.9%。占全市批准合同外资总额的15%（排位第2）。截至年底，香港地区来沪投资项目共8209个，占全市历年外商投资项目总数的36.86%。其中合资项目4797个，合作项目1485个，外商独资项目1896个；累计投资合同金额138.75亿美元，占全市合同外资总额的30.55%。在来沪投资的国家、地区中，截至年底累计，香港来沪投资项目数和合同外资金额都居于首位。

2001年上海赴香港开展合作研究、就读、讲学、培训、经商、开会、访问等共6238人次。香港赴上海交流合作、商贸洽谈、观光旅游者18.72万人次，比上年增长16.08%。全年香港来沪投资项目479个，合同投资金额7.75亿美元，比上年下降 17.96%。

2002 年，上海和香港地区的合作呈继续扩大和向纵深发展的态势，两地政府交往紧密，各个领域的交流研讨深入广泛。全年，香港市民赴上海旅游达 21.88 万人次，比上年上升 16.9%；上海因公赴港签注 6296 人次，去港旅游 7.1 万人次。全年香港在沪投资项目 619 个，合同投资金额 16.81 亿美元，比上年增长 29.2%。

2003 年，沪港合作跃上新的台阶，双方确定在 CEPA 框架下加强全面合作的原则、机制和领域，明确近期在航空港、港口航运和物流、世博会、旅游会展、投资和商贸、教育卫生和体育事业、金融服务、专业人才 8 个方面为合作重点。全年香港来上海旅游 20.5 万人次；上海赴港旅游 9.9 万人次，因公赴港 5330 人次。全年香港在沪投资项目 864 个，合同投资金额 20.28 亿美元，比上年增长 20.64%。

2004 年，双方在很多领域构建平台，建立机制，推动沪、港、澳三地经济的发展。全年香港到上海旅游 31.28 万人次。上海赴香港旅游 24.61 万人次，因公赴港 6581 人次。全年香港在沪投资项目 884 个，合同投资金额 24.48 亿美元，比上年增长 20.71%。

2005 年，香港进上海的多种货物实现零关税，1000 多名专业人才进入上海各行业领域工作。上海到港澳旅游的人数迅速上升。全年香港到沪旅游达 32.24 万人次。上海赴港旅游 19.42 万人次。因公赴港澳 0.8 万人次。11 月 1 日，由香港贸发局主办的第二届沪港 CFO（首席财务官）论坛在沪举行，出席会议的演讲者以“拓宽企业融资渠道，强化风险管理能力”为主题，与 300 多名上海及长三角地区的企业首席财务官进行探讨。全年香港在沪投资项目 916 个，合同投资金额 31.00 亿美元，比上年增长 26.63%。上海赴港投资企业 22 家，投资 8515 万美元。

2006 年，沪港继续保持紧密的交流合作，优势互补更显突出，辐射领域更为广泛，呈现出全方位态势。全年香港来沪旅游 31.4871 万人次。上海赴港旅游 19.75 万人次，因公赴港澳 8991 人次。全年香港在沪投资项目 919 个，合同投资金额 35.39 亿美元，比上年增长 14.16%。上海赴港投资企业 12 家，投资总额 6058 万美元。2006 年，沪港服务贸易进出口总金额 119.26 亿美元，占上海当年服务贸易总金额 29.6%。其中，上海对香港服务出口 53.95 亿美元，比上年增长 15.5%。上海从香港服务进口 65.31 亿美元，比上年增长 33.1%。

2007 年，沪港合作交流继续向纵深发展，高层往来和人员交往更加频繁，经贸合作、研讨交流更加广泛。全年香港到沪旅游 32.24 万人次；上海赴香港 17.57 万人次，其中因公赴港澳 6823 人次。全年香港在沪投资项目 1141 个，合同投资金额 55.07 亿美元，比上年增长 55.61%。上海与香港货物贸易进出口总金额 139.69 亿美元，占上海货物贸易进出口总金额 2829.73 亿美元的 4.94%。

2008 年，沪港为积极应对世界金融危机，合作交流更加紧密，相互优势互补更加突出。全年香港到沪旅游 6.32 万人次，比上年增长 12.7%。上海赴香港 16.93 万人次，比上年下降 3.7%，因公赴港澳 6610 人次。全年香港在沪合同投资项目 1267 个，占上海总数的 33.8%；合同投资额 136.74 亿美元，占上海吸引外资总额的 79.9%；实际投资额 31 亿美元，占上海总额的 30.7%。

2009 年全年港澳到沪旅游 54.05 万人次，比上年增长 3.2%。上海赴香港旅游 15.92 万人次，比上年下降 5.97%。因公赴港澳 6650 人次，比上年增长 0.6%。全年香港在沪合同投资项目 1122 个，占上海总项目数的 36.3%；合同投资额 74.84 亿美元，占上海总额的 56.3%；实际投资额 39.55 亿美元，占上海总额的 37.5 亿美元。

2010 年，以举办上海世博会为契机，沪港在经济、金融、旅游、现代服务、文化创意等领域的合作取得新突破。全年香港地区来沪访问、旅游 62.4 万人次，比上年增长 50.2%。上海赴香港 14.20 万人次。颁发因公赴港澳通行证 3168 本，签发赴港澳签注 6044 人次。全年香港在沪投资项目 1335 个，比上年增长 18.9%，占上海总项目数的 34.2%；合同投资金额 68.08 亿美元，占全市合同投资金额的 44.5%；实际投资金额 46.35 亿美元，占全市实际使用外资的 41.7%。上海世博会期间，香港馆共接待游客 205 万人次，最佳实践区香港案例馆共接待游客 132 万人次。

2011 年，沪港围绕《关于建立更紧密经贸关系的安排》（CEPA）的推进实施，人员往来进一步密切，各领域的交流合作进一步深化。香港地区来沪访问、旅游 47.9 万人次。上海赴香港 71.6 万人次，比上年增长 33%。颁发因公赴港澳通行证 3319 本，签发赴港澳签注 6122 人次。全年香港在沪投资项目 18992 个，项目金额 688 亿美元。

2012 年，香港来沪访问、旅游 45.1 万人次。上海赴香港 73 万人次，比上年增长 13%。全年颁发因公赴港澳通行证 3687 本，比上年增长 7.18%，签发赴港澳签注 6269 人次，比上年增长 1.75%。全年香港在沪投资项目 1436 个，合同金额 120.6 亿美元，占外资在沪投资总额的 54%。上海对香港投资项目 105 个，投资额 20.8 亿美元，同比增长 255%。

2013 年，香港地区来沪访问、旅游 41.89 万人次。上海口岸内地居民赴香港 81.9 万人次，比上年增长 12.1%。全年共签发因私赴港澳通行证 69.4 万本，比上年增长 19.37%；签发短期因私往来港澳地区签注 204.5 万人次，比上年增长 17.55%；签发因公赴港澳通行证数 3751 本，比上年增长 1.74%；签发因公赴港澳签注 6295 人次，与上年基本持平。全年香港在沪投资项目 1550 个，比上年增长 8%；合同金额 151.4 亿美元，比上年增长 25.5%，占外资在沪投资总额的 61.5%。上海对香港投资项目 157 个、投资额 26.5 亿美元，同比增长超过 50%。全年沪港进出口贸易总金额 174.9 亿美元，其中上海对港出口 167.7 亿美元，上海从港进口约 7.2 亿美元。

2014 年，香港地区来沪访问、旅游 49 万人次。上海口岸内地居民赴香港 87.3 万人次，比上年增长 6.6%。全年共签发因私赴港澳通行证 77.7 万证次，比上年增长 11.88%，签发短期往来港澳地区签注 203.7 万证次，比上年下降 0.4%；签发因公赴港澳通行证数 3640 本，比上年下降 2.96%，签发因公赴港澳签注 6187 人次，比上年下降 1.68%。全年香港在沪投资项目 1808 个，比上年增长 16.6%，合同金额 198.5 亿美元，比上年增长 31.2%，占外资在沪投资总额的 65.2%。上海对香港投资项目 192 个、投资额 43 亿美元，同比增长超过 30%。沪港进出口贸易总额 192.5 亿美元，其中上海对港出口 184.7 亿美元，上海从港进口 7.9 亿美元。

2015 年，香港来沪访问、旅游 112.4 万人次。上海口岸内地居民赴香港 67.3 万人次，比上年下降 22.9%。全年共签发因私赴港澳通行证 74.6 万本次，比上年下降 3.99%；签发短期往来港澳地区签注 180.4 万人次，比上年下降 11.5%。签发因公赴港澳通行证数 3519 本，比上年下降 3.32%，签发因公赴港澳签注 6794 人次，比上年增长 9.80%。香港在沪投资项目 2589 个，比上年增长 43.2%；合同金额 409.4 亿美元，比上年增长 106.2%；投资金额和项目数分别占外资在沪投资的 72.4% 和 43.1%。上海对港投资项目 509 个、投资金额 101.9 亿美元。沪港进出口贸易总金额 214.7 亿美元，其中上海对港出口 193.4 亿美元，上海从港进口 21.3 亿美元。

2016 年，香港地区来沪访问、旅游 57.5 万人次。上海口岸内地居民赴香港 68.6 万人次，比上年增长 1.9%。全年共签发因公赴港澳通行证 3854 本，比上年增长 9.52%，签发因公赴港澳签注 7548 人次，比上年增长 11.1%；签发因私赴港澳通行证 74.6 万证次，比上年增长 0.19%；签发短期往来港澳地区签注 181.1 万证次，比上年增长 0.41%。在经贸领域，香港继续成为上海外商投资最大来源地和对外投资的主要目的地。全年香港在沪投资项目 1863 个，比上年下降 28%。合同金额 376.2 亿美元，比上年下降 8.12%；合同项目数和合同外资分别占上海吸引外资的 36.2% 和 73.8%。沪港进出口贸易总金额 1465 亿元，比上年增长 10%，占上海进出口贸易总金额的 5.1%。其中上海对港出口 1196.4 亿元，比上年下降 0.2%。上海从港进口 268.6 亿元，比上年增长 101.6%。上海对港投资项目 521 个，投资金额 86.3 亿美元。

2017年，香港地区来沪访问、旅游59.1万人次。上海口岸内地居民赴香港85.7万人次，比上年增长24.9%。全年共签发因公赴港澳通行证4864本，比上年增长26.2%；签发因公赴港澳签注8066人次，比上年增长23.6%。签发因私赴港澳通行证85.8万证次，比上年增长14.9%；签发短期往来港澳地区签注216.4万证次，比上年增长19.5%。在经贸领域，香港继续成为上海外商投资最大来源地和对外投资的主要目的地。全年香港在沪投资项目1233个，比上年下降33.8%；合同金额228.5亿美元，比上年下降39.2%；合同项目数和合同外资分别占上海吸引外资的31.2%和56.9%。沪港进出口贸易总金额1244亿元，比上年下降15%，占上海进出口贸易总金额的3.9%，其中上海向香港出口1217.6亿元，上海从香港进口26.9亿元；上海对香港投资项目218个，投资金额24.3亿美元。

2018年，香港地区来沪访问、旅游61.2万人次。上海口岸内地居民赴香港122.5万人次，比上年增长42.9%。全年签发因公赴港澳通行证4751本，比上年减少2.3%，签发因公赴港澳签注8335人次，比上年增长3.1%。签发因私赴港澳通行证92.01万证次，比上年增长7.23%；签发短期往来港澳地区签注248.6万证次，比上年增长14.87%。在经贸领域，香港继续成为上海境外投资最大来源地和对外投资的主要目的地。全年香港在沪投资项目1620个，比上年增长31.4%；合同金额254亿美元，比上年增长11.4%；合同外资占上海吸引外资的54.2%。上海对港投资项目287个，投资金额58.4亿美元。沪港进出口贸易总金额1434亿元，比上年增长15.2%，其中上海对港出口1321.2亿元，比上年增长8.5%；上海从港进口112.8亿元，比上年增长319%。

2019年，香港地区到沪访问、旅游60.8万人次。上海口岸内地居民赴香港101.8万人次，比上年下降16.9%。全年签发因公赴港澳通行证4125本，比上年下降13.2%；签发因公赴港澳签注7108人次，比上年下降14.7%。签发因私赴港澳通行证73.88万证次，比上年下降19.7%；签发短期往来港澳地区签注212.4万证次，比上年下降14.6%。在经贸领域，香港继续成为上海外商投资最大来源地和对外投资的主要目的地。全年香港新增项目数1788个，比上年增长10.37%；合同外资287.30亿美元，比上年增长12.86%，占全市合同金额的57.2%；实到外资118.29亿美元，比上年增长18.44%，占全市实到金额的62.1%。上海与香港进出口货物贸易总金额1518.75亿元，比上年增长5.91%，占4.47%。其中出口香港总金额1411.47亿元，比上年增长6.83%，占10.32%。从香港进口总金额107.28亿元，比上年下降4.87%，占0.53%。

2020年，香港地区来沪访问、旅游6.5万人次。上海口岸内地居民赴香港7.0万人次，比上年下降93.1%。全年共签发因公赴港澳通行证275本，比上年下降 93.3%，签发因公赴港澳签注 737 人次，比上年下降 89.6%。签发因私赴港澳通行证 83968 证次，比上年下降 88.64%；签发短期往来港澳地区签注 226453 证次，比上年下降 89.65%。在经贸领域，香港地区继续成为上海外商投资最大来源地和对外投资的主要目的地。2020 年上海新增外商直接投资企业数 5751 家，比上年下降 15.4%，吸收实到金额 202.33 亿美元，比上年增长 6.2%。其中，2020 年年新增港资项目 1588 个，比上年下降 11.2%；合同外资 337.92 亿美元，比上年增长 17.6%；实到外资 135.66 亿美元，比上年增长 14.7%。2020 年，上海与香港进出口总金额为 1433.4 亿元，比上年下降 5.6%，占全市进出口总金额的 4.1%。其中，出口总额为 1392.4 亿元，比上年下降 1.4%，占全市出口总金额的 10.1%；进口总金额为 41.0 亿元，比上年下降 61.8%，占全市进口总金额的 0.2%。

2021 年，上海与香港贸易金额达 1663.5 亿元，规模较 1997 年增长 7.5 倍，经贸联系日益紧密。上海新增外商直接投资企业数 6708 家，比上年增长 16.6%。实到外资 225.51 亿美元，比上年增长 11.5%。2021 年，中国香港、新加坡、欧洲、日本、美国等前五位外资来源地实际投资额占比分别为 70.3%、12.1%、5.9%、3.3%、2.7%，合计占 94.3%。2021 年，香港实际投资 158.63 亿美元，同比增长 16.9%。

第二篇　专题纪事

第一章　沪港合作会议机制

改革开放是上海与香港开展合作的重要平台，也是沪港合作的重要起点。1997年香港回归祖国以来，在“一国两制”的框架下，上海与香港创新合作机制，加强深层次融合。沪港合作在国家发展战略中具有重要意义。2003年实施《内地与香港关于建立更紧密经贸关系的安排》（CEPA）以来，两地建立了沪港经贸合作会议机制，在多领域开展全方位合作。上海正加快建设国际经济、金融、贸易、航运、科技创新“五个中心”，加快建设卓越的全球城市和具有世界影响力的社会主义现代化国际大都市。香港是国际大都市，也是重要的国际金融、航运、贸易中心，沪港开展更大范围、更高水平、更深层次、更加务实的合作，为增进沪港两地市民福祉，为实现国家繁荣富强作出更大贡献。

沪港合作会议是香港与内地/内地与香港合作的一项重要机制。沪港经贸合作会议是经国务院批准的沪港合作机制，是香港与内地省市（直辖市）一级正式建立的重大合作机制之一。2003年9月15日，中共中央政治局常委、国家副主席曾庆红在广东调研时，听取香港特别行政区行政长官董建华的工作汇报。曾庆红特别鼓励香港积极开展与上海及长三角的合作。2003年9月中旬，香港特别行政区行政长官董建华在上海休假期间与市委主要负责人和上海市市长韩正就加强香港和上海之间的合作问题进行广泛讨论。双方同意，在香港与内地签署CEPA的新形势下，香港与上海有大好机会开展新一轮的合作。两地政府将就此作进一步研究和交流，尽快拿出具体和可行的方案。双方认为，沪港有很多地方可以优势互补，这与粤港的合作关系是有所不同的。香港服务业的优势是非常大的，香港专业人士在CEPA之下有更多机会进入内地参与服务业的工作。在专业人士方面，上海市领导认为，香港的专业人士到上海的确是有很多发挥的余地，这方面可以加强合作。2003年10月，经国务院批准，沪港经贸合作会议第一次会议在香港召开，沪港经贸合作会议机制正式建立。2012年1月、2015年4月，在上海先后召开沪港经贸合作会议第二次会议和第三次会议。经国务院批准，此后沪港经贸合作会议更名为沪港合作会议。2018年8月在香港召开沪港合作会议第四次会议，2021年8月通过视频方式召开沪港合作会议第五次会议。

第一节　沪港经贸合作会议第一次会议

2003年10月27日，上海市市长韩正和香港特别行政区行政长官董建华在香港共同主持召开沪港经贸合作会议第一次会议，宣布建立沪港经贸合作会议机制。沪港双方决定根据需要，由双方协商不定期举行会议，沟通交流沪港两地合作情况，讨论合作交流重要事项，研究安排重要工作。

会上双方阐述在CEPA框架下推进沪港合作的设想，并在航空港、港口航运与物流、世博会、旅游会展、投资与商贸、教育卫生与体育事业、金融服务、专业人才等八大领域签署合作协议，主要集中在服务贸易领域。国务院港澳事务办公室副主任周波，中央人民政府驻香港特别行政区联络办公室副主任郭莉，香港特别行政区政府财政司司长唐英年、律政司司长梁爱诗，上海市副市长周禹鹏、姜斯宪、杨雄，以及两地政府有关人士出席会议。双方认为沪港之间可充分利用《内地与香港关于建立更紧密经贸关系的安排》带来的契机，加强两地在多方面的合作和交流，此举不单有利于香港的繁荣稳定，也有利于上海的发展，实现双赢局面。

香港特别行政区行政长官董建华在会议上表示，上海和香港都是国家最重要的经济城市，沪港经贸合作本来已有一个良好的基础，现在在CEPA框架下，两地的合作领域会更大，合作的安排亦会深化。董建华指出，上海与香港的合作，不单为两地制造双赢的局面，亦为珠三角和长三角的进一步合作，甚至会为国家的持续发展作出很重要的贡献。上海市市长韩正表示，上海将坚决按照中央的统一要求和部署，加强沪港全面合作，把沪港合作推向一个新阶段。韩正指出，沪港两地合作源远流长，富有成效的合作关系不仅对推动两地经济与社会发展起到了重要作用，也为促进中国内地经济的发展发挥了积极的作用。当前，随着国际产业加快转移，中国内地加入世贸组织，对外开放进程明显加快，内地经济持续快速稳定发展，进入全面建设小康的新阶段。随着CEPA的实施，沪港合作面临着新的机遇，加强全面合作将成为两地新一轮合作交流的主旋律。沪港合作要寻求新的思路，创新机制、实质推动、互动发展，要开拓新的领域、取得新的进展。上海愿与香港特区政府一起，共同把握CEPA带来的良好机遇，优势互补，促进合作，实现两地的协同发展、共同繁荣。沪港双方同意以推动沪港之间的经贸合作为主体，配合国家的经济发展政策和在CEPA的框架下，发挥政府的推动力，以市场导向为基础，为沪港两地商界、企业、专业人士以及其他各界人士提供更广阔的投资空间和合作领域，让两地加强人才交流、优势互补、互惠互利、共同发展。

沪港双方在经贸合作会议上就八大领域达成合作，主要内容包括：

第一，加强两地机场建设和管理的合作。沪港两地政府欢迎香港机场管理局和上海机场（集团）有限公司签署合作意向书。香港国际机场是亚太地区的航空枢纽，而上海机场则一向是长三角地区重要的航空门户。两地机场透过加强交流合作，将有助进一步提升彼此的国际竞争力，为双方业务发展创造更多商机。

第二，沪港双方同意积极加强两地在港口、物流及相关营运项目方面的合作。双方研究措施以落实CEPA在经营物流、仓储、货运代理等业务方面的安排，利用香港作为世界集装箱吞吐量最大的国际枢纽港优势，配合上海市在长三角的港口发展。双方将继续为两地企业在港口建设与管理上的合作提供有利的投资环境，并鼓励企业间自发建立更密切的伙伴关系。

第三，参与上海筹办世博会方面。双方同意引入香港业界的积极参与，包括在融资、基建及设计项目、法律、保护知识产权、电信及信息科技、广告、公关服务，以及纪念品分销等方面。

第四，在旅游会展方面。沪港双方同意积极研究建立沪港旅游工作沟通渠道或例会制度，加强双方旅游机构的联系、旅游宣传及推广方面的工作，推动客源互动、旅客互访。双方同意鼓励发展多元化旅游产品及模式。此外，为鼓励上海市民以个人或团体形式赴港旅游，上海市会开辟网上咨询服务热线，提供资料。上海市支持在CEPA框架下，香港公司以独资或合资形式在上海经营饭店、公寓楼和餐馆设施。上海市将优先考虑香港的邮轮公司以及与邮轮经济有关的企业入驻上海。双方同意鼓励发展以香港及上海作为中转港口的邮轮航线。

第五，在投资和商贸方面。上海同意便利香港投资者和服务提供者在当地开拓或扩展业务；两地将致力于推动上海市企业来港设立地区总部或国际业务管理中心。

第六，教育、卫生和体育事业方面。教育方面，双方同意通过人才和经验的交流，促进两地推行优质教育，并进一步发展双边的联系；卫生方面，加强两地合作，包括学术交流、中医药产品的合作和鼓励港资在上海投资兴办合资医疗机构；体育方面，加强两地体育产业上的合作和交流。

第七，金融服务业方面。双方将加强沪港两地金融机构专业人员，包括证券、期货、银行、保险和会计服务等专业人员的交流。

第八，沪港双方将进一步推动沪港专业人才交流和合作。为了推动香港法律服务专业在上海的发展，律政司司长梁爱诗计划于当年12月到上海与上海市司法局局长积极商讨和跟进落实合作的机制及框架。上海市政府将为到上海工作的香港专业人才设立咨询服务机构，并在香港设立工作窗口，为到上海工作的香港专业人才提供出入境、就业许可、居留、社会保险等方面的咨询服务。

会议期间，上海机场集团与香港机场管理局签订《沪港机场紧密合作框架意向书》，确定浦东机场的规划管理、二期工程方案、物流园区布局、香港机场参与浦东机场投资等合作事项，香港方面包括行政长官董建华、财政司司长唐英年，上海方面市长韩正和副市长杨雄出席签约仪式。在上海市代表团与香港商界的恳谈会上，韩正发表《上海当前经济与社会发展情况和CEPA框架下加强沪港合作》的演讲。会后，韩正、董建华共同出席媒体见面会。会议后，香港机场考察团考察浦东机场的航站楼及有关商业和货运设施，重点讨论商业和物流合作事项。市港口管理局局长带队到香港，就加强业务交流，促进港航贸易往来，欢迎香港公司参与码头投资经营，与香港经济发展及劳工局签《订关于加强沪港港航领域合作与交流的备忘录》。

第二节　沪港经贸合作会议第二次会议

2012年1月5日，沪港经贸合作会议第二次会议在上海举行，上海市市长韩正和香港特别行政区行政长官曾荫权共同主持。参与会议的香港特区政府官员包括财政司司长曾俊华、政制及内地事务局局长谭志源、公务员事务局局长俞宗怡、民政事务局局长曾德成、财经事务及库务局局长陈家强、商务及经济发展局局长苏锦梁、中央政策组首席顾问刘兆佳、政制及内地事务局常任秘书长罗智光、财经事务及库务局常任秘书长（财经事务）区璟智以及相关官员。国务院港澳事务办公室副主任周波以特邀嘉宾身份列席会议。

中共中央政治局委员、上海市委书记俞正声会见曾荫权，就当前环球经济形势，国家发展趋势以及两地未来合作方向交换意见。行政长官一行于会后参观上海环球金融中心，考察虹桥综合交通枢纽，了解上海的最新发展情况，探索两地在金融和航空领域进一步合作的机遇。曾荫权表示，2012年是沪港合作充满机遇的一年。《内地与香港关于建立更紧密经贸关系的安排》补充协议八于2011年11月签署，向“十二五”期末基本实现内地与香港服务贸易自由化这个目标迈出重要的一步，也为进一步推展沪港合作提供更大动力。

会上，沪港两地就商贸投资、金融服务、航空航运及物流、旅游会展、创新科技、文化创意及体育、专业人才、教育及医疗卫生，以及青少年发展和社会管理等9个领域的合作达成共识。沪港两地政府和相关机构签署4份合作协议，分别是:《关于加强商贸合作的协议》《文化交流与合作协议书》《沪港两地公务员交流实习活动的实施协议书》以及香港医院管理局与上海申康医院发展中心合作协议书。

沪港双方在9个领域达成合作共识和合作方向。第一，商贸投资。沪港两地近年的经贸交流增长迅速，香港与上海的贸易总金额由2006年的111亿美元，增加至2010年的147亿美元，增长32%。香港到沪投资项目由2006年底的13000个，增加至2010年底的17000多个；累计实际投资金额由2006年的161亿美元增加至2010年底的311亿美元，增长93%。两地签署关于加强商贸合作的协议，加强两地在CEPA、支持沪企利用香港平台“走出去”，以及服务业等方面的合作。两地将会研究设立商贸联络机制。上海浦东新区的“绿色通道”措施，为通过CEPA进入浦东投资落户的港商提供一站式的咨询服务和处理申请。沪方计划将有关措施扩展到上海市其他地方，进一步方便港商进入上海市场。

第二，金融服务。香港拥有高效率、多种货币的集资平台，一直是上海企业“走出去”的跳板。在香港上市的上海企业，由2007年的26家，增加到2011年11月的54家，集资额达2300亿港元，市值达3400亿港元。沪港两地政府大力支持成立沪深港交易所合资公司，鼓励香港交易及结算所有限公司（香港交易所）以及上海和深圳有关机构继续进行磋商。香港特区政府正争取在上海证券交易所推出港股组合交易所交易基金（ETF），并公布有关管理办法。两地将推进合适的上海金融机构赴港融资，研究保险业方面的合作和联合举行海外路演，推广两地金融服务。此外，两地正研究推出沪港金融专业大学本科生交流及考察试点计划，让两地金融业未来人才对沪港金融体系和财经市场运作有更深入的了解。

第三，航空、航运及物流。香港机场管理局和上海机场（集团）有限公司在2009年10月签订沪港机场合作项目，双方合资成立上海沪港机场管理有限公司，管理扩建后的上海虹桥机场的东西两个航站楼、虹桥综合交通枢纽东交通中心与旅客流程相关区域及航站楼商业零售服务等。2010年3月，新的航站楼已正式投入运作。上海虹桥机场新增与香港的定期航班，首班上海虹桥—香港航班已在2010年9月启航。两地未来会通过宣传活动、展览及会面等，鼓励上海航运企业使用香港航运服务。上海市将简化香港航运企业和港口服务企业在沪注册手续，特别是注册在洋山保税港和北外滩航运服务集聚区的相关企业可享有该区域的优惠支持政策。

第四，旅游会展。香港旅游发展局将与上海旅游业界研究合作通过不同平台加强宣传，例如通过平面及电视媒体加强宣传“自由行”旅游路线，以及“香港夏日盛会”等主题节庆活动和相关旅游产品。双方将借香港新邮轮码头鼓励邮轮旅游方面的合作。

第五，创新科技。香港国家重点实验室伙伴实验室在分子神经科学、手性科学、合成化学和肝病研究领域已与上海的国家重点实验室伙伴建立良好合作关系。双方将以此为基础，深化合作。两地将鼓励双方科研机构通过“沪港科技合作研究会”以及其他多种形式，实现两地在产业推进、成果转化等方面的交流。

第六，文化、创意及体育。两地签署沪港文化交流与合作协议书，搭建两地文化艺术界的交流平台，促进两地在文化行政管理、人才培训、筹办大型文化活动等多方面的交流合作。创意产业方面，香港电影发展局将在“香港国际影视展 2012”期间，举办香港与上海的网游企业、动漫业、新媒体产业、电影公司之间的商务配对洽谈会，并安排研讨会探索两地在“多媒体、跨平台”商业模式的合作。体育方面，环沪港国际自行车大赛已举办 3 届，两地会继续磋商举办第四届赛事，并致力把环沪港国际自行车大赛发展成为亚洲区内一项高水平的单车运动盛事。

第七，专业人才交流。两地续签两地公务员交流实习活动协议书，推动两地公务员在多个范畴的交流。此外，两地将会继续加强在沪落实 CEPA 关于法律、会计、工程等专业的准入措施。

第八，教育及医疗卫生。香港医院管理局和上海申康医院发展中心续签合作协议书，双方将在此基础上加强医院管理发展和人才培训等多方面的交流合作。两地将加强宣传香港服务提供者通过 CEPA 进入上海设立独资医院的具体措施。中央政府早前宣布本年新学年起内地部分高校免试招收香港学生，上海有 9 所高等院校被列入计划之内，沪方将做好落实录取香港学生的各项工作。

第九，青少年发展和社会管理。双方同意进一步鼓励两地民间和青少年的交流互访，并会探索通过非政府组织加强两地在青少年、社工培训和社会福利方面的交流合作，互通经验。

第三节　沪港经贸合作会议第三次会议

2015 年 4 月 10 日，沪港经贸合作会议第三次会议在上海举行，上海市市长杨雄和香港特区政府行政长官梁振英共同主持。参与会议的香港特区政府官员包括财政司司长曾俊华、财经事务及库务局局长陈家强、商务及经济发展局局长苏锦梁、政制及内地事务局局长谭志源、公务员事务局局长邓国威、行政长官办公室主任邱腾华、政制及内地事务局常任秘书长张琼瑶、运输及房屋局常任秘书长黎以德以及相关官员。国务院港澳事务办公室副主任周波以特邀嘉宾身份列席会议。

中共中央政治局委员、上海市委书记韩正会见梁振英一行，就沪港两地未来合作方向交换意见。香港代表团参观中国（上海）自由贸易试验区（上海自贸试验区），听取上海自贸试验区管理委员会简介上海自贸试验区成立一年半以来的运作经验，并与已落户上海自贸试验区的港资企业交流。行政长官梁振英表示，目前正值国家全面深化改革、建构全方位对外开放新格局的关键时期，香港和上海同为国家对外开放的重要窗口。沪港两地合作将为国家、香港和上海创造“三赢”局面。沪港双方决定将沪港经贸合作会议升级为沪港合作会议。

在沪港经贸合作会议第三次会议上，两地政府同意在上海自贸试验区合作、商贸投资、金融、青少年发展和社会管理、航空航运及物流、科技、城市管理、旅游和创意产业及文化和体育、专业人才，以及教育及医疗卫生等10个方面加强合作。两地签署了3份合作协议，分别是《关于加强沪港商务合作的协议》《关于加强沪港金融合作的协议》以及《关于上海和香港两地公务员实习交流活动协议书》。

2012年沪港经贸合作会议第二次会议以来主要进展和未来合作方向，第一，上海自贸试验区合作。上海自贸试验区于2013年9月挂牌以来，香港已成为上海自贸试验区发展最重要的合作伙伴。截至2015年2月底，已有1265家新落户港资企业进驻，占挂牌后落户的外资企业总数约46%。未来沪港两地将紧密合作，促进上海自贸试验区成为两地合作交流的重要载体之一。两地政府部门将适时举办研讨会和考察活动，协助香港业界掌握上海自贸试验区最新的政策措施。沪港两地也会通过上海自贸试验区，加强跨境人民币业务和金融中介服务合作。

第二，商贸投资。在上海市政府大力支持下，上海市各区县的商务系统亦已于过去三年开设“CEPA绿色通道”，便利香港的企业和服务提供者在上海投资和发展。沪港两地会更紧密合作落实《内地与香港关于建立更紧密经贸关系的安排》和深化服务业合作，并鼓励上海企业利用香港的专业服务“走出去”。沪港两地也将支持两地商事争议解决机构互设办事机构，为两地企业提供解决商贸纠纷的服务。

第三，金融。金融方面，沪港通于2014年11月17日正式启动，打通上海与香港两地股票市场，写下两地资本市场互联互通的新篇章。自上年开通以来，沪港通整体运作畅顺，各项监察和风险管理工作亦顺利推展，实现了预期的目标。另外，沪港两地的金融机构包括银行、证券公司、保险公司等也在相互的市场稳步增长。上市合作方面，截至2015年2月底，在香港上市的上海企业约有97家，集资额超过4800亿港元，市值超过11000亿港元。自2010年，两地定期举行沪港金融合作工作会议，2015年的会议在4月9日举行。就金融业务和产品的合作，沪港两地将共同推进人民币跨境使用和金融市场互联互通，并鼓励金融机构合作和互设，为跨境投融资提供更多创新金融产品和服务，推动香港成为上海企业“走出去”的境外人民币融资的首选平台。

第四，青少年发展和社会管理。香港特区政府民政事务局资助社区团体举办内地交流考察计划，过去三年共有约1000名青年获批资助到上海交流。2014年通过新推出的专项资助计划资助社区团体举办前往内地实习的计划，反应相当热烈，至今共有约 250 名青年获批资助到上海实习。两地同意扩大青少年交流、实习的规模，包括继续定期举办沪港金融专业大学生交流及考察活动，促进沪港两地金融人才之间的互动和交流。两地亦会加强在社会服务和管理的交流。

第五，航空、航运及物流。沪港两地业界通过“中国国际海事会展”“亚洲物流及航运会议”等活动加强交流。此外，由香港机场管理局和上海机场（集团）有限公司合资成立的上海沪港机场管理有限公司，管理上海虹桥机场航站楼的运作及零售业务。上海虹桥机场由 2012 年起连续三年获 Skytrax 评为“中国最佳地区机场”第一名，其中 2 号航站楼更于 2014 年获评为内地首家五星航站楼。未来沪港两地将推动航运及相关服务业的交流合作。港方将会致力发挥在高增值航运服务业的优势，以香港各项航运商业服务，支援上海远洋航运企业来港发展其国际业务。

第六，科技。两地一直通过“内地与香港科技合作委员会”机制，加深科技合作。未来两地将会加深科技项目合作交流。两地也会促进知识产权工作的经验交流，提升沪港两地知识产权创造、运用、保护和管理能力，推动知识产权贸易的发展。

第七，城市管理。

两地均为国际大都会，面对持续发展带来的社会挑战，两地未来将会加强在城市总体规划、环境保护、城市交通和管理等多方面交流。

第八，旅游、创意产业、文化、体育。

过去三年，两地联手拓展国际旅游市场。香港旅游发展局在海外长途市场推动当地开发串联沪港的“一程多站”旅程，推动两地客源互送。此外，自 2012 年两地政府签订《沪港文化交流与合作协议书》以来，两地乐团、剧团以及艺术学院交流频繁。未来两地将继续鼓励文化和创意产业合作，包括两地将建立年度推行计划，鼓励文化艺术工作者开展活动和交流；两地将以创新模式就两地艺术节进行合作。两地将会继续每年举办青少年体育交流夏令营及沪港足球比赛，加强两地体育的合作交流。

第九，专业人才。

在支持香港专业人士到沪发展方面，上海市人民政府于 2014 年 6 月公布，允许取得中国注册会计师资格的香港会计专业人士，在上海自贸试验区担任会计师事务所合伙人。此外，两地政府在会议上续签两地公务员实习交流活动协议书，继续推动两地公务员在多个范畴的交流，以了解当地最新发展。

第十，教育及医疗卫生。

两地学校一直通过不同方式进行专业交流，包括缔结成姊妹学校。港方将于2015/2016学年推出为期三年的试办计划，为香港姊妹学校提供资助及专业支援，进一步促进香港与内地姊妹学校交流。此外，两地将会继续支持高校合作进行学术交流和研究。两地未来将会继续在医院管理、公共卫生、中医药人才培养和研究等方面合作。双方同意对香港服务提供者在沪设立独资医疗机构给予优先政策支持。

第四节　沪港合作会议第四次会议

2018年8月24日，沪港合作会议第四次会议在香港举行，香港特区政府行政长官林郑月娥与上海市市长应勇共同主持。沪港合作会议第四次会议探讨了两地在“一带一路”倡议、文化合作及创意产业、教育、金融、青年发展，以及创新及科技6个重点合作领域的发展前景。双方也就持续深化其他领域的合作，包括法律和争议解决、商贸投资、航空航运和物流、体育及旅游、专业人才交流、医疗卫生等交换了意见。参与会议的香港特区政府官员包括财政司司长陈茂波、律政司司长郑若骅、政制及内地事务局局长聂德权、创新及科技局局长杨伟雄、民政事务局局长刘江华、财经事务及库务局局长刘怡翔、教育局局长杨润雄、署理商务及经济发展局局长陈百里、行政长官办公室主任陈国基，以及其他相关政策局和部门代表。国务院港澳事务办公室副主任黄柳权及中央人民政府驻香港特别行政区联络办公室副主任仇鸿以特邀嘉宾身分出席会议。香港特区行政长官林郑月娥在会上表示，国家当前的经济发展已经进入新时代，由高速增长阶段转向高质量发展阶段。香港和上海同为国家对外开放的重要窗口。在这新形势下，沪港两地应该共同把握机遇，发挥优势互补，以更紧密、更深入的合作去服务国家所需，贡献国家发展。上海市市长应勇表示，沪港合作每年都在取得新进展。他此次率团来香港，不仅是为了加强与香港，乃至粤港澳大湾区的全面合作，也是为了学习和借鉴香港建设国际金融中心的经验。应勇希望沪港两地今后的合作范围更加广泛，在凝聚共识、发挥优势的基础上将两地合作推向一个新高度。会后沪港双方在香港交易所香港金融大会堂举行沪港合作协议签署仪式。两地政府部门、法定机构、专业团体和有关企业签署共十五份涵盖法律服务、教育、商贸、创新及科技、文化，以及金融领域的合作文件，包括由两地政府签署的两份合作文件：《香港特区政府律政司与上海市司法局关于法律事务合作的安排》，以及《上海市教育委员会与香港特别行政区政府教育局教育合作备忘录》。林郑月娥在见证协议签署前表示，在签署的合作协议逐步落实后，沪港两地文化艺术领域可以构建全方位、深层次的伙伴关系，两地在科技初创企业、智慧制造、智慧城市及软件行业方面的合作也将有所加强。应勇表示，沪港两地签署的多份协议，尤其是在商贸、金融和法律专业服务方面的协议，将有助推动两地的专业人员携手合作，共拓机遇。

沪港就以下范畴的合作方向达成共识：

第一，“一带一路”倡议。香港特别行政区政府将积极参与2018年11月在上海举行的“首届中国国际进口博览会”，鼓励海外企业把握内地开放市场的机遇，利用香港为据点进入内地的庞大市场。双方鼓励和支持香港和上海企业双向参与对方的经贸活动和展览会，推动上海企业利用香港的平台，与香港企业并船出海，开拓“一带一路”商机。

第二，文化合作及创意产业。西九文化区管理局分别与上海西岸（徐汇滨江综合开发建设管理委员会）、上海文广演艺（集团）有限公司和上海当代艺术博物馆签订合作协议，并延长西九戏曲中心与上海戏曲艺术中心的合作协议，以深化西九文化区与上海的文化合作交流，共同推动艺术创作和发展。香港特区政府将于2019年在上海举办“香港文化周”；上海市人民政府计划于2020年在香港举办“上海文化周”。香港康乐及文化事务署与中国上海国际艺术节中心将选送两地的作品分别在香港和上海演出。两地将继续支持沪港创意产业发展，推动企业参加双方举办的创意活动，并加强两地创意产业人才的培训和交流。

第三，教育。香港特别行政区政府教育局与上海市教育委员会签署备忘录，促进双方在教育方面的交流与发展，支持建立“沪港大学联盟”。

第四，金融。两地将利用沪港金融合作工作会议平台，加强两地政府部门、金融监管部门、金融市场和金融机构的互动。优化“沪港通”及“债券通”等相关互联互通安排，支持两地金融市场在企业上市、产品开发、信息互换、金融科技领域等方面加强合作。

第五，青年发展。两地将深化香港大学生暑期实习项目，沪方会提供更多优质的实习岗位，例如上海金融企业等的实习机会。支援两地青年团体组织开展各类交流活动，鼓励两地各领域青年间的互相访问和交流。

第六，创新及科技。香港科技园公司与上海市科技创业中心续签合作协议，继续推进众创空间合作，支持两地初创企业和促进技术交流，积极培训人才。香港生产力促进局与上海市经济和信息化委员会签订合作协议，加强沪港在智能制造、智慧城市及中小企业科技创新的支援服务合作。香港软件行业协会与上海市软件行业协会签订合作备忘录，促进沪港在软件开发、大数据和人工智能等领域的技术合作及人才交流。

第七，便利港人在内地发展的措施。上海市政府加强落实中央有关部门推出的便利港人在内地发展措施，让在沪港人在教育、就业、创业和日常生活等范畴享有内地居民的同等待遇。上海市政府已推出服务在沪港人的“一站式”

咨询服务平台，就不同的便利措施提供资料。

第八，法律和争议解决。两地建立法律主管部门对口交流合作机制，共同推动香港和上海律师交流合作，促进仲裁及调解业界相互支持，共同推广仲裁和调解，加强高质素国际化仲裁调解人才培养及国际争议解决中心建设等方面开展交流合作。

第九，商贸投资、上海自由贸易试验区合作。上海市政府落实国家和上海自由贸易试验区关于现代服务业扩大开放的相关措施，积极推动包括金融服务、电讯、文化、专业服务业、航运服务等多个领域对香港服务业的扩大开放，吸引港资企业到上海自贸试验区投资兴业。两地持续就自贸试验区合作适时举办研讨会、座谈会和推介会，通报相关情况和最新政策措施，并邀请两地相关官员和业界代表出席。

第十，航空航运和物流。因应上海浦东国际机场扩建工程，上海国际机场股份有限公司已于上半年与香港机场管理局签订管理咨询协议，委托香港机场管理局针对航站楼流程、商业规划及航站楼管理等三方面进行评估并提出建议。沪港加强机场培训合作，扩大人员交流。预计 2018 年约有 40 名来自上海机场集团员工参与香港国际航空学院有关客运大楼和飞行区运作及管理的课程和挂职培训。

第十一，专业人才。香港职业训练局与世界技能大赛中国组委会保持联系，为 2021 年在上海市举办的世界技能大赛探讨加强合作和经验交流。

第十二，医疗卫生、食品及药品。上海市支持香港建设第一家中医医院，并与香港分享在中医药领域的优势资源，支持两地进行中医药学术和人才交流，为香港建设中医医院提供参考。

其他合作领域：除上述合作领域外，香港和上海亦同意在城市规划、建设管理、环境保护、体育、旅游和社会养老服务等方面继续深化合作。

第五节　沪港合作会议第五次会议

2021 年 8 月 30 日，香港特区行政长官林郑月娥率领的港方代表团与上海市市长龚正率领的沪方代表团，以网上视频形式举行沪港合作会议第五次会议。沪港合作会议第五次会议由林郑月娥和龚正共同主持。会上，沪港双方就 13 个范畴的合作方向达成共识，包括拓展内销及“一带一路”倡议、文化及创意产业、创新及科技、金融、教育及人才培养、法律和争议解决、医疗卫生及药品监管、青年发展、便利港人在内地发展、航空航运和物流、城市规划建设管理和环境保护、体育及旅游和社会福利服务等方面。林郑月娥与龚正在会上签署《沪港合作会议第五次会议合作备忘录》。此外，两地政府部门、法定机构和有关组织还签署4份合作文件，包括《开启“十四五”双循环商机经贸合作备忘录》《沪港创新及科技合作备忘录》《香港医院管理局与上海申康医院发展中心2021—2026年合作协议书》和《上海博物馆与香港故宫文化博物馆合作意向书》。

林郑月娥在会上表示，自沪港合作会议机制2003年建立以来，香港和上海的关系越来越多元、紧密。上海和香港是国家具有特殊地位和功能的中心城市，两地在“十四五”时期应该以更广泛、更紧密、更深入的合作去服务国家所需、贡献国家发展。龚正说，希望两地进一步服务和融入新发展格局，携手开展更大范围、更高水平、更深层次的合作，更好地惠及两地民众，共同服务国家改革发展大局。希望进一步深化重点领域合作，加强城市数字化转型等方面的交流，促进人工智能等先导产业的开放合作，深化两地文化交流互鉴。龚正说，香港和上海如同镶嵌在祖国版图上的两颗明珠，竞放光芒，交相辉映。建立沪港合作会议机制以来，两地经贸关系持续深化，人员交流日益密切，合作领域不断拓展。第五次会议的召开，标志着沪港合作站上新的历史起点。希望两地进一步服务和融入新发展格局，携手开展更大范围、更高水平、更深层次的合作，努力取得更丰硕的成果，更好地惠及两地民众，共同服务国家改革发展大局。希望进一步深化重点领域合作，加强城市数字化转型等方面的交流，促进人工智能等先导产业的开放合作，深化两地文化交流互鉴。希望进一步推动两地合作提质增效，优化机制，创新方式，努力实现最大综合效益。林郑月娥说，今年是国家“十四五”规划的开局之年，国家《“十四五”规划纲要》支持香港巩固提升国际金融、航运、贸易，以及亚太区国际法律及解决争议服务四个传统中心的地位，也支持香港在四个新兴的领域建设和发展，即国际航空枢纽、国际创新科技中心、区域知识产权贸易中心，以及中外文化艺术交流中心。香港在八个范畴的机遇是无限的，将积极同内地发挥优势互补，协同发展，而上海是粤港澳大湾区以外，香港应争取更深入、更广泛合作的内地城市。林郑月娥表示，上海和香港是国家具有特殊地位和辐射功能的中心城市。两地应该发挥各自优势，实现互利共赢，以更紧密、更深入的合作服务国家所需、贡献国家发展。在金融发展方面，可以进一步推进两地市场和金融设施互联互通；在科技创新方面，特区政府鼓励和支持香港的高校和科研机构加强与上海的合作；在企业投资方面，两地政府可以共同推进把外资“引进来”，协助内地企业“走出去”；在人才提升方面，希望两地探讨更多人才互动交流的机会。期望在不久的将来，两地在疫情可控的前提下，循序渐进地恢复人员往来，更顺利地推动各项合作计划落地落实。

第二章　经贸领域

经贸领域是沪港合作发展的重要领域。香港是上海改革开放最直接的推动者、示范者、参与者，也是最大的受益者。加强沪港合作，对上海创新驱动发展、经济转型升级，对香港提升竞争力、保持长期繁荣稳定，对“一国两制”稳步推进，都有重要意义和积极作用。

第一节　经贸关系

外资、外企是上海促进经济增长的重要引擎、调整产业结构的重要支撑、推动科技创新的重要主体、提升城市功能的重要力量。香港是上海吸引外商投资的最重要来源地之一。香港对上海的投资以及带来的技术、管理经验、商业信息和市场网络，对上海经济发展、城市建设发挥了重要作用。

改革开放之初，西方发达国家企业对华投资犹豫观望，中国香港企业率先投资上海。1980 年 8 月，由瑞士迅达股份有限公司、香港怡和迅达（远东）有限公司和中国建设机械总公司共同投资组建的中国迅达电梯有限公司上海电梯厂成立，成为改革开放后上海第一家利用外资的合资企业。随后，中国香港企业在上海开设第一批投资企业。1981 年 4 月，唐翔千的香港联沪毛纺织有限公司与上海纺织品经营公司、上海爱建公司在浦东联合创办上海联合毛纺织有限公司，初始注册资本 600 万美元，沪方占 60%，港方占 40%。1982 年 11 月，实业家刘浩清的女儿刘岭波同锦江饭店合资开办世佳超市，为上海第一家超级市场。据统计，1980—1983 年，上海共批准外商投资项目 17 个，其中沪港合资合作项目 8 个，占 47%。1984 年，港商在上海投资开设企业 24 家，投资总额 4801 万美元。其中，投资总额在 1000 万美元以上的大项目有 6 个。初期到上海投资的为老一代港商，其以与上海有着亲缘、乡缘关系的“老上海”为主，大多是解放初期从上海出国出境的原工商业者，其投资以雄厚资本实力为基础，为上海带来先进的生产设备和技术及科学的管理理念，这些为上海外资经济发展起了领头羊作用。虽然港商投资的项目规模偏小，但分布在劳动密集型的加工领域居多，在填补国内某些产品空白、引进先进技术和管理经验、扩大出口和对外贸易、推动市场竞争等方面发挥重要作用，1984 年 4 月，上海被列为沿海开放城市后，市政府发布《上海市关于鼓励外商投资的若干规定》等 20 个涉外经济法规，简化港商在沪投资审批手续，港商在上海的投资规模进一步扩大。

1985—1989 年，港商在上海开设企业 338 家，是 1980—1984 年的 10.9 倍；合同外资 5.48 亿美元，是前 5 年的 8 倍。投资 1000 万美元以上的项目有 26 个。1980—1988 年，港商在上海的投资多采用合资、合作两种方式，1989 年起开始出现独资方式。据 1989 年底累计设立的 369 家港商投资企业统计：合资企业 316 家，投资总额 3.35 亿美元，分别占同期港商投资的 85.4% 和 52.1%；合作企业 48 家，投资总额 2.66 亿美元，分别占同期港商投资的 13.2% 和 41.4%；独资企业 5 家，投资总额 4217 万美元，分别占同期港商投资的 1.4% 和 6.5%。

至 1989 年底，中国港、澳、台商在上海共开办企业 393 家，合同外资 6.35 亿美元，分别占同期上海外商投资的 55.5% 和 56.3%。其中，中国香港投资企业 369 家，合同外资 6.17 亿美元，在上海外商投资中居第一位。

浦东开发开放后，香港在上海投资快速发展。1990 年国家宣布开发浦东的重大决策后，港商踊跃参与对浦东新区的投资开发。1990 年 6 月 1 日，沪港合资的上海东方储罐有限公司举行开工典礼，是宣布开发浦东后浦东外高桥地区第一个合资项目，由中国化工进出口总公司等 4 家中方企业与香港立丰实业公司合资经营，投资总额 2710 万美元，注册资本 1274 万美元，沪方占 75%，港方占 25%。中国香港成为上海企业股份制改革融资试点的主要市场。项目融资（BOT）形式，也在“两桥一隧”（南浦大桥、杨浦大桥、延安东路隧道）中运用。1996 年，上海完善外商投资服务体系，出台《上海市外商投资企业审批条例》，外国企业到沪投资踊跃，中国港、澳、台商投资相对趋缓，但项目数和投资总额占比仍居高位。当年中国香港投资的项目数和合同外资继续名列榜首，分别为 643 个、38.61 亿美元；分别占 30.53% 和 66.48%。

2001 年，中国正式加入世贸组织。上海进一步优化开放和招商引资环境，积极为港澳台企业投资项目落户上海做好服务工作。遵照“根据特点，适当照顾”的原则，研究、制定和完善维护在沪港澳台企业投资合法权益的相关政策法规，协调解决政策的有效实施问题。2003 年 6 月 29 日《内地与香港关于建立更紧密经贸关系的安排》（CEPA）、2003 年 10 月 17 日《内地与澳门关于建立更紧密经贸关系的安排》签署后，上海即按照协议规定，在货物贸易、服务贸易、贸易投资便利化等方面，做了大量配套服务工作。具体实施过程中注意惠及在沪港澳台企业。CEPA 生效后，香港投资者到内地投资的门槛降低，投资途径更宽广。2004 年港商在沪新设企业 884 家，占全市新设企业数的 20.4%，合同外资 24.48 亿美元，占全市合同外资的 20.94%。其中沪港合资企业 201 家，合同外资 6.56 亿美元；合作企业 17 家，合同外资 0.89 亿美元；独资企业 663 家，合同外资 16.43 亿美元；股份制企业 3 家，合同外资 0.6 亿美元。行业分布主要集中于制造业（342 家）、租赁和商务服务业（173 家）、批发和零售业（119

家）、交通运输和仓储业、邮政业（101 家）。截至 2010 年底，香港在沪投资项目 17734 个，占全市外商投资项目总数的 29.81%；合同金额 608.25 亿美元，占全市外商投资合同金额的 34.73%；实际到位金额 311.18 亿美元，占全市外南投资实际到位金额 29.24%。香港在沪运营企业 9680 家，投资总额 1151.9 亿美元。运营企业类型以独资企业为主，达 7507 家，占香港在在沪运营企业的 78.5%。合资企业 1694 家，合作企业 325 家，股份制企业 64 家。投资总额在 1000 万美元以上的企业有 1550 家，占香港在沪运营企业的 16%、其中 1 亿美元以上的企业 208 家，超过 10 亿美元以上的企业 6 家。香港在沪投资额最大的企业为独资的金光纸业（中国）投资公司，投资总额为 35.3 亿美元。其次是上海国际港务（集团）股价有限公司，投资总额 25.4 亿美元，是中国最大的港口综合性企业。第三是上海华虹 NEC 电子有限公司，投资总额 17.8 亿美元。100 万美元以下的企业有 5424 家，占香港在沪运营企业的 56%，中小企业中的独资企业占香港投资的中小企业的 86%。2012 年上海吸引外资合同金额 223.4 亿美元，同比增长 11.1%，其中来自香港的 120.65 亿美元，占 54%。实际利用外资 151.9 亿美元，同比增长 20.5%，其中来自香港的 68.43 亿美元，占 45.1%。2013 年香港来沪投资合同金额是 191.4 亿美元，同比增长 25.5%，占上海吸引外资总额的 61.5%。香港也是上海企业对外投资的最大目的地，2013 年上海企业对香港的投资占全市总额七成以上。在上海“走出去，引进来”的双向投资中，香港的作用不可替代，同时在上海外贸转型发展中香港亦扮演着重要角色，香港是上海服务贸易进出口最大的地区及主要的货物贸易出口地。2014 年 1 月，汇丰银行上海自贸区支行正式挂牌，标志着这家总部位于香港、拥有百年历史的老牌外资银行在上海自贸试验区安家落户，为上海金融创新树立起一座新标杆。此后不到两年，香港国际仲裁中心亦在上海自贸试验区设立代表处，成为首个在沪设立机构的国际仲裁中心，为上海提升商事争议解决水平、优化地区贸易环境打下坚实基础。2015 年，上海吸引合同港资 409.4 亿美元，同比增长 106.2%。上海对香港投资 101.9 亿美元，同比增长 131.4% 美元。2016 年，上海合同利用外资再次突破 500 亿美元，达到 510 亿美元，实际利用外资超过 185 亿美元，同比微增 0.3%。2017 年，上海新引进外资项目 3950 个；合同外资 401.94 亿美元，实到外资达 170.08 亿美元。统计数据显示，2018 年，上海引进外资总体向好，规模也企稳回升，全市利用外资和合同外资由 2017 年的双降转为双升。全年新设外资合同项目 5597 个；合同外资 469.37 亿美元，同比增长 16.8%；实到外资 173.00 亿美元，同比增长 1.7%。2018 年香港在沪投资继续保持领先，全年香港在沪投资合同金额同比增长 11.4%，达 254.4 亿美元，占上海全市合同金额的 54.2%；实际到位金额增长 3.1%，达 99.82 亿美元，占上海全市实际到位金额的 57.7%，继续保持领先地位。截至 2016 年底，上海累计批准香港投资合同项目 28428 个，合同金额 1950 亿美元。占总金额的 50.8%；实到金额 855.66 亿美元，占总金额的 41.5%。其中 2016 年，香港来沪投资项目 1863 个，合同金额 376.2 亿美元。2016 年上海对香港投资项目 521 个，合同金额 86.3 亿美元，占上海对外投资总额的 24%。2019 年，上海利用外资保持较快增长，呈现合同项目、合同金额、实到外资金额同步增长的良好态势。全年全市外商直接投资合同项目 6800 个，比上年增长 21.5%；外商直接投资合同金额 502.53 亿美元，增长 7.1%；外商直接投资实际到位 190.48 亿美元，增长 10.1%。香港在沪投资占比最大。全年香港在沪投资合同金额同比增长 12.9%，占全市合同金额的 57.2%，高达 287 亿美元；实到金额增长 18.4%，占全市实到金额的 62.1%，达 118 亿美元。2020 年全年港资新增项目数 1588 个，比上年下降 11.2%；合同外资 337.92 亿美元，比上年增长 17.6%；实到外资 135.66 亿美元，比上年增长 14.7%。

香港也是上海企业“走出去”的重要窗口，上海的一批大型骨干企业也直接进入香港市场，对稳定和繁荣香港经济起着积极作用。香港是新中国成立以来上海企业（培罗蒙西服）第一个境外投资项目落户地，香港也是上海企业境外投资的第一大目的地。上海对港投资主要集中在批发和零售、租赁和商务服务业、信息传输、计算机服务和软件业等服务业领域。专家指出，上海企业对香港投资，除看中香港的自由港和国际金融、贸易中心地位外，近年来还把设计研发的触角伸到香港，如上海建材集团在香港投资研发中高档汽车安全玻璃、上海交通大学慧谷公司在香港设立软件开发公司、上海复星集团在香港设立中西药物研发中心等。2012—2014 年上海对港投资总额分别为 22 亿美元、33.63 亿美元和 46.51 亿美元，同比增长 255%、50% 和 33.3%。2015 年，上海对港投资项目就达 521 项，总金额达 86 亿美元。截至 2016 年，上海累计对香港投资项目 1727 个，投资 318.9 亿美元。2018 年上海企业对香港投资达 58.4 亿美元，占总投资额的 34.64%，同比增长 126.33%，上海企业对香港的投资有进一步集中的趋势。

贸易是上海同香港地区之间往来的重点。1978 年后，上海和香港地区贸易迅速发展。上海对港澳的出口贸易迅速扩大。1978 年 5.8 亿美元，1990 年超 10 亿美元，1995 年 23.26 亿美元，占上海市出口总额 20%。出口商品有真丝印花绸、轮胎、不锈钢器皿等。1979 年后，上海从港澳的进口金额逐步上升。1978 年 0.02 亿美元，1980 年 0.29 亿美元。1984 年 1.5 亿美元，1994 年 17.16 亿美元，创历史最高，占上海进口总金额的 25.4%。1995 年 11.95 亿美元。商品主要有家用电器、汽车、机电产品、电子计算机和铜、棉花、废船、型材、涤纶、人造棉、显像管、高压聚乙烯等工业原材料。至1995年底，进出口金额301.18亿美元，占上海进出口总金额22.8%。自香港1997年回归祖国以来，特别是2003年沪港建立经贸合作会议机制后，两地经贸、金融等多领域合作不断拓展。2003年，经国务院批准，上海市政府与香港特别行政区政府建立沪港经贸合作会议机制，借此更好落实CEPA中的各项举措。香港和上海之间的经贸合作日益紧密，香港是上海最重要的经贸合作伙伴之一。2002年，沪港之间的进出口总金额为48.46亿美元。服务贸易是香港的强项。2004年10月，韩正市长率团赴港与特区政府在CEPA框架下，签署8个领域的合作协议，掀开沪港两地服务贸易的新篇章。2006年，上海与香港服务贸易金额达119.2亿美元，占上海服务贸易总金额的29.6%，位居各国和地区第一。2006年，上海与香港进出口贸易金额为110.63亿美元，是1997年的4.67倍。1997—2006年的10年间，沪港两地进出口贸易总金额达552.9亿美元，年均增长10.27%。其中出口428.98亿美元，年均增长10.73%；进口123.92亿美元，年均增长6.04%。2020年，上海与香港进出口总金额为1433.4亿元，比上年下降5.6%，占全市进出口总金额的4.1%。2021年上海与香港地区进出口贸易金额达1663.5亿元，同比增长16.1%，贸易规模较1997年增长7.5倍。2021年，香港实际投资为158.63亿美元，同比增长16.9%。香港回归祖国25年来，沪港两地，经贸关系更加紧密。2021年上海与香港地区进出口贸易金额达1663.5亿元，同比增长16.1%，贸易规模较1997年增长7.5倍。

第二节　沪港经贸合作典型案例

案例一：沪港合作提升虹桥机场管理水平

2018年12月习近平总书记在会见港澳各界庆祝改革开放40周年访京团的讲话中提到关于港澳参与国家治理、发挥城市管理的借鉴作用时指出，“上海虹桥机场引进香港国际机场管理理念，短期内实现了管理水平跃升，被评为‘世界最快进步机场奖’第一名”。沪港合作提升上海虹桥机场管理水平是香港参与国家城市治理的典型案例。

2003年10月，根据上海市政府提出的在航空港、港口航运与物流、世博会等8个领域全面加强沪港经贸合作的意见，沪港机场在香港签订《沪港机场紧密合作框架意向书》，沪港双方在人员培训、业务咨询交流等方面开展一系列具体的合作项目。2009年10月12日，上海机场（集团）有限公司与香港机场管理局在上海举行沪港机场合作项目签约仪式，双方合资成立上海沪港机场管理有限公司，进一步加强沪港两地机场合作，并发挥两者的优势。上海市市长韩正、香港特别行政区政府政务司司长唐英年出席签约仪式。

沪港机场管理公司的成立，标着着双方在机场管理上开展更紧密合作，进一步促进两地经贸合作和航空交通发展。根据合作协议，上海沪港机场管理有限公司，受托管理虹桥机场的东西航站楼、虹桥综合交通枢纽东交通中心与旅客流程相关区域，以及航站楼商业零售业务。上海沪港机场管理公司注册资本金 1 亿元，其中上海机场集团出资 5100 万元，香港机场管理局香港机场管理局（Airport Authority Hong Kong）出资 4900 万元，合资期限自 2010 年起为期 20 年。双方以 4 年为一个委托周期，对管理目标完成情况进行阶段性评估和总结，合理制定下一期的管理目标。

自 2009 年 10 月沪港机场管理有限公司成立以来，引入香港机场的先进管理理念，全面对标香港机场的服务管理水平，在服务管理、商业经营管理等方面注重引进香港机场专业化做法，推动了虹桥机场的服务创新和服务质量提升。通过沪港机场的管理合作，有助于引进及借鉴香港国际机场丰富的枢纽机场运营管理经验、技术和品牌，提升上海机场的运营效率和管理水平。依托沪港双方的优质资源，沪港机场（上海）管理有限公司企业在虹桥机场 T2 航站楼的运营管理、商业开发中发挥了重要作用，使得虹桥逐渐成为广受旅客认同的精品机场。

香港国际机场在机场商业资源经营管理方面经验丰富，专业优势突出，与内地开展机场商业管理合作。沪港公司引入香港国际机场的商业运作模式与经验，一方面确保基础服务，与机场内的餐饮商户签约，确保基础服务的供给，并按照连锁品牌“同城同价”的要求，管控餐饮价格；另一方面，打造高端商业体验，虹桥机场“一线品牌大道”引入阿玛尼、爱马仕等几十家国际一线品牌，成为内地机场首屈一指的商业标杆。沪港机场合作在价值创造、卓越运行、管理效率、人才培养和企业发展等方面都取得丰硕成果，全面提升虹桥机场的运行效率、服务质量和经营绩效。

2012—2014 年，上海虹桥国际机场连续三年被 Skytrax 评为“中国最佳地区机场”第一名，其中 2 号航站楼在 2014 年被评为内地首家五星级航站楼。通过沪港两地机场合作，2013 年虹桥机场在全球机场排名已从第 81 位提升至第 12 位（国际机场协会 ACI）。虹桥机场还曾获得 SKYTRAX“中国最佳国内机场”第 1、“中国最佳机场”第 1 等。沪港机场合作是一种机场管理外包模式，即将机场全部或部分业务的管理委托给有专业管理水平或资质的专业公司（机场管理公司）进行运营管理。

根据沪港公司双方股东共同确定的二阶段合作模式的总体方案，沪港公司于2015年7月完成组织架构的改革，突破原有的“本部机关”+“托管基层单位”的传统架构，按“客户化、一体化、扁平化”的原则，完成“职能支持部门”+“业务管理部门”的新架构，当年即在各方面管理效率上有了进一步提升。另外，2018年因应上海浦东国际机场扩建工程，上海国际机场股份有限公司与香港机场管理局签订管理咨询协议，委托香港机场管理局针对航站楼流程、商业规划及航站楼管理等三方面进行评估并提出建议。这种合作联营的方式可在城市治理中进一步推广。在这个沪港机场合作平台下，沪港机场管理公司的干部员工不定期赴香港机场管理局挂职实习项目，学习香港机场的经验，截至2018年，共派遣100多人次前往香港学习。

案例二：沪港合作开发“太平桥旧区重建计划”

太平桥旧区重建规划是一个提升城市能级和优化城市空间结构的大型开发项目。太平桥地区位于卢湾区北部，是高密度的旧式里弄聚集区。通过政府和企业通力合作对该地块实施旧区改造，使其成为城市更新的典范。在世界银行出版的学术报告《城市土地复兴》中，太平桥地区的规划作为中国唯一一例社区更新成功案例被列入档案。

太平桥地区位于卢湾区的东北角，东起西藏南路，西临马当路，北到兴安路、太仓路，南至合肥路。1996年初，瑞安集团获得太平桥地区重建项目的发展权。1996年5月，卢湾区人民政府与香港瑞安集团签订《沪港合作改造上海市卢湾区太平桥地区意向书》，通过引进外资、土地出让开启太平桥项目的改造和建设，确立“整体规划、成片改造、分期开发、总体平衡”的开发原则。卢湾区政府在实施“太平桥旧区”改造之际，没有简单地采用拆旧房建新房的办法，而是着眼未来，提出了“太平桥旧区重建计划”。

经过双方协商，委托美国SOM公司承担该控制性详细规划的编制工作。SOM公司在对太平桥地区的现状条件、区位特性、发展优势、历史人文环境进行深入解读的基础上，明确太平桥地区总体规划分为居住区、办公区、商业娱乐区和历史文化保护区四大片区。为了强调历史感，项目改造过程中保留了原有的砖、原有的瓦作为建材。同时，老房子内部还加装了现代化设施，包括地底光纤电缆和空调系统，确保房屋的功能更完善和可靠，同时保存了原有的建设特色。

该片区由SOM公司整体规划，规划总建筑面积约127万平方米，打造了一个集“生活、休闲、工作、娱乐”于一体的整体社区。瑞安承担着区域整体发展的重任，整个项目将由西部上海新天地历史建筑重建区、北部企业天地甲级办公楼区、南部翠湖天地高档住宅区、东部综合性的购物娱乐商业中心、中心人工湖绿地共同组成。上海新天地是兼顾城市文脉延续与城市现代化发展的一个里程碑项目，很有借鉴和启发意义。上海在20世纪末进入再城市化进程，并希望在21世纪发展成为国际大都市。在这个背景下，沪港合作对上海的城市更新和城市可持续发展进行了创新实践，使即将走向建筑生命极限的百年石库门，脱胎成为闻名世界的文化地标、城市建设的典范作品和改革开放的发展成果。

瑞安为动迁这个地块上居住的近2300多户、逾8000居民，花费超过6亿元。2001年6月，上海新天地竣工。引起了国内外关注和美誉，成为上海一个崭新的城市地标。2007年全部建成（中共一大会址、石库门建筑区）。据黄浦区人民政府官网显示，新天地坐落在上海市中心，位于淮海中路南侧，东至黄陂南路，西到马当路，北沿太仓路，南接自忠路，占地面积约3万平方米，建筑面积约6万平方米。改造后的新天地以石库门建筑旧区为基础，首次改变了石库门原有的居住功能，赋予其商业经营功能。分为南里、北里两个地块，南里以现代建筑为主，石库门建筑为辅；北里保留与中共一大会址纪念馆相毗邻的石库门建筑，延续历史文脉。2016年，新天地被《福布斯》评为“全球20大文化地标”之一。

20世纪90年代，上海开始大规模的城市重建，成片具有浓郁海派特色的石库门街区逐渐消失。地铁1号线卢湾区淮海中路段的建设，给街道两侧的城市空间形态、城市产业模式，还有人们生活方式的升级带来了发展机遇和挑战。特别是如何重建淮海路东段南部的大片石库门住宅旧区，成了一个重要课题。上海新天地的开发商瑞安集团早在1997年就提出了一个石库门建筑改造的新理念：改变原先的居住功能，赋予它新的商业经营价值，把百年的石库门旧城区，改造成一片充满生命力的新天地。以中西合璧、新旧结合为基调，将上海特有的传统石库门旧里弄和充满现代感的新建筑群融为一体，创建集历史、文化、旅游、餐饮、商业、娱乐、住宅和办公等多功能的小区。太平桥区域开发的总原则是不建高楼大厦，以完整的基调保留这一片上海旧城的风情。除了商业文化区，小区域的规划根据不同风格的建筑分别安排办公展示区、休闲文化区、娱乐区和服务公寓。

在上海新天地开发的不同阶段，定位也发生了三个层次的深化：第一个阶段强调综合性。当时上海没有一个地方能够将餐饮、娱乐、购物和旅游、文化等全部集在一起。类似这类的时尚场所，当时比较有特色的是衡山路，但衡山路由很多个体组成，没有一个整体的投资者和管理者；第二阶段的定位，投资方希望上海新天地成为上海市中心具有历史文化特色的都市旅游景点，希望成为来到上海的人的必到之地；最后阶段的定位是：投资方要让新天地成为一个国际交流和聚会的地点。就是这样层层深化的定位，一方面使得上海新天地成功地穿上时尚文化炫目的外衣，抓住了人们的眼球，在 Mall 中脱颖而出；另一方面更加明确了目标消费群体，并通过招商进行了产品细分。2018 年 9 月，开发建设新天地的瑞安集团主席、香港贸易发展局主席罗康瑞先生荣膺“改革开放 40 年在沪港人终身杰出成就奖”。

第三章　金融领域

在亚洲金融发展的历史中，上海与香港的互动与合作，一直是引人注目的主要主线之一。上海和香港各自发挥自身的优势，探索开放共赢的模式，在“沪港通”中表现得十分清晰。上海是中国在岸市场的金融中心，对内地市场具有强劲的影响力，但是，基于金融开放需要总体上遵循国家战略部署，在内地依然会在较长时期内保持资本管制、同时人民币还没有实现完全自由可兑换的条件下，要推动内地金融市场的开放，始终是一项充满挑战的任务。香港作为与纽约、伦敦并驾齐驱的国际金融中心，本身就是国际金融体系中的重要一环，主要的国际金融机构在香港均设有营业机构，香港近年来的 IPO 规模始终在全球市场领先，香港交易所的金融衍生品交易规模也在全球交易所中显著领先，2012 年香港交易所成功收购伦敦金属交易所，使香港交易所成为亚洲领先的跨洲际的综合交易所集团；香港的银行体系十分稳健，虽然经历亚洲金融危机以及美国次贷危机等的多次冲击，依然表现出色。更为重要的是，香港与内地“一国两制”的制度安排，使得香港一方面可以与国际金融体系密切融合，同时又可以为内地市场的开放提供关键性的门户作用。沪港通的机制设计突出这样的优势，实际上建立了内地资本市场封闭可控的开放模式，并且以最小的制度成本实现了海内外市场的对接。

作为国际金融中心的香港与作为内地最大经济，金融中心城市的上海之间的金融关系令人瞩目。通过促进香港与内地，特别是香港与上海金融市场互联互通，提升、巩固香港、上海两大金融中心的地位。

第一节　金融合作交流

上海和香港作为国家具有重要影响的两个金融中心城市，在共同服务国家经济社会发展中发挥了重要作用。长期以来，两地在金融领域一直保持着良好的合作关系。近年来，两地金融合作不断扩大，联系日益紧密，进一步加强两地金融合作与发展具有十分重要的意义。

香港回归前，沪港之间就有金融合作。比如为沟通沪港两地金融界之间的联系，交流信息，探讨合作渠道和方式。1996 年 12 月 18 日由沪港经济发展协会，香港贸易发展局联合举办、香港上海实业集团协办，《沪港经济》杂志社参与策划、组织的“沪港金融合作与发展研讨会”在香港会展中心举行，由上海各银行和有关金融机构的代表组成的上海代表团赴港出席研讨会，香港贸易发展局总裁施祖祥和上海海外联谊会副会长钟燕群致辞。2002 年 6 月 28 日，“沪港技术与资本联动研讨会”在沪举行，中国证监会主席周小川、科技部副部长邓楠出席会议并讲话，副市长周禹鹏，香港交易所主席李业广和总裁邝其志及其率领的高管人员、律师、会计师、报荐人以及来自上海等 10 多个省市的企业家、科研机构专家共 1000 多人出席研讨会。

沪港之间在金融方面进行比较系统和频繁的合作还是在香港回归后开始的。特别是在 2003 年 CEPA 签署和中央支持上海加快建设国际金融中心的政策下，两地的金融合作日益紧密。在《内地与香港关于建立更紧密经贸关系的安排》框架下，金融服务正在成为两地合作交流最重要的领域之一。2003 年 10 月，上海市市长韩正在香港宣布，沪港两地将在港口航运和物流、旅游会展、金融服务等 8 个重点领域展开合作。在金融服务方面，上海金融机构将从香港引进人才，聘用香港高级金融专业人才担任公司主管、部门主管等要职。同时，上海还欢迎符合“安排”条件的香港金融机构在上海设立分支机构或法人机构，支持具备条件的上海地方金融机构收购香港中小金融机构，以拓展海外业务。

加快建设上海国际金融中心的重要举措之一就是要完善沪港金融合作机制，加强沪港在金融市场、机构、产品、业务、人才等方面的交流合作，支持沪港金融市场产品互挂。2009 年 4 月，国务院发布《关于推进上海加快发展现代服务业和先进制造业建设国际金融中心和国际航运中心的意见》，明确提出到 2020 年上海基本建成与我国经济实力以及人民币国际地位相适应的国际金融中心，并对上海国际金融中心建设的主要任务和措施等进行了全面部署。《意见》明确提出在内地与香港金融合作框架下，积极探索上海与香港的证券产品合作，推进内地与香港的金融合作和联动发展。沪港据此精神，就双方加强金融合作的总体目标，优先领域以及健全沪港金融对话与交流等方面达成共识。2009 年 1 月 21 日，香港交易及结算所（香港交易所）与上海证券交易所（上证所）签订《沪港交易所更紧密合作协议》，进一步加强彼此间的合作，以期达到两项共同目标：切合中国企业持续发展上对本土及国际资金的集资需要；以及促进中国经济的进一步发展。沪港交易所合作协议有助两家交易所的持续合作，尤其在信息共享、产品发展及人员培训等三方面。《沪港交易所更紧密合作协议》由上证所总经理张育军与香港交易所集团行政总裁周文耀在上海签订。出席签署仪式的还包括上海市副市长屠光绍、上证所理事长耿亮及香港交易所主席夏佳理。

上交所与香港交易所管理层 2010 年 1 月 21 日在香港举行会议，上海证券交所与香港交易及结算所发布关于更紧密合作的联合公告，全文如下：

1. 上交所与香港交易所管理层就两地挂牌企业及证券的信息互通及联合监管、市场基建技术发展、交易及信息产品发展、人员交流等事项，交换了经验及意见。

2. 双方同意就两地挂牌的企业及证券加强互通信息及联合监管。随着企业A+H两地挂牌日增、A股ETF和港股ETF的开发，沪港两地市场的互动及联系益发密切。为更有效地监管两地挂牌的上市企业和上市证券，更好地保护投资者权益，上交所的公司管理部及香港交易所的上市科将成立定期交流机制，以每两个月为期，两所轮流主办，重点讨论两所上市证券的监管运作及市场信息披露事宜。定期交流机制日后若证实有效，同样安排可推展至其他部科。

3. 双方同意两所在支持业务发展的技术上加强交流及合作。信息技术发展尤其是交易及信息发布系统对交易所的业务至为关键，两所技术方面的交流及合作可加深彼此了解对方市场基建的优点，也有助促进相互业务未来的发展。两所在技术方面各有优势；上交所新一代交易系统采用了世界领先的技术架构设计、算法和容量，而香港交易所的系统则支持多品种产品的交易、结算和信息发布，两所技术人员将可互通有无、相互借鉴，彼此也可探讨发展基建技术以支持两地市场之间进一步更广泛合作的可行方法。

4. 双方同意就交易产品发展加强交流及合作。交易所买卖基金（ETF）已成为两所在产品发展合作的切入点。目前若干家内地基金管理公司已在积极准备发行与港股相关的ETF，日后两所在ETF的交流和合作可望陆续扩展至开发债券ETF、黄金ETF和交叉挂牌等各方面。除ETF外，两所也可以在资产证券化产品、权证、牛熊证、期权等交易产品方面寻求进一步合作。双方去年已携手参与ETF市场发展论坛，并同意今年稍后将参照去年ETF市场发展论坛的形式，以上市结构性产品为主题举办另一论坛。

5. 双方同意在现有基础上如何深化信息产品发展方面的合作；例如探讨合作编制以两所证券为成分股的指数，以吸引投资者进一步扩大两所在全球市场的影响力。

6. 双方同意两所人员继续交流及培训。双方同意两所管理层每年会晤两次，双方轮流主办，回顾年内业务交流和培训的进度，并订定来年之交流及培训计划。培训计划可包括两所行政人员会晤，介绍各自市场的最新发展，亦可互派人员至对方作短期访问学习。两所去年已安排各自的行政人员在对方相关部门培训，并同意继续有关活动。

2009年底，沪港双方共同设立“沪港金融高管联席会议机制”，作为常设性高管合作机制，是以推动沪港金融中心的联合与创新为宗旨的智库，由金融业高管及专家学者组成。2009 年 12 月 3 日，为了从沪港金融中心合作的基础上推进金融高管合作及寻求跨中心市场发展共赢模式的解决之道，由香港特区政府驻上海经济贸易办事处、上海市对外服务有限公司、上海国际金融学院等联合沪港两地政府、监管机构、金融企业共同举办的“沪港金融高管联席会议机制第一次专题研讨会”在上海召开，沪港两地金融机构、监管层和学术机构的近 30 名专家出席会议。上海市委常委、副市长屠光绍就“后危机时代的沪港金融中心合作”发表讲话。他指出沪港金融中心合作首先要面向全球，明确金融中心合作的国家战略目标，增强中国在国际金融舞台上的话语权及影响力。同时应面对未来，共同拓展合作的空间。无论是香港的未来发展和中国内地的结构调整与转变增长方式，均有巨大的上升空间和金融服务需求。上海银监局局长阎庆民认为，沪港两地深入合作有三方面，包括借势发展，借香港的发展；联动发展，人民币逐渐国际化发展当中上海依赖香港发展；协同发展，在法律体制、监管体制等方面进行探索。而香港特区政府财经事务及库务局副局长梁凤仪就如何通过两地金融市场、高管人才的交流合作进一步支持上海发展国际金融中心，深入阐述了观点。此外，上海国际金融学院院长陆红军则表示，沪港金融高管的联合与一体化，是后危机时代中国时区国际金融中心国家战略的重要支撑。他建议沪港金融高管形成定时定期的联席会议机制，采取“会对会、所对所、机构对机构”的方式开展持续深入的合作。2010 年 7 月 20 日，“沪港金融高管联席会议第二次专题研讨会”在上海举行。上海市委常委、副市长屠光绍在会上表示，香港和上海两方面互动有一个前提，即两个市场都要发展才能形成互动，比如债券市场。如果上海本土的债券市场体系健全了，会推动香港的离岸中心进一步扩大。同时，香港特区政府中央政策组顾问邵善波表示，目前香港人民币债券市场始终难以得到蓬勃发展，最重要的原因仍是债券发行量较小、没有买卖市场。他建议，央行可以考虑进一步推进人民币在香港的流动。2011 年 2 月 18 日，“沪港金融高管联席会议第三次专题研讨会”在上海举行。在“主动　主导：转型期的国际金融中心领导力”这一主题下，参加会议各方从“‘十二五’规划与沪港金融合作”“人民币产品国际化的沪港合作”“内地金融机构以香港平台实现国际发展战略”“黄金市场的沪港合作”等专题展开深入讨论。包括上海市委常委、副市长屠光绍，香港特区政府财经事务及库务局副局长梁凤仪、大连市金融工作委员会副书记左振平等三地金融高层在上海探讨了如何从机制层面为深化内地与香港金融合作铺路，并首次尝试将第三方纳入沪港合作平台。2009 年 12 月 7 日，由市金融服务办公室（金融办）、市人民政府台湾办公室、市人民政府港澳事务办公室和黄浦区政府共同主办的“外滩金融传承与创新—2009 两岸三地金融论坛”在上海半岛酒店举行。来自大陆和港澳台金融企业界约40名代表、专家学者，围绕上海国际金融中心建设，两岸三地金融机构如何抓住机遇发挥作用等问题展开深入探讨。

香港特区政府财经事务及库务局数据显示，人民币跨境贸易结算试点已成为香港人民币存款快速增长的重要原因。2010年下半年跨境贸易通过香港的银行结算占中国对外贸易结算的50%到60%。由此带动香港的人民币存款量上年初不到600亿元增长到年底的3000亿元。此外，2010年底共有48家内地背景的集团公司，包括证券、基金、期货、银行，以及非金融类企业在香港开设分支机构，其中上海背景的金融机构有14家，包括海通、国泰君安、申银、汇添富、海富通、东方证券等。2011年1月16—19日，市人民政府港澳事务办公室、市金融服务办公室与上海证交所组团赴港出席第四届亚洲金融论坛。其间，代表团走访考察香港特区政府政制及内地事务局和部分香港金融机构，就进一步加强沪港两地交流、促进沪港两地金融领域合作进行探讨。2011年2月在上海举行的"沪港金融高管联席会议第三次专题研讨会"上，包括上海市副市长屠光绍、香港特区政府财经事务及库务局副局长梁凤仪、大连市金融工作委员会副书记左振平三地金融高层在上海探讨如何从机制层面为深化内地与香港金融合作铺路，并首次尝试将第三方纳入沪港合作平台。2011年3月7日，香港特区行政长官曾荫权在北京大学发表《香港在国家未来现代化的角色：从人民币国际化和国家城镇化谈起》的演讲，指出上海是内地的龙头金融中心，与香港并不存在直接竞争，更多是协调互利的关系。香港与上海加强合作，可以推进国家各个金融市场的深度、广度和国际化，达致多赢。他表示，"在岸"的金融中介活动，是上海的强项，香港也一定全力支持，并会协助上海发展跨境国际业务。同时，香港会全力发展"离岸"人民币业务，配合国家资本账开放和人民币逐步面向国际的政策，这也离不开上海的支持。具体而言，在内地资本项目未完全开放之前，内地的资金融通肯定会继续以人民币为主要计算单位，外资包括香港的市场参与程度仍然有限，需要上海、深圳等致力发展"在岸"的人民币业务。同时，由于资本项目还有管制，香港的作用是提供高效的金融平台和广阔的国际网络，稳妥地推进人民币离岸业务，帮助内地逐步与国际市场接轨。2011年4月13日，上海钻石交易所和香港钻石总会在香港钻石总会总部举行双方战略合作协议签约仪式。为深化大陆和香港钻石行业的交流合作，促进两地钻石贸易产业的快速发展，上海钻石交易所和香港钻石总会经友好协商，就以下几个主要方面的进一步合作达成共识：（1）确保2011年经由香港直接出口至上海钻石交易所的钻石贸易总额超过8亿美元并争取逐年递增。（2）彼此开放交易所服务平台并实现信息资源共享，最大限度地为双方会员的交易活动提供便捷服务。（3）为对方在本方市场的业务推广计划和实施方案提供辅助支持。（4）设立双方管理高层定期会晤机制。为确保该合作协议的顺利实施，双方将各自成立工作小组来进一步协调并保证以上各点的落实。

2012 年 1 月，国家发展和改革委员会发布的《“十二五”时期上海国际金融中心建设规划》表示，上海和香港未来金融合作将更多地面向全球，进一步拓宽视野，更好地服务于中国提升在全球金融体系中的综合实力和影响力。2012 年 6 月推出的沪港金融专业大学本科生交流及考察计划，让参与的两地学生有机会到当地金融机构考察及参观政府机关、金融监管机构和交易所等。截至 2017 年 2 月，已有超过 260 名学生参与计划。“沪港金融专业大学生交流及考察活动”是上海市政府和香港特别行政区在 2012 年“沪港经贸合作第二次会议”上签署的《关于加强沪港金融合作的备忘录》所确定的重要举措。自 2012 年起，每年从沪港两地高校选派近 30 名金融专业学生，进行双向交流学习考察，及进入金融机构进行工作体验。2012 年 10 月 30 日，由香港交易所、上海证券交易所和深圳证券交易所三方联合设立的合资公司中华证券交易服务有限公司（中华交易服务）正式投入运营，中华交易服务根据三方在 2012 年 6 月签订的协议而设，主要业务是开发金融产品及相关服务。2014 年 4 月 10 日，李克强总理在博鳌亚洲论坛闭幕式发表演讲时表示，要扩大服务业包括资本市场的对外开放，譬如积极创造条件建立上海与香港股票市场交易互联互通机制，进一步促进中国内地与香港资本市场双向开放和健康发展。就在当天下午，证监会网站便发布消息称，证监会已经与香港证券及期货事务监管委员会决定，原则批准上交所与港交所开展沪港股票市场交易互联互通。2014 年 11 月 17 日上海与香港股票市场交易互联互通机制“沪港通”正式启动。沪港通丰富了交易品种，优化了市场结构，为境内外投资者投资 A 股和港股提供便利和机会，有利于投资者共享两地经济发展成果，促进两地资本市场的共同繁荣发展；有利于拓展市场的广度和深度，巩固香港国际金融中心地位，加快建设上海国际金融中心，增强我国资本市场的整体实力；有利于推进人民币国际化，提高跨境资本和金融交易可兑换程度。上海、深圳与香港资本市场均已实现互联互通，这对于投资观念、上市公司治理、资本市场制度建设等方面具有深远影响，将加速 A 股国际化进程，推动人民币国际化。沪股通开通时有总额和每日额度限制，此后，在 2016 年取消了总额限制，2018 年 4 月，陆股通及港股通的每日额度均扩大三倍。开通沪港通及深港通，便利国际投资者经由香港市场更全面地投资内地市场，同时有助内地资本市场进一步对外开放和人民币国际化。

2010—2014 年，沪港金融合作不断取得新的成果。一是机构互设不断增加。银行方面，浦发银行在港设立了分行，上海银行通过收购在港成立了子公司；4 家香港银行（汇丰银行、东亚银行、恒生银行、南洋商业银行）在沪设立法人银行，另有 5 家香港银行和信用卡公司在沪设立代表处。证券方面，国泰君安等 5 家证券公司在香港拥有经营性分支机构；华安基金等 8 家基金公司在港成立全资子公司；此外，根据 CEPA 补充协议十及中国证监会有关要求，在上海发起设立符合条件的合资券商工作也在有序推进之中，中银国际证券等 3 家港资合资证券、期货公司注册在上海，里昂证券等 3 家欧美金融机构通过其香港子公司在上海成立合资证券公司；另有 23 家香港证券公司或欧美金融机构通过其香港子公司在上海成立代表处。保险方面，太保集团在港控股中国太平洋保险（香港）有限公司，汇丰人寿及民安保险上海分公司在上海设立，另有 8 家香港保险公司和 1 家保险公估公司在上海设有分公司或代表处。二是市场合作日益深入。2009 年，上海证券交易所与香港交易所签订《更紧密合作协议》，在高层对话、技术与产品上开展一系列合作。2012 年 9 月，上海证券交易所、深圳证券交易所和香港交易所共同在香港出资成立中华证券交易服务有限公司，先后推出了中国 120 指数、中国 A80 指数、沪港通 300 指数以及相关衍生产品。2012 年 10 月，易方达恒生中国企业 ETF 在上海证券交易所正式挂牌交易，成为内地首发的两支港股 ETF 之一。2012 年 12 月，香港交易所在上海成立数据枢纽——港辉金融信息服务（上海）有限公司，成为内地首家境外金融信息服务机构，为内地投资者提供更为可靠的香港市场数据。2014 年 11 月，“沪港通”启动，这是中国资本市场对外开放的重大制度创新，具有里程碑式的意义，也标志着沪港金融合作进入新的阶段。

2014 年 11 月，在上海市政府金融服务办公室和上海金融业联合会的直接指导下，13 家在港的上海金融机构联合发起成立香港上海金融企业联合会。沪港金融企业联合会充分发挥窗口、平台作用，多次在沪港两地举办大型论坛，推动沪港金融业实现信息共享、创新互动、合作共赢，成为联系沪港两地金融企业的桥梁和纽带。随着香港国际金融中心的不断巩固和上海国际金融中心的持续建设，香港上海金融企业联合会先后在 2015 年 3 月，举办以“中国黄金市场走向全球”为主题的沪港金融业合作交流研讨会；2015 年 8 月，协同内地、香港和台湾多家机构共同主办“2015 上海金融高峰论坛”，促进内地、香港和台湾金融界的深度对话；2016 年 12 月，举办以“新形式下沪港金融合作的机遇和挑战”为主题的第一届沪港金融论坛；2017 年 10 月，举办第二届沪港金融合作论坛，邀请香港、上海逾 100 位金融业界精英代表出席，共同探讨如何借力“一带一路”政策加强沪港金融互联互通。2015 年 7 月，上海黄金交易所依托上海自贸试验区和香港离岸人民币市场，引入香港金银业贸易场作为第一家交易所类机构特殊会员，正式推出“黄金沪港通”。到 2015 年底，香港金银业贸易场共成交人民币公斤条超过 4500 公斤，成交金额超过 10 亿元。三是在跨境人民币使用方面的合作进一步加强。2009年7月，跨境贸易人民币结算试点在上海启动，首单跨境交易就是通过上海与香港的银行合作完成的。2011年5月，上海市金融服务办公室和香港财经事务及库务局联合组团赴海外推介人民币国际化业务。2014年9月，两地又在上海共同举办“离岸金融产品介绍会”。香港已经成为全球最重要、最领先的人民币离岸中心之一。这些都充分体现了两地在推进人民币国际化进程中发挥的重要作用。

2014年9月14日，首届沪港金融高峰论坛在上海举行，由中欧国际工商学院与香港金融管理学院联合主办。沪港两地金融机构负责人、行业领军人物、企业家及专家学者围绕“金融开放进程中沪港金融合作”主题，聚焦“人民币国际化”“自贸区金融改革”及“沪港通”等议题展开交流。2014年9月19日，上海黄金交易所与香港金银业贸易场（The Chinese Gold and Silver Exchange Society）[①]签订合作协议，双方约定，未来将以交易所国际板为契机，进一步加强合作，共同推动中国黄金市场的发展和对外开放。2015年7月10日，上海黄金交易所与香港金银业贸易场开通“黄金沪港通”。在此机制下，上海黄金交易所引入香港金银业贸易场作为交易所类机构特殊会员，香港投资者可直接参与内地黄金交易。经中国人民银行批准，“黄金沪港通”创新了清算安排，香港金银业贸易场内会员和投资者只需在中银香港开户，就可参与上海黄金交易所主板、国际板的交易。“黄金沪港通”实现了两地黄金市场互联互通，香港投资者将能直接参与内地黄金交易，有利于提升内地黄金市场的国际影响力。除“黄金沪港通”外，在中国人民银行指导下，上海黄金交易所正与芝加哥商品交易所集团、迪拜商品交易所等境外交易所商讨合作，以进一步提升中国黄金市场的国际影响力和定价权。2015年5月，中国证监会与香港证监会签署《关于内地与香港基金互认安排的监管合作备忘录》，允许符合资格的内地与香港基金通过简化程序在对方市场销售，初始投资额度为资金进出各3000亿元人民币，7月1日起正式实施。实施内地与香港基金互认安排，让符合资格的两地基金只要通过简易的审核程序获得对方的监管机构认可或许可，便能直接在对方市场向公众投资者进行销售。截至2017年2月底，共有54个内地及香港基金在此安排下获批，净销售额约74亿元人民币。2016年6月13日，随着“十三五”规划贯彻落实，上海国际金融中心建设、中国上海自由贸易区建设的不断深入推进，两地金融业发展将面临新的重要契机。沪港双方根据金融业发展新趋势，上海市金融服务办公室与香港特别行政区政府财经事务及库务局拟定了《关于

① 香港金银业贸易场成立于1910年，是香港金银等贵金属的交易场所，是香港唯一进行实货黄金买卖的黄金交易所，在国际金市中扮演重要角色。

深化沪港金融合作的协议》。《协议》在原有《备忘录》的基础上，强调两地全面加强联动，将原有《备忘录》三方面优先合作领域，拓宽到了加强金融市场、金融机构、金融业务和产品、金融人才、金融科技以及金融监管六方面联动，并明确了具体内容和合作重点。

沪港还将充分发挥金融市场体系，在推动金融合作中的积极作用，促进两地金融市场组织在各自监管框架下的合作深化，支持和鼓励上海证券交易所按内地监管机构的要求与香港交易及结算所有限公司在企业上市、产品开发、产品合作、信息互换等方面加强合作。沪港金融合作备忘录还明确鼓励两地政府部门、金融市场组织、金融机构、行业协会等加强金融人才培训和交流方面的合作，支持在香港的金融人才培训机构和资质认证机构来上海发展，开展紧缺和高端金融人才培训项目，为两地进行人才交流提供更多便利。香港特别行政区政府财经事务及库务局和上海市金融服务办公室还将联合牵头，组织和协调两地政府部门、金融监管部门、金融市场组织的代表，每年定期在沪港两地轮流召开会议，讨论加强沪港金融合作的重要内容。2019 年 11 月 28 日，香港交易及结算所有限公司在上海与上海航运交易所签订合作备忘录，旨在金融和航运领域开展合作，共同推动中国内地航运价格的国际化进程。两家交易所计划在市场调研、产品研发、市场推广以及业务培训等方面展开深入合作，以此促进中国内地航运指数的金融化。国家“十二五”（2011—2015）和“十三五”（2016—2020）时期，要根据国家统一部署，进一步发展沪港金融的互补、互助、互动关系，完善沪港金融合作机制，加强沪港在金融市场、机构、产品、业务、人才等方面的交流合作，支持沪港金融市场产品互挂。

第二节　沪港金融合作工作会议

2009 年 4 月，国务院在《关于推进上海加快发展现代服务业和先进制造业建设国际金融中心和国际航运中心的意见》中就明确提出，在内地与香港金融合作框架下，积极探索上海与香港的证券产品合作，推进内地与香港的金融合作和联动发展。2010 年 1 月 19 日，上海市金融服务办公室与香港特别行政区政府财经事务及库务局在香港签署《关于加强沪港金融合作备忘录》，促进两地金融业的交流合作。上海市委常委、副市长屠光绍和香港特区政府财政司司长曾俊华出席签约仪式。上海市金融服务办公室主任方星海与香港财经事务及库务局局长陈家强分别代表双方在《备忘录》上签字。根据《备忘录》，沪港确定金融市场发展、鼓励和支持金融机构互设、加强金融人才培训与交流等方面为双方金融合作的优先领域。其中包括鼓励和支持两地的商业银行、保险公司、证券公司、基金管理公司、私募股权基金等互设分支机构和拓展业务，为两地有合作意向的机构在资本、技术、研发、业务等方面的交流合作提供支持和便利。香港和上海将在三个方向上加强合作。第一是加强香港和上海金融合作的总体目标。香港和上海会在《内地与香港关于建立更紧密经贸关系的安排》框架下，以国务院关于上海国际金融中心建设的精神为指引，按照“优势互补、互惠共赢”的原则，加强合作，扩大交流，相互促进，共同繁荣，共同增强国家金融业的国际竞争力。第二个方向是确定香港和上海金融合作的优先领域，包括加强在金融市场发展方面的合作，鼓励、支持金融机构互设，以及加强金融人才培训和交流的合作。香港和上海将促进两地金融市场组织在各自监管框架下的合作深化，支持和鼓励上海证券交易所与香港交易及结算所有限公司在企业上市、产品开发、产品合作、信息互换等方面加强合作。第三个方向是健全两地金融对话与交流。特区政府财经事务及库务局与上海市金融服务办公室联合牵头，组织和协调两地政府部门、金融监管部门和金融市场组织的代表，每年定期在两地轮流召开会议。2016 年 6 月 13 日，上海市金融服务办公室与香港特别行政区政府财经事务及库务局在上海签署《关于深化沪港金融合作的协议》，上海市金融服务办公室主任郑杨、香港特别行政区政府财经事务及库务局局长陈家强共同签署协议。上海市政府港澳事务办公室、在沪金融监管部门、金融市场、港资金融机构代表出席并见证签署仪式。《协议》在原有《备忘录》的基础上，强调两地全面加强联动，并通过合作更好地服务国家战略与两地经济、金融发展。《协议》将原有备忘录三方面优先合作领域，拓宽到加强金融市场、金融机构、金融业务和产品、金融人才、金融科技以及金融监管六方面联动，并明确具体内容和合作重点，其中一个重要合作方向是沪港两地金融代表定期召开会议，建立完备的金融对话与交流，促进双方在金融领域的交流和合作。

沪港金融合作第一次工作会议

2010 年 7 月 20 日，沪港金融合作第一次工作会议在上海召开。上海市金融服务办公室、中国人民银行上海总部、上海银监局、上海证监局、上海保监局及上海证券交易所相关负责人参加会议并就沪港金融领域的合作情况进行交流。

沪港金融合作第二次工作会议

2012 年 1 月 6 日，沪港金融合作第二次工作会议在上海举行，两地政府部门，金融监管机构和交易所的代表借此机会推进上海与香港在金融方面的合作。上海市金融服务办公室副主任范永进和香港特别行政区政府财经事务及库务局常任秘书长（财经事务）区璟智分别在会议上介绍香港及上海金融服务业的最新发展，双方代表并就共同关注的金融议题进行讨论，有关议题包括加强两地金融业务和产品合作，深化两地金融人才培训和交流，及加强金融机构合作。区璟智向沪方简介香港金融业的发展重点，包括发挥国际融资功能，推动人民币离岸业务，扮演内地金融企业和机构“走出去”的平台，和强化资产管理业务。在金融业务和产品方面，双方就共同推动以人民币境外合格机构投资者方式（即 RQFII）投资上海资本市场，以及港股 ETF（交易所交易基金）产品在上海证券交易所上市进行讨论，并探讨推出更多 ETF 产品的可能性。此外，双方代表就在沪金融机构及企业在港发行 H 股和人民币债券，上海期货交易所与香港交易所进行资讯交换、人员培训交流和全面业务合作，以及在航运保险发展等范畴进行交流。双方回顾去年在东南亚合办的路演，并表示联合路演有助推广两地金融服务，既可加深海外市场对跨境人民币业务的认识，亦可促进沪港两地的互补、互助、互动。在金融人才培训和交流方面，双方讨论沪港金融专业大学本科生交流及考察试点计划（试点计划），让两地金融业未来人才对沪港金融体系和财经市场运作有更深入了解。在港方面，将由香港财经界人力资源谘询委员会负责策划该计划。试点计划将提供多元化的行程，活动内容包括参观政府部门、金融监管机构及交易所等，并到企业进行工作体验及实习。

沪港金融合作第三次工作会议

2013 年 3 月 4 日，沪港金融合作第三次工作会议在香港举行。香港特区政府财经事务及库务局局长陈家强和上海市金融服务办公室主任方星海在会上介绍双方金融服务业的最新发展。双方代表讨论共同关注的金融议题，包括加强两地金融业务和产品合作，深化两地金融人才培训和交流。在加强两地金融业务及产品合作方面，双方鼓励符合条件的在沪金融机构和企业来港发行人民币债券、H 股等有价证券，利用香港平台进行融资；鼓励上海背景的金融机构在香港的子公司参与 RQFFI 试点计划；为上海背景的金融机构在港开展综合化金融服务提供便利；研究香港交易所与在沪交易所深化合作；以及鼓励、支持两地金融机构互设等议题进行讨论。双方代表就加强金融监管方面的合作进行交流，探讨相关的金融市场立法、执法及司法经验，讨论沪深港交易所合资公司及港交所在沪金融信息服务公司业务的发展情况，并表示会继续探索深化两地交易所未来合作的路向。在金融人才培训和交流方面，双方同意续办“沪港金融专业大学本科生交流及考察试点计划”等互派活动，继续推进两地人员交流，让两地金融业未来人才对沪港金融体系和财经市场运作有更深入了解。该计划提供多元化的行程，活动内容包括参观政府部门、金融监管机构及交易所等，并到企业进行工作体验及实习。

沪港金融合作第四次工作会议

2014 年 4 月 3 日，沪港金融合作第四次工作会议在上海召开。两地政府部门、金融监管机构和交易所的代表借此机会推进上海与香港在金融方面的合作。上海市金融服务办公室主任郑杨和香港特别行政区政府财经事务及库务局局长陈家强，在会议上分别介绍沪港金融服务业的最新发展。双方代表并就共同关注的金融议题进行讨论，包括加强两地金融业和产品合作；以及深化两地金融人才培训和交流。沪方介绍中国（上海）自由贸易试验区（自贸区）金融措施的落实进展，双方并就自贸区成立为沪港的金融合作带来的机遇作交流，特别是探索如何加强自贸区与香港在跨境人民币业务方面的合作；以及为香港金融机构进入自贸区提供更多便利。在加强两地金融业及产品合作方面，双方同意鼓励上海背景的金融机构在香港的子公司参与设立更多“人民币合格境外机构投资者”（即 RQFII）及“合格境外机构投资者”（即 QFII）试点计划，推出更多元化的投资产品，拓展资产管理业务。此外，双方同意鼓励符合条件的上海金融机构和企业赴港发行人民币债券、H 股等有价证券，并鼓励证券类金融机构来香港设立分支机构，以充分利用香港平台融资及开拓国际业务。在保险业务方面，双方将加强跨境人民币再保险合作，并会提倡发展香港人民币保险业务，促进沪港两地双向跨境人民币再保险业务。两地的交易所亦就资讯交流、人才培训及业务合作探讨未来加强合作的方向。在金融人才培训和交流方面，双方赞同续办“沪港金融专业大学本科生交流及考察试点计划”等活动，继续推进两地人员交流，让两地金融业未来人才对沪港金融体系和财经市场运作有更深入了解。该计划行程多元化，涵盖参观政府部门、金融监管机构及交易所等参访学习活动，并为学生提供机会到企业进行工作体验。

沪港金融合作第五次工作会议

2015 年 4 月 9 日，沪港金融合作第五次工作会议在上海召开。两地政府部门、金融监管机构和交易所的代表藉此机会加强香港与上海在金融方面的合作。上海市金融服务办公室主任郑杨和香港特别行政区政府财经事务及库务局局长陈家强，在会议上分别介绍港沪金融服务业的最新发展。双方代表就共同关注的金融议题进行讨论，包括“沪港通”的落实情况、加强两地跨境人民币业务、证券、期货及保险业方面的合作，以及深化两地金融人才培训和交流。陈家强在会上表示，“沪港通”打通香港和上海两地股票市场，开创两地资本市场互联互通的新篇章。两地将共同检视“沪港通”开通以来的运作及交易情况，并总结市场意见，以进一步完善计划。此外，沪方介绍中国（上海）自由贸易试验区（自贸区）的最新发展，以及各金融措施的落实情况，双方并探讨如何进一步推进自贸区与香港在跨境人民币业务方面的合作，促进两地之间的资金流动和使用。在加强两地证券及期货业合作方面，双方同意鼓励上海的金融机构充分利用香港的平台进行投资和融资活动，并争取让更多香港证券类金融机构在上海开展多元化的业务。保险业方面，双方将加强跨境再保险合作，以开展沪港两地双向跨境再保险业务。就金融人才培训和交流，双方同意续办“沪港金融专业大学本科生交流及考察计划”，以及推动两地金融人才交流和合作。

沪港金融合作第六次工作会议

2016年3月1日，沪港金融合作第六次工作会议在香港举行，香港特别行政区政府财经事务及库务局局长陈家强和上海市金融服务办公室主任郑杨分别介绍港沪金融业发展的最新进展及合作情况，两地政府部门、金融监管机构和交易所的代表藉此机会探讨如何进一步加强香港与上海在金融领域的合作。双方代表讨论多项共同关注的议题，包括中国（上海）自由贸易试验区金融服务的最新情况，两地在跨境人民币业务、证券、期货及保险业方面的合作和人才交流，以及金融科技的发展。陈家强在会上表示，今年是落实“一带一路”建设的关键一年，也是国家“十三五”规划的开局之年。沪港应把握这两大策略带来的机遇，在以往坚实的合作基础上，巩固和提升香港作为内地以至世界各地企业的主要集资融资平台，担当国家与世界，尤其是“一带一路”沿线经济体的桥梁。此外，双方探讨如何加强自贸区与香港在跨境人民币业务方面的合作，促进两地之间人民币的循环和使用等内容。在加强两地证券及期货合作方面，双方就鼓励上海的金融机构充分利用香港的平台进行投资和融资活动作了深入讨论，并同意争取让更多香港证券类金融机构在上海开展多元化的业务。双方还将继续举办“沪港金融专业大学本科生交流及考察计划”，以推动两地金融人才的交流和培训。保险业方面，双方将加强跨境再保险合作，以开展沪港两地双向跨境再保险业务。

沪港金融合作第七次工作会议

2017年5月23日，沪港金融合作第七次工作会议在上海举行，两地政府部门、金融监管机构和交易所的代表在会上探讨如何加强香港与上海的金融合作。上海市金融服务办公室主任郑杨和香港特别行政区政府财经事务及库务局局长陈家强，分别介绍两地经济近况及金融服务业的最新发展。双方代表亦讨论共同关注的议题，包括服务一带一路倡议；中国（上海）自由贸易试验区（自贸区）金融改革的最新进展；两地在跨境人民币业务、证券、期货、保险业及金融科技方面的合作；以及人才培训和交流。陈家强在会上表示，随着国家正稳步落实一带一路倡议，香港和上海同为国家重要的金融中心，深化两地的金融合作，有助推动这个倡议和内地的金融改革。沪港金融合作的方向亦应与时并进，配合国家的发展。沪方介绍自贸区的最新发展，包括自贸区新近颁布的各项金融开放措施的详情及其他措施的落实情况。此外，双方探讨如何促进两地跨境人民币业务的往来。在两地证券及期货方面的合作，双方同意鼓励上海的金融机构及企业充分利用香港的平台进行投资和融资活动，并争取让更多香港证券类金融机构在上海开展多元化的业务。保险业方面，双方探讨有关保险公司开展沪港双向跨境再保险业务，以及允许香港保险产品在上海销售等课题。

沪港金融合作第八次工作会议

2018年8月23日，沪港金融合作第八次工作会议在香港举行。两地政府部门、金融监管机构和交易所的代表在会上探讨两地在跨境人民币业务、证券、期货及保险业方面的合作、绿色金融的发展和金融人才交流的计划。香港特别行政区政府财经事务及库务局局长刘怡翔和上海市金融服务办公室主任郑杨分别在会议上介绍两地的市场概况及金融服务业的最新发展，并探讨两地金融行业未来合作意向。在加强两地证券及期货合作方面，双方同意鼓励更多金融机构及企业充分利用对方的平台进行投资和融资等活动。随着香港于年初落实新的上市制度，双方同意推动更多上海生物科技及其他新经济企业赴港上市。保险业方面，在近期公布的优惠措施下，内地保险公司在分出业务予香港合资格的再保险公司时，资本额要求将会降低。沪港双方同意加强跨境再保险合作，并探索建立保险业“一带一路”再保险的合作伙伴关系。双方还将继续举办“沪港金融专业大学本科生交流及考察计划”，以推动两地金融人才交流和培训。

刘怡翔表示，国家改革开放已进入新阶段，并正着力提升金融业的竞争力及资本市场的持续健康发展。其中，沪港通下的每日额度于5月扩大至原来的4倍，为国际及内地投资者提供更多便利。他期待香港与上海在多方面加强金融合作，为国家面向全球双向开放发挥更大作用。沪方则介绍上海市自贸区的最新发展，包括自国务院《全面深化中国（上海）自由贸易试验区改革开放方案》发布以来，各项金融措施的落实情况。此外，双方还探讨如何加强自贸区与香港在跨境人民币业务方面的合作。

第三节　沪港通

沪港通是指上海证券交易所和香港联合交易所允许两地投资者通过当地证券公司（或经纪商）买卖规定范围内的对方交易所上市的股票，是沪港股票市场交易互联互通机制。沪港通包括沪股通和港股通两部分：沪股通是指投资者委托香港经纪商，经由香港联合交易所设立的证券交易服务公司，向上海证券交易所进行申报（买卖盘传递），买卖规定范围内的上海证券交易所上市的股票；港股通是指投资者委托内地证券公司，经由上海证券交易所设立的证券交易服务公司，向香港联合交易所进行申报（买卖盘传递），买卖规定范围内的香港联合交易所上市的股票。

2007年11月5日，国务院总理温家宝表示，迟迟没有开通港股直通车，政府是从四个方面来进行考量。2009年国务院19号文件提出适时推出国际板，引入国际公司股票，后未有实质性进展。2011年8月，中国证监会宣布推出港股ETF基金，亦被称为“港股小直通车”。2013年11月，中共十八届三中全会提出“推动资本市场双向开放，有序提高跨境资本和金融交易可兑换程度”。

国务院总理李克强在2014年4月10日的博鳌论坛上发表主旨演讲指出，将着重推动新一轮高水平对外开放，其中扩大服务业包括资本市场对外开放是重要方面。并称此后将积极创造条件，建立上海与香港股票市场交易互联互通机制，进一步促进中国内地与香港资本市场双向开放和健康发展。同时将在与国际市场更深度的融合中，不断提升对外开放的层次和水平。2014年4月10日，中国证券监督管理委员会和香港证券及期货事务监察委员会发布《中国证券监督管理委员会　香港证券及期货事务监察委员会　联合公告》，决定原则批准上海证券交易所、香港联合交易所有限公司、中国证券登记结算有限责任公司（简称中国结算）、香港中央结算有限公司（简称香港结算）开展沪港股票市场交易互联互通机制试点（简称沪港通）。2014年11月17日，对于中国资本市场发展具有里程碑意义的“沪港通”正式启动。“沪港通”是我国资本市场对外开放的重要内容，有利于推动人民币国际化，有利于促进内地与香港资本市场共同发展，巩固上海和香港国际金融中心地位，更好地服务国家战略、服务实体经济。中共中央政治局委员、上海市委书记韩正，中国证监会主席肖钢在上海证券交易所共同为“沪港通”首日交易鸣锣开市。肖钢表示，沪港通意义重大，影响深远，它丰富交易品种，优化市场结构，为境内外投资者投资A股和港股提供便利和机会，有利于投资者共享两地经济发展成果，促进两地资本市场的共同繁荣发展。有利于拓展市场的广度和深度，巩固香港国际金融中心地位，加快建设上海国际金融中心，增强我国资本市场的整体实力，有利于推进人民币国际化，提高跨境资本和金融交易可兑换程度。

沪港通包括“沪股通”和“港股通”两部分。其中，港股通，是指内地投资者委托内地证券公司，经由上交所设立的证券交易服务公司，向联交所进行申报，买卖规定范围内的香港联交所上市的股票。沪股通，则是指香港投资者委托香港经纪商，经由联交所设立的证券交易服务公司，向上交所进行申报，买卖规定范围内的上交所上市的股票。2014 年 8 月 7 日，上海证券交易所向各证券公司下发《上海证券交易所沪港通试点办法（草案）》。在获得证监会批准后，上交所将正式发布《沪港通试点办法》，这之后券商就可开始向交易所申请办理开通港股通交易权限事宜。2014 年 9 月 4 日，港交所旗下的联交所、香港中央结算有限公司、上海证券交易所、中国证券登记结算有限责任公司，就建立沪港通订立“四方协议”，明确各方就沪港通股票交易、结算、存管、市场监察的各项权利及义务，该协议是沪港通最为基础性的操作文件。2014 年在 9 月 19 日证监会的例行通气会上，新闻发言人张晓军表示，8 月 30 日、9 月 13 日集中开展两次全网测试，沪港两地 180 多家券商（约占市场交易份额的 80%）参与测试。测试结果表明，各方的技术系统基本就绪，各项工作进展顺利，但具体启动时间还未确定。

上交所负责人介绍称，有关规则协议已基本定稿，针对会员沪港通技术系统的检查工作已接近尾声。此外，在跨境监管合作方面，“已就两所监察合作事宜达成一致”。2014 年 9 月 26 日，《上海证券交易所沪港通试点办法》发布，同时发布的还包括《上海证券交易所港股通投资者适当性管理指引》等配套规则。沪港通规则体系基本齐备。10 月 17 日，中国证监会与香港证监会共同签署《沪港通项目下中国证监会与香港证监会加强监管执法合作备忘录》。同时，这也预示着内地与香港关于沪港通跨境监管合作的制度安排已完成。同日，中国证监会发布《关于证券公司参与沪港通业务试点有关事项的通知》，进一步明确证券公司参与沪港通业务试点有关事项。公布 89 家首批获得沪港通业务资格的券商。10 月 24 日，为解决沪港通实施后表决提案相关问题，中国证监会发布《上市公司股东大会规则（2014年修订）》和《上市公司章程指引（2014年修订）》。11月6日，证监会新闻发言人邓舸在例行发布会上回应媒体询问时表示，沪港通试点的各项准备工作已经到了最后阶段。他同时就沪港通试点在实行名义持有人制度下关于上市公司前十大股东信息披露、持股5%以上股东信息披露、境外投资者持股比例上限计算和认定、资产管理公司或集团公司的权益披露等问题进行了详细介绍。11月9日，参加APEC第二十二次领导人非正式会议的香港特首梁振英表示，习近平总书记当面回应他说沪港通很快就会正式推出。11月10日，中国证券监督管理委员会、香港证券及期货事务监察委员会决定批准上海证券交易所、香港联合交易所有限公司、中国证券登记结算有限责任公司、香港中央结算有限公司正式启动沪港股票交易互联互通机制试点（以下简称沪港通）。2014年11月17日，沪港通正式启动。2018年4月11日，中国人民银行行长易纲在博鳌亚洲论坛上宣布，自5月1日起沪港通每日额度扩大4倍。同日，中国证监会、香港证监会发布联合公告，沪股通每日额度从130亿元人民币调整至520亿元人民币，沪港通下港股通每日额度从105亿元人民币调整到420亿元人民币。截至2018年11月16日，平稳运行四年的沪港通累计成交金额达10.31万亿元人民币。其中，沪股通累计共930个交易日，交易金额6.05万亿元人民币，日均交易金额65.02亿元人民币；港股通累计共912个交易日，交易金额4.27万亿元人民币，日均交易金额46.77亿元人民币。截至2022年7月，累计成交金额高达52万亿元人民币。

第四章　科技领域

沪港两地在经贸方面的合作空间很大，尤其在创科、金融服务和专业和高增值服务方面。一直以来，香港和上海的大学和研发中心有很好的合作。例如香港大学、香港科技大学及香港理工大学分别跟上海市肿瘤研究所、中国科学院上海有机化学研究所和中国科学院上海生命科学研究院神经科学研究所等合作，在香港建立国家重点实验室伙伴实验室。香港科技园也与上海市科技创业中心签署合作协议，促进沪港两地科创企业在科技交流、产业推进和成果转化等方面的合作。

近年来，随着上海建设具有全球影响力的科技创新中心和香港建设国际创新科技中心的推进，沪港两地在科技创新领域的合作更加紧密。一方面，创新合作更加务实。上海与香港重点聚焦生物医药、新材料、电子信息、先进重大装备等领域，共同支持双方科研人员联合开展创新活动。中国科学院上海药物研究所与香港中文大学联合成立“促进中药全球化联合实验室”；上海交通大学与香港大学共建“精准医学联合研究中心”，与香港中文大学在糖尿病与精准医疗领域共建联合研究中心；上海光源吸引来自香港大学、香港城市大学、香港科技大学等近30个课题组开展实验，其中多篇论文发表在*Nature*、*Science*、*Cell*等顶级期刊上。

第一节　科技合作交流

改革开放后，沪港两地一直有着良好的科技交流与合作。1986年9月4—7日，上海市科学技术协会邀请香港测量师学会前任会长简福怡到沪，就开发国内房地产市场的可能性和可行性研究进行探讨、磋商，并作《关于我国建立地产市场可行性研究》报告。12月22—29日，简福怡再次访沪，出席“全国房产市场问题研讨会”，就开发国内房地产业市场的有关问题与上海房地产业同行进行探讨和研究。1988年11月8—10日，上海市科协第四次代表大会召开，香港科技协进会创会会长、香港中文大学物理系客座教授陈耀华，全国政协委员、香港简福怡仲量行测量所简福怡，京港学术交流中心总经理杨伟国，上海市政协常委、香港美罗针织集团有限公司董事副总经理林辉实，香港经纬顾问研究有限公司董事兼副总经理冯克强，香港中文大学化学系主任、中药研究中心主任张雄谋教授等6名代表与会，参观上海科协“三十年来科学工作”陈列室，并与部分科技界代表就合作和交流进行座谈。

进入 20 世纪 90 年代，沪港科技合作交流逐步走向全方位、多层次。上海 30 多家科研机构先后派出 50 多批百多人次赴港讲学。香港科技界也有百多批 300 多人次到沪访问。1991 年 2 月 22 日，同济大学、上海天平仪器厂等 26 家高校和知名企业与香港沙多利斯有限公司在沪举办“仪器仪表及电子天平技术交流会”，香港沙多利斯公司李彬华就沙多利斯天平发展历史、机构原理、特点、工业用途与国内国际同类产品的比较作重点介绍。6 月，市科协组团赴港参加 1991 年上海技术展示与贸易洽谈会。7 月 3—6 日，市对外经济贸易委员会副主任张祥带队赴港出席 1991 年上海技术展示与贸易洽谈会，10 多个单位 858 项技术成果参展，累计成交 5000 万美元。1992 年 4 月 27—30 日，中国科协邀请的香港工程师协会会长詹伯乐一行 15 人从北京抵沪访问，与市建设委员会、经济委员会负责人座谈上海浦东开发及工业发展情况，并与上海建筑、土木工程、机械工程、电机工程等学会就工程技术领域方面的合作进行商谈，参加同济大学举办的学历评审研讨会。

1995 年，上海与中国计算机学会和香港电脑学会联合主办的 1995 年香港、上海国际计算机会议分别在香港、上海召开。8 月 3 日，香港利诚国际集团董事局主席吴淞来沪，出席“利诚—复旦生物高新技术研究发展基金会”和“1995—1996 年度中标研究项目”签约仪式。“利诚—复旦生物高新技术研究发展基金会”由吴淞倡导并出资 1000 万元人民币和复旦大学共同设立。1996 年 6 月，中国科学院上海生物工程研究中心与香港科技大学等单位联合组建生命科学及生物技术联合实验，计划在神经科学、植物分子学、医药学和蛋白质分析等领域开展持久合作研究。中科院上海药物研究所从中药中首次发现并测定出石杉碱甲对老年痴呆症有治疗作用，该所利用香港科技大学气相色谱质谱仪，合作开展石杉碱甲作用的机理研究，所长陈凯先与香港量子化学家吴云东联手申请国家自然科学基金课题，联手进行药物选择性合成催化剂设计研究。1997 年 4 月，中国科学院上海昆虫研究所教授唐振华赴港，在香港虫害控制协会作题为《虫害控制技术》的报告。5 月 8—10 日，上海市科协与香港工程师学会联合在沪举办主题为“加强沪港科技合作，携手迈进 21 世纪”的沪港科技合作研讨会，两地专家学者就沪港经济、科技、教育环境以及优势互补等作学术报告，市科协所属 9 个学会和香港工程师学会下属 6 个专业部门的 150 多名技术专家就智能交通、电子工程、电机工程、生物工程、土木工程与监理、环境工程与环境保护等领域进行广泛深入的交流，双方签署科技合作与交流备忘录。同年，中科院上海冶金研究所和香港中文大学还初步达成建立联合实验室协议。中科院上海硅酸盐研究所与香港大学、香港理工大学签署互换科学家、研究生，互换科学杂志，共同组织国际会议和学术活动等内容的合作协议。1995—1997年，上海有关科研机构与香港同行签订合作项目30多个，涉及人类学、药理学、流行病学、电子计算机等多个领域。期间，沪港联合培养研究生30多人；由中科院上海有机化学研究所和香港中文大学联合主办的“世界华人有机化学专家学术研讨会”连续举办4届；上海与香港合资成立的科技企业10多家，涉及计算机开发和娱乐服务等领域，对改善上海科研单位的科研条件、引进科学管理方法、促进科技成果产业化起到积极作用。1998年4月30日，由香港中文大学、香港大学和中科院上海有机化学研究所共同组建化学合成联合实验室签字仪式在沪举行，此为中国科学院与香港首次在内地建立联合实验室。1999年1月14日，“沪港化学合成联合实验室”在沪揭幕。11月中旬，由香港理工大学和上海科技管理干部学院联合举办的技术创新高级研讨班在沪港两地开班，上海轻工、机电、医药、纺织等系统共24人赴港参加培训，并参观香港创新博览会、香港理工大学工业中心、香港工业科技中心和香港联合交易所，访问香港贸发局和香港特区工业局。2000年5月29日，上海交通大学和香港大学就筹建孵化基地及创新科技研究达成合作协议，合作方式是上海交通大学提供技术及人才，香港大学协助高技术孵化转型以达到国际标准及进入国际市场，孵化基地选定为深圳，孵化基地所需研究资金由两校同时提供以及引进商业机构投资者及风险管理基金。2001年2月7日，沪港经济发展协会在沪召开该协会科技组成立第一次会议，上海市科学技术委员会、沪港经济发展协会等沪港两地12位领导、专家出席会议，确定科技组的主要职责，以交流为主，投资次之。2003年10月28日，上海市人事局在香港召开“引进香港千名专才”信息发布会，公布沪港两地人才交流与合作的具体内容，面向香港专才发布1015个管理和专业技术职位。信息发布会以来，香港专才通过各种形式表达来沪工作的愿望。为进一步做好这项工作，市人事局还及时在香港和上海两地成立“沪港人才交流合作服务办公室”和“引进千名香港专才办公室”，为广大专才来沪工作提供全方位服务。通过向来沪工作的香港专才颁发《上海市居住证》（B证），提供各方面的配套保障，进一步营造有利于香港专才来沪工作的良好环境。“引进香港千名专才”计划，是沪港两地原有人才合作与交流良性互动局面的继续与深化。引进香港千名专才”计划是抓住CEPA实施的重大机遇，加强沪港两地人才交流合作，加快上海人才国际化进程，根据上海市政府CEPA框架下加强沪港交流合作的工作安排而制定的。2009年10月29—30日，由上海市科协和香港工程师学会联合主办的“2009沪港科技合作研讨会”在沪举行。研讨会主题为“聚焦科技智慧、与世博同行”，香港特区政府发展局秘书长、路政署署长、机电工程署副署长等8位官员和150名沪港两地科技人员出席研讨会。2013年9月27

日在沪召开，由上海市科协和香港工程师学会共同举办，以“生态文明建设与城市品质提升”为主题，沪港两地百余名专家学者、企业界代表和政府官员围绕资源、环境、交通和人口等议题展开交流。2015 年底，上海市科技创业中心与香港科技园共同签署“沪港众创空间合作协议”，拉开沪港众创空间建设合作的序幕；2018 年 8 月在沪港合作会议第四次会议上，双方又在沪港领导人的见证下续签协议；2016 年 7 月，科技部“内地与香港合作众创空间”在上海挂牌；香港理工大学等机构与杨创、同济等上海孵化器开展“点对点”合作，每年面向青年创业者开展沪港创业训练营等活动，丰富沪港创新创业的内涵。2018 年“创业在上海”国际创新创业大赛设立“沪港创业专题赛”，为两地创业者实现投融资等创业资源对接、市场拓展提供条件，特别是对落地上海的创新创业项目予以一定的资金和政策支持。2018 年 8 月，在第四次沪港合作会议上，沪港高层达成共识，要在生物科技、人工智能、智慧城市等领域开展更高水平、更深层次、更加务实的合作，继续办好沪港青年科技创新论坛。2018 年 12 月 17 日，以“共享科创机遇，共创美好未来”为主题的 2018 年沪港青年科技创新论坛在上海科技馆开幕。本次论坛是落实第四次沪港合作会议的重要举措，会上，市科委副主任傅国庆与沪港经济发展协会会长姚祖辉签署《关于加强沪港创新科技合作交流的协议》。协议内容十分丰富，包括：(1) 鼓励和支持沪港两地的高校与科研机构合作开展科学研究项目、共建联合实验室，申请大科学设施相关重点课题；鼓励和支持在沪香港科技机构和科技企业参与上海市研发公共服务平台建设。(2) 引导在沪港资科技企业或科技创业团队运用“科技创新券”等优惠政策，开展科技创新活动；鼓励和支持香港科技人才及学生在上海创新创业，积极参加创新创业大赛。(3) 推动两地创业孵化机构、科技服务机构开展沪港两地创新创业政策的宣讲；依托上海市科技创业中心“内地与香港众创空间”，为香港创新创业人才与团队提供创业实习基地，开展创业培训；定期共同举办“沪港青年科技创新论坛”，推动两地科技企业和科技青年开展科技创新活动；开展沪港科技企业相关政策课题研究等。2018 年 12 月，上海科技交流中心、上海市科技创业中心、沪杏科技图书馆、沪港经济发展协会、香港杏范教育基金会共同主办的“第二届沪港青年科技创新论坛”在上海科技馆举办，以“共享科创机遇，共创美好未来”为主题，沪港两地的知名专家、学者以及青年科技工作者、创业者、大学生约 300 人参会。

2019 年 4 月，上海市经济信息化委组团赴香港参加香港国际资讯科技博览会 2019、香港春季电子产品展和 2019 互联网经济峰会，应邀参加上海-香港-东盟智慧城市合作交流会。其间，市北高新园区在香港会展中心举办中国大数据产业之都沪港合作推进会，近百家企业和展商参加。上海软件园组织园区一批软件信息服务领域企业赴香港国际资讯科技博览会参展。2020 年 11 月 9 日，上海科学技术交流中心作为香港科技园主办的“2020 电梯募投大赛”的全球合作伙伴，推荐 3 个智慧城市项目参赛。全年出台政策支持港澳企业技术改造项目 8 个，总投资约 18 亿元，涵盖电子、汽车、医药、食品等领域。市教委指导各高校通过香港文凭考试、港澳台联招考等渠道做好港澳招生工作，秋季学期共招收港澳新生 324 人。2020 年度“科技创新行动计划”港澳台科技合作项目中，共有 7 个沪港、3 个沪澳的科技合作项目立项，每项获 35 万元支持。2021 年 10 月 22 日，由中国科协指导，上海市科协、香港工程师学会和青浦区政府共同主办的，2021 沪港科技合作研讨会—上海青年科技人才专题圆桌论坛在北斗西虹桥基地召开，来自相关科研院所、高校、企业等机构的青年专家学者参加圆桌论坛，并实地考察了北斗西虹桥基地。2021 沪港科技合作研讨会以“新技术 · 新业态 · 新发展”为主题，采取线上线下相结合的形式，在上海青浦和香港两地同步举行。研讨会由中国科学技术协会指导，上海市科学技术协会、香港工程师学会和上海市青浦区人民政府共同主办。来自上海、香港、澳门、江苏省吴江市、浙江省嘉善市相关学（协）会、高校、科研院所、企业等机构的专家学者、企业精英参加会议。

第二节　沪港科技合作研讨会

1997 年 5 月，为迎接香港回归，促进沪港科技和经济的持续发展，上海市科学技术协会和香港工程师学会在沪创办沪港科技合作研讨会。香港工程师学会是香港涵盖各工程界别的专业团体，致力推动工程业界在创新科技上的交流和人才培育。由上海市科学技术协会和香港工程师学会共同主办的沪港科技合作研讨会，讨论主题涵盖信息管理、交通运输、现代服务业与城市发展、生态能源可持续发展等社会、科技的热点、前瞻性话题。研讨会对增进两地科技工作者之间的沟通与交流，拓宽两地合作的渠道与领域，促进科技和经济的持续发展发挥了重要作用，已成为两地学术界、工程界乃至企业界交流合作的重要平台。研讨会旨在关注两地科技与经济发展的前沿热点，促进两地科技和资讯的交流，拓宽两地合作的领域，提高各自的城市竞争力。研讨会既是两地相关业界精英交流合作的良好平台，也是高水平的学术会议。

1997 年 5 月 8—10 日，为迎接香港回归，促进沪港两地科技界的合作与交流，上海市科协与香港工程师学会联合举办“加强沪港科技合作，携手迈进 21 世纪”为主题的第一届沪港科技合作研讨会。1999 年 9 月 6—8 日，第二届沪港科技合作研讨会在香港举行。上海专家运用多媒体投影介绍上海建设成就，并围绕土木建筑、环保专题、信息技术、电子学以及电器科学、楼宇设计等专题与香港专家共同研讨。2001 年 11 月 11—13 日，第三届沪港科技合作研讨会在上海举行，主题为城市群体运输，会议由大会报告、主题报告、专题研讨、特别专题、专题论坛和展览 6 部分组成。沪港两地及部分省市的近 300 位专家学者与会，并就城市交通规划、城市交通发展战略、轨道交通、非轨道交通、磁悬浮列车建设规划等专题进行交流和研讨。其中上海代表 200 多位，香港代表近 60 位，外省市代表 20 多位。2 位台湾专家也以观察员的身份参加会议。2004 年 5 月，上海市科协与香港工程师学会合作举办的第四届沪港科技合作研讨会在上海举行，来自香港、内地及国际上有关专家学者、企业家和政府科技管理部门的代表出席研讨会，就沪港两地科技发展现状、经验教训和发展的规划前景，推进两地科技合作的措施和政策等问题进行商讨。2006 年 8 月 25—26 日，第五届沪港科技合作研讨会在上海举行，会议主题为“现代服务业与城市发展”。沪港两地专家学者、政府官员、企业精英发表演讲，全面探讨学术界、企业界共同关心的港口与现代物流、生态建筑等现代城市发展的相关问题。2007 年 10 月 18—19 日，第六届沪港科技合作研讨会在香港举行。来自两地的 100 多名政府官员、专家学者和业界精英参加了会议。本届研讨会的召开恰逢香港回归祖国 10 周年，又是研讨会举办 10 周年、两会建立合作关系 15 周年，因此具有特殊的纪念意义。会议的主题为“回顾两会合作历史，展望港沪合作未来”。会议分为交流讨论、高层论坛、纪念晚宴、图片展示和专业考察等几部分。论坛分为两组主题进行讨论：一是智能交通管理、废物处理及物流，二是节能与绿色建筑。围绕两组问题，沪港两地工程师介绍各自经验并展开研讨。上海市科协主席沈文庆、副主席胡家伦、秘书长王晓东等和来自学会和区县的共 26 名代表赴港参会。香港特别行政区政府发展区常任秘书长麦齐光到场祝贺并致辞。香港工程师学会会长卢伟国、副会长陈嘉正和五名前任会长出席会议。2009 年 10 月 29—30 日，第七届沪港科技合作研讨会在上海举行，主题为“聚科技智慧，与世博同行”。上海市科协主席沈文庆、香港工程师学会副会长朱沛坤、闵行区区长陈靖出席会议并致辞。上海市政协副主席、市科协副主席高小玫和香港工程师学会副会长朱沛坤交换了纪念品。来自两地的 200 多名政府官员、专家学者和企业界人士参与研讨会，香港特别行政区发展局常任秘书长麦齐光和上海世博会事务协调局交通顾问王秀宝分别做题为“香港基础建设的规划和发展”以及“上海世博会交通展望”的主题报告。为期两天的研讨会上，会议紧密结合 2010 年上海世博会的举办，组织两地专家学者及各界人士，共同探讨进一步交流合作的可能性，更好的参与世博、服务世博。

2011 年 11 月 4—5 日，第八届沪港科技合作研讨会在香港举行，主题是

“建设可持续发展社会——提升城市土地管理和防灾抗灾能力”。两地工程师和专家学者就城市发展中的持续土地供应、能源安全和灾害防御等专题进行了深入的研讨。2013 年 9 月 27—28 日，第九届沪港科技合作研讨会在上海举行。主题是生态文明建设与城市品质提升，上海市科协主席陈凯先、香港工程师学会会长陈健硕在会上致辞，市科协党组书记杨建荣出席研讨会，陆檩副主席主持会议。来自沪港两地的 150 余名政府官员、专家学者和企业界人士出席会议，研讨会围绕“城市交通未来发展模式和对策”“城市环境污染控制与资源合理利用”以及“城镇化建设和区域协调发展”三个专题展开交流讨论。2015 年 10 月 8—11 日，第十届港沪科技合作研讨会在香港举办。研讨会聚焦两地政府、科技界和社会公众所关注的热点和瓶颈问题，组织两地工程技术和企业界相关专家，共同探讨城市能源使用效率的提高，提升社会组织参与社会管理的能力，推动科技创新，促进城市可持续发展。2017 年 9 月 14—15 日，第十一届沪港科技合作研讨会在上海举行。本届研讨会以“二十年沪港科技发展与未来挑战”为主题，聚焦两地科技与经济发展的前沿热点，促进两地科技和资讯交流，拓宽两地合作领域，打造未来更高品质的城市环境。在为期两天的会议中，与会专家围绕主题并就“清洁能源 · 智能交通”“城市更新 · 生态环境”和“智慧城市 · 数据融合”三个专题展开交流研讨。2019 年 9 月 27—28 日，第十二届沪港科技合作研讨会在香港举行，此次研讨会主题为“建设世界级城市群—科技工作者的机遇及挑战”。与会者围绕人工智能、互联互通两个专题进行了研讨。2021 年 10 月 21 日，第十三届沪港科技合作研讨会以线上线下结合形式，在上海青浦和香港同步召开。会议由中国科协指导，上海市科协、香港工程师学会和上海市青浦区政府共同主办。中国科协党组成员、书记处书记王进展以视频方式发表致辞。上海市科协党组书记、副主席马兴发，香港工程师学会会长钟国辉，青浦区委副书记张权权、青浦区副区长张彦出席会议并致辞。开幕式由上海市科协党组成员陈丽主持。王进展指出，上海和香港都是具有特殊地位和辐射功能的中心城市，深度融入长三角一体化发展、粤港澳大湾区建设等重大国家战略。中国科协将继续畅通和拓展内地与香港科技工作者的交流合作渠道，支持地方科协组织和全国学会与香港科技界加强交流，支持香港工程师学会厚植人才智力优势，拓展工程技术影响力，进一步提升内地与香港科技合作水平和效果，为推进高水平科技自立自强作出更大贡献。本次会议以“新技术 · 新业态 · 新发展”为主题，旨在集聚业界专家学者，开展广泛交流、深入研讨，达成理念共识和行动共识，推动重点领域智慧应用，发展基于物联网、大数据、人工智能的专业化服务，为长三角一体化发展和粤港澳大湾区建设建言献策，推动沪港科技创新、产业合作和经济共同繁荣。来自上海、香港、澳门、江苏省吴江市、浙江省嘉善市相关学（协）会、高校、科研院所、企业等机构的专家学者、企业界人士约 300 人参加会议。上海市城乡建设和交通发展研究院院长、长三角交通一体化研究中心负责人、教授级高级工程师薛美根，香港特别行政区政府副政府资讯科技总监黄志光，澳门产学研合作促进会会长、芯耀辉科技联合创始人及联席 CEO 余成斌在主题报告中分别介绍了转型背景下的上海“十四五”综合交通规划、香港智慧城市蓝图 2.0、横琴粤澳深度合作助推澳门科创发展。来自上海、香港、江苏省吴江市、浙江省嘉善市的 21 位报告人，分别聚焦“绿色生态，创造舒适生活”“数字创新，赋能便利生活”作交流报告，内容涉及数字城市建设、交通运输创新技术、人工智能教育、生命健康科技、能源和环保技术等。

第五章　文化领域

第一节　文化合作交流

沪港两地同属中西文化交汇之地，历史上文化界人士和演出团体互访不断。新中国成立后到改革开放前，由于受到东西方冷战等影响，两地的文化交流几乎停滞。1979 年后，上海同香港地区文艺交流日趋频繁。1979 年 9 月 20 日，上海评弹团应香港联艺娱乐有限公司邀请，团长吴宗锡、副团长唐耿良率 15 人赴港演出 12 场。为“文化大革命”后上海文艺界首次组团赴港演出。1982 年 3 月，应香港东方艺术学会邀请，北京、上海京剧院联合组团一行 64 人（北京有梅葆玖、李庆春等 17 人，上海有童芷苓、童祥苓、汪正华等 47 人），在香港新光戏院演出 17 天、27 场。演出节目有梅派《穆桂英挂帅》《霸王别姬》《凤还巢》，荀派《红娘》《金玉奴》等。香港报纸称演出在“三月的香港，刮起一阵京剧的旋风”。1979—1995 年，上海出访港澳的艺术团组有 160 个、3696 人次，港澳组团访沪演出 32 批、682 人次。其中 1979—1988 年，上海出访 60 余批、1200 多人次，港澳访沪 20 批，400 多人次。1980 年 11 月 18 日，上海越剧团赴港演出《西园记》《碧玉簪》《孔雀东南飞》等，有台湾地区和旅居美国、日本、加拿大等国的观众专程赴港观看。1987 年 4 月，上海海外联谊会副会长陈福根率上海画家代表团赴香港，参加为期 10 天的“上海绘画——蜕变中的中国艺术展览”。1988 年上海沪剧院组团 50 人首次赴港参加中国地方戏曲展演出获成功。1989、1990 年赴港演出的团组 6 批、137 人次，港澳访沪演出团组 3 批，100 多人次。1991 年起，沪港澳文艺交流恢复并加强。1991 年赴港澳演出的团组 21 批、375 人次，1993 年 31 批、484 人次，1995 年 26 批、595 人次。1991 年，上海交响乐团两度赴港演出，上海舞蹈学校师生、上海民乐团二胡演奏家闵惠芬、上海越剧院红楼剧团等赴港演出。1992 年上海昆剧团、歌舞团、评弹团、交响乐团和上海舞蹈学校等先后访港演出，上海京剧院 76 人参加香港神州艺术节演出。1995 年，上海滑稽剧团、话剧团、民乐团、芭蕾舞团、舞蹈学校、老年爵士乐团先后访港。上海芭蕾舞团、上海交响乐团、上海乐团等 140 多人，在香港文化中心大剧院演出芭蕾舞《白毛女》。港澳组团访沪演出有管弦乐、钢琴、舞蹈、流行音乐、粤剧，举办书画展等。

1980 年 11 月，上海越剧团徐玉兰、王文娟、金采风等 61 人访港演出《西园记》《碧玉簪》《孔雀东南飞》等 20 多场，票难求，场场座无虚席，演出盛况空前。11 月 6 日，香港专栏作家米振声夫妇到沪探亲，参观孙中山故居和朱庆龄故居等。1983 年 9 月 22—29 日，香港著名电影演员石慧、钢琴家吴清山到沪举行两场独唱音乐会，并在沪专业报告会上介绍香港电影、音乐界的情况。1984 年 1 月 1—8 日，香港知名歌星蒋丽萍、吕方等一行 26 人到沪举行专场演唱会。1 月 20 日，上海电影局顾问柯灵一行 6 人应邀赴香港参加“探索的年代—早期中国电影”专题活动，与中国香港、台湾地区以及来自日本、美国、法国、澳大利亚、意大利的学者、专家就中国早期电影的国际性问题进行交流。12 月 5—10 日，香港演员魏秋桦、黄造时，陈观泰、罗烈，陈健义、黄汝菜等 10 人到沪参加“沪港彰视歌星会串演出”，在上海市体育馆演出 4 场，这是上海市文化局第一次主办沪港演员艺术交流活动，也是《中英两国政府关于香港问题的联合声明》发布后第一批到沪演出的香港演员。1985 年 11 月 14—24 日。以简庆福为首的香港摄影家交流代表团 14 人访问上海，在沪出席首届“上海—香港摄影艺术展览”开幕式，影展展出沪港两地摄影家作品 150 幅。12 月 30—31 日，香港圣乐团到沪在上海音乐厅举行音乐会，演出贝多芬弥撒曲和韩德尔《弥赛亚》第一部分。1986 年 2 月 15—25 日，香港管弦乐团 110 人到北京、上海，杭州演出。2 月 21 日，香港连顺集团董事长林永德向上海博物馆赠送猛鸦缘牙仪式在沪举行。3 月 20 日—4 月 20 日，上海博物馆举办香港金融界名人、著名收藏家刘作筹的“虚白斋珍藏明清画精品展览”，共 90 件。刘作筹和其女儿刘绿给到沪参加开幕式。1987 年 4 月 1—10 日，上海画家代表团赴港参加为期 10 天的“上海绘画——蜕变中的中国艺术展览”。4 月 16—21 日，沪港儿童文学交流会在沪举行，香港儿童文艺协会会长严吴婵霞率香港儿童文学家 13 人抵沪出席交流会，会议的主题是中国儿童文学如何走向世界，由港方随带部分香港出版的儿童读物和上海儿童、美术、教育等出版社的儿童读物在会议期间一起展出交流。5 月 5 日，香港著名女高音歌唱家周文珊携钢琴演奏家梁耀明到沪举行独唱音乐会。同年秋天，上海越剧院红楼副团赴港参加“中国地方戏曲展”，四代同台演出。10 月 23 日，香港知名旅游摄影家、专栏作家、青年社会活动家李乐诗应邀到沪，向上海各界人士介绍她漫游世界 70 多个城市收获的风土人情、社会风貌。1988 年 3 月，“上海市文史馆书画展览”在香港集古斋画廊举办，展出 37 名上海文史馆馆员的 158 幅书画作品。10 月 25 日—12 月 25 日，市文史馆员严桂荣和其儿子严银龙应邀赴港进行书画装裱讲座，传授装裱技术并开展培训工作，因其书画鉴定和装裱艺术水准在港引起很大反响，接受诸多书画装裱工作，故在港延长 1 个月时间。同年，上海沪剧院建院 40 年首次组团赴港参加“中国地方戏曲展”演出。1989 年 5 月，上海戏曲学校学生一行 60 人应邀赴港演出，这批青年演员最年轻的 13 岁，最大的不过 20 岁，其中有史敏、胡璇、蔡继东、严庆谷等优秀青年演员，在港演出8场，其间还举办京剧知识讲座。5月22—24日，香港画家汪洁在上海美术馆举办个人画展。

20世纪90年代后，随着上海改革开放的不断深入和1997年香港回归祖国，沪港两地的文化交流更趋活跃频繁，交流项目不断扩大深入，涉及电影、电视、歌剧、舞蹈、书画、艺术、媒体等多个方面，沪港两地的文化事业更加繁荣多彩。1990年4月2—6日，香港天都乐苑粤曲演唱团25人到上海演出，成员主要是粤剧界的知名艺人和社会名流。5月14日，“90上海艺术节”期间举办“香港京剧名票演出专场”，香港企业家钱江在上海名角汪正华、郭仲钦配合下，票演《玉门关》。演出中，北京、上海的名角迟世恭、梅葆玖、尚长荣、沈小梅、艾世菊、童祥苓、张南云、李炳淑、李丽芳、夏慧华、言兴朋等也为香港朋友上演精彩的剧目。5月28日，“上海市首届海内外华人摄影艺术展”在上海美术馆开幕，共展出作品250幅，海内外各半，展期7天，受到上海摄影界好评。1991年9月16—23日，香港上海总会为庆祝上海海外联谊会成立5周年，在香港举办“上海-江苏著名评弹演员演唱会”，特邀上海新长征评弹演员蒋云仙、徐淑娟两人赴港演出。1992年1月11—15日，首届海峡两岸暨香港电影导演研讨会在香港举行，以上海电影局局长、导演吴贻弓为团长，谢晋、史蜀君以及北影、长影、珠影等电影厂导演19人组成的大陆代表团参加研讨会，代表围绕“海峡两岸和香港电影回顾、主流及展望”专题，并就中国电影艺术质量、合作制片、电影市场等共同关心的问题进行深入探讨。1993年1月11—16日，“第二届海峡两岸暨香港电影导演研讨会”在上海召开，会议的主题是“面对21世纪怎样让中国电影重新回到中国人的掌声中”，内地谢晋、谢铁骊、谢飞、吴贻弓、张艺谋、吴子牛和港台吴思远、陈欣健、李行、白景瑞、林福地等出席。1993年5月22—31日，上海知名评弹演员陈希安、薛慧君、张淑英、孙伟辰、周苏生、张小平等一行7人赴港演出，10天共演出12场《珍珠塔》《西厢记》《隋唐》等知名长篇评弹。10月5日，“施子清先生暨香港福建书画研究院作品邀请展”在上海美术馆开幕。1994年3月11—13日，上海静安越剧团知名越剧演员戚雅仙、毕春芳等一行55人赴港演出《梁山伯与祝英台》《白蛇传》选段，由戚、毕流派第三代传人傅幸文、徐文芳、朱蔺、阮建绒等新秀担纲主演《玉堂春》《血手印》等传统戏。6月4日，由上海著名画家程十发、沈柔坚、徐昌酩、韩天衡、张雷平、朱国荣6人组成的书画艺术交流团赴港参加香港福建书画研究会成立5周年庆祝活动。1995年1月11—16日，第三届海峡两岸暨香港电影导演研讨会在台北举行，上影著名导演吴贻弓、黄蜀芹等15人，香港以成龙为团长共17人以及台湾60多位导演出席会议，会议以“21世纪的中国电影”为主题开展广泛的交流。12月，“上海古籍出版社（香港）书展”在港举办，展出《续修四书全书》《敦煌吐鲁番文集上海博物馆藏敦煌文献》等1000余种图书。1996年3月15日，由中国纺织大学、上海市服饰学会和旭日集团真维斯国际（香港）有限公司联合主办“96真维斯杯全国时装设计大奖赛”在沪举行，来自22个省市的400余名设计师参加比赛。1997年4月1日，为期7天的香港画家“方召麐近作展”在上海美术馆举办，展出作品97幅。方召麐年轻时曾在上海求学和生活，受业于钱松嵒、赵少昂、张大千等大师，其作品曾在10多个国家举办过画展。5月10日，香港管弦乐团在上海音乐厅举行交响音乐会。5月27日，“伟大祖国的香港”图片知识展在上海青年活动中心举办，展出图片350幅，详尽介绍香港的自然地理、历史发展、经济文化、教育以及中国政府对香港恢复行使主权的历程，香港与内地、香港和上海的关系等。7月8日，“庆祝香港百年回归，情结中国海内外华人艺术家作品联展”在上海美术馆开幕，该展览由香港艺倡画廊董事长、香港东方海外集团董事董建平操办，董建平系香港特别行政区首任行政长官董建华胞妹，酷爱艺术，是香港著名的书画收藏家。7月27—30日，81件上海图书馆收藏的古文献在香港大会堂底座展览厅展出，其中，国家一级文物16件，二级文物22件，三级文物43件。11月20—23日，香港亚洲文化协会会友访沪团一行12人访问上海，亚洲文化协会于1963年创立，专注推动美国与亚洲国家的文化交流，曾资助3000余名亚洲艺术学生、学者等前往美国深造，自1980年起颁发80多项奖助金给中国内地的艺术家，并出资捐助这些艺术家赴美深造，其中包括电影导演陈凯歌、女高音汪燕燕、著名指挥家陈奕阳、上海博物馆馆长马承源等。

香港回归以来，内地与香港的文化交流呈现出日益紧密、丰富、健康发展的态势，逐步形成了全方位、宽领域、多渠道的交流格局，有力助推中华文化在香港的传播与传承，对增进香港同胞对国家、民族、中华文化的认同发挥了积极作用。

21世纪以来，特别是2003年沪港合作会议机制建立后，两地人文交流更加频繁，沪港两地的文化交流呈现多元互动的合作交流局面。2001年7月18—23日，上海世纪出版集团、上海新华发行集团、上海外文图书公司等10多家单位参加在港举办的“2001香港书展”，6天书展，上海带去的图书1409种3700余册，全部销售一空，销售额逾13.5万港元。2003年沪港建立经贸合作会议机制后，两地经贸、金融等多领域合作不断拓展，人文交流更加频繁。2003—2004年，上海文化艺术界派出多批艺术团体赴港交流演出，沪港文化交流项目共27批，交流人数达311人次。其中，2003年10月，上海戏曲学校49人赴港参加“菊坛新花代代春”演出；11月，上海京剧院89人赴港演出。2004年8月，上海沪剧院52人赴港演出；8月15—20日，上海歌舞团130人赴港演出舞剧《金舞银饰》；9 月，上海歌剧院合唱团 56 人赴港演出；9 月底，上海交响乐团 80 人赴港参加“国庆音乐会”演出。2004 年 8 月，上海在上海大剧院举办“香港文化周”等活动。2004 年 12 月 11—14 日，以艺术总监兼总指挥艾度・迪华特为团长的香港管弦乐团作访沪演出，副市长杨晓渡会见乐团一行。

从 2002 年开始，上海的文化、旅游部门每年联手赴香港、澳门推介上海文化旅游活动，2005 年起联合推介的范围扩大到网球大师杯等体育赛事活动。2007 年 8 月 30 日，上海金秋文化、旅游、体育盛事推介会在香港举行，市政府副秘书长李逸平在推介会上介绍将举行的“2007 上海旅游节”“第九届中国上海国际艺术节”，以及“FIFA 2007 中国女足世界杯（上海赛区）”“2007 年上海国际田径黄金大奖赛”“世界夏季特殊奥林匹克运动会”“F1 中国大奖赛”“2007 年网球大师杯赛”和“‘东丽杯’上海国际马拉松赛”等丰富多卷的文化、旅游、体育活动情况。2008 年上海与香港艺术节、澳门国际艺术节、澳门国际音乐节签订合作协议，在演出节目交流、艺术人才培养、人员交流培训方面达成合作意向，沪港澳三地将以艺术节为交流平台，密切文化交流与互动。2010 年 9 月 24 日—10 月 22 日，第十二届中国上海国际艺术节“香港文化周”在东方艺术中心举行，香港进剧团的舞台剧《楼城》（2010 年续建版）、“进念・二十面体”的话剧《夜奔》和香港小交响乐团的《士兵的故事》以及“承传与创造艺术对艺术”展览等相继展演，香港艺术家、世界著名男高音莫华伦等分别在世博园区和南京东路世纪广场举行《心系中国》演唱会和“为上海世博放歌”等演出，“香港文化周”向上海观众展示一个多元创新的香港。2010 年 11 月 8—29 日，上海市政府和香港特区政府联合举办的“智慧的长河—电子动态版清明上河图”香港展在香港亚洲国际博览馆举行。展览保留上海世博会中国国家馆动态版《清明上河图》原有的设计及视觉效果。展览期间，香港方面还举办一系列讲座。2012 年，沪港两地签署《关于沪港文化交流与合作协议书》，沪港文化交流和合作呈现稳步、有序发展的态势。签署文化交流与合作协议书，两地同意建立文化联络交流机制，为两地文艺界开拓更多交流渠道，促进两地在文化行政管理、人才培训、筹办大型文化活动等多方面的合作。根据协议，双方同意建立沟通机制，就进一步加强文化交流与合作进行磋商，并制定执行计划。除了鼓励和推动沪港两地文化行政管理部门、文化艺术机构及艺术家在不同领域的交流合作，双方亦积极推动文化艺术研究机构和院校建立学术研究、师资交流和人才培训的合作机制。协议亦鼓励两地青少年的文化交流与合作，共同弘扬和传承中华文化，以及鼓励沪港文化机构合作邀约国外艺术团体和文化艺术机构，于两地巡演和巡展。双方亦同意在举办大型文化活动时，相互为对方提供支持；以及促进两地文艺院团、美术馆、博物馆、小区文化中心等文化机构的交流和合作，丰富两地市民的文化生活。自 2012 年沪港签署《关于沪港文化交流与合作协议书》以来，两地每年交流项目近 60 项。上海方面积极参加香港当地的艺术节、戏曲节以及进校园活动，弘扬中华文化，而香港方面也带来各种有特色的文艺演出，丰富上海的文化市场。2015 年 3 月 28 日，在盈石商业管理项目——上海“88 铜仁路”举行“沪港人文交流周”。上海“88 铜仁路”沿街举办的沪港人文历史展，采用幽默同时具有超现实的插画手法表现上海与香港独一无二相似却又不同的场景与故事，从日常生活、电影文化、娱乐文化、饮食文化、经典人物五大方面，挑选“经典”在这个跨越不同时代的地域空间里，穿越过去现在与未来，承载着许多沪港精神如何创造双赢的城市故事。2016 年 7 月，西九文化区管理局（管理局）与上海戏曲艺术中心签订合作协议。8 月底西九文化区管理局率领代表团到上海，促进两地于戏曲方面的合作。一行 21 人的代表团包括管理局行政总裁柏志高、表演艺术行政总监茹国烈、西九文化区表演艺术委员会委员和戏曲中心顾问小组成员、粤剧发展基金顾问委员会主席及委员、粤剧发展咨询委员会委员、香港演艺学院代表、香港八和会馆代表和民政事务局代表，于行程中拜访上海戏曲艺术中心，参观旗下院团和场地并与当地艺术家交流，探讨双方合作的可能。期间管理局与上海戏曲艺术中心落实，将率团参与 2018 年西九戏曲中心的开幕季演出。香港代表团亦听取上海戏曲艺术中心总裁张鸣的介绍，了解上海戏曲艺术中心辖下各院团和场地的硬件、软件及戏曲传承方面工作的最新情况，以及上海市政府对戏曲艺术相关的政策和给予的支持。管理局与一众代表团成员亦参与沪港文化交流座谈会，与当地主要剧团，包括昆剧团、沪剧、京剧、淮剧、越剧和评弹，就人才及观众培育以至市场推广等深入交流，同时探讨两地合作的可能性。团队随后亦到上海梨园观赏了精彩的昆曲演出。此外，代表团成员亦有机会与上海戏剧学院代表和随团演艺领导代表深入讨论两地合作机会，以及分别参观了新落成的上海国际舞蹈中心及徐汇滨江发展区。其中上海国际舞蹈中心设有两个剧场、48 个排练室及 4 个院校和舞团驻场；而徐汇滨江发展区则有美术馆、海滨建设和规划展示馆，两地日后充满合作机会。2016 年 12 月 16 日，由上海市人民政府港澳事务办公室、上海市经信委、上海市文广局、香港特区政府驻沪经贸办事处以及创意香港联合主办的“2016 沪港创意和文化产业合作交流研讨会”在沪召开。数十名业内企业代表、专家学者等围绕沪港两地文化创意产业合作交流进行深入探讨和互动交流，分享两地在文化创意产业合作交流的成功经验。沪港文化创意领域各有优势，沪港文化创意产业的合作交流富有成效，得益于两地政府主管部门的高度重视，也有赖于相关企业的积极参与。发展文化创意产业，符合国家发展战略以及沪港两地经济转型发展目标，而加强文化创意产业合作，有利于双方优势互补，互利共赢和共同发展。2017 年 5—8 月，沪港合作举办“庆祝香港回归 20 周年沪港文化月”活动，包括举办“电影人眼中的石库门摄影展”暨“香港经典电影展映”、上海高校港澳学生中华文化知识大赛、香港心中国心万众一心系列活动、第二届国际社群节和香港创客节等，成立“沪港青年电影人文创会”，支持由香港特区政府和社团主办的香港中乐团、爵士乐团、芭蕾舞团分别来沪演出、香港回归文化馆在沪开馆、香港设计展、沪上香港美食文化月等活动。

中国上海国际艺术节与香港方面积极合作，与香港新视野艺术节、香港艺术节积极互动，先后邀请香港话剧团、焦媛实验剧团等来沪献演，共同塑造沪港文化交流合作的典范。中国上海国际艺术节与香港新视野艺术节，同样秉持重视青年艺术人才培育的理念，互动频繁。今年举办的沪港青年观剧团互访活动，也让两地青年人加深了解，共享文化发展成果。2018 年 5 月 29 日，中国上海国际艺术节与香港特区政府康乐及文化事务署（香港康文署）在香港文化中心签订《沪港两地互办文化周合作备忘录》。2018 年 5 月 29 日，香港康文署署长李美嫦与上海国际艺术节组委会副秘书长和上海市文化广播影视管理局局长于秀芬签订合作备忘录，继 2012 年签订《沪港文化交流与合作协议书》后，进一步加强香港与上海的文化交流与合作。根据合作备忘录，“香港周”率先于 2019 年借“第二十一届中国上海国际艺术节”的平台在上海举行。双方会保持紧密联系，继续磋商举办日程和场地等各项演出详情。香港与上海将继续共同促进文化艺术发展，推动两地文艺院团等文化机构的交流和合作，丰富两地市民的文化生活。2018 年 8 月 24 日，上海西岸与香港西九文化区正式签署战略框架合作协议，“双西”合作正式开启。沪港双方根据各自需求，探索制定创意设计人才的培训和交流计划，鼓励并支持沪港创意产业发展，推动沪港企业参加对方举办的具有重大影响力的设计、数码娱乐、电视、电影以及出版等界别的展会和活动，搭建合作交流平台。双方将进一步加强交流合作，打造“双西”特色文化区品牌，助力沪港两地文化大都市建设。此次上海西岸与香港西九文化区签署战略框架合作协议，将计划建立视觉项目年度互展计划，持续推出联动各场馆的视觉展示项目，同时将开展中国现当代艺术两地联合大型展览项目，携手打造一场以中国现当代艺术发展史为线索的两地联合巡展项目。两地将联合建立人才培养交流计划，推动两地美术馆、剧院等艺术机构之间的艺术管理人才学习交流，强强联手促进两地艺术不断创新与进步。双方将进一步在艺术、设计、文创、表演等领域，打造独具两地特色文创产业的文创品牌活动，并建立区域开发经验分享机制，加强交流，互利共赢。2018 年 9 月 14 日，香港康文署署长李美嫦与上海博物馆馆长杨志刚签订文化交流与合作意向书，建立紧密的沪港合作关系，促进双方在文化遗产的保护和展示。未来五年，双方将合作举办展览；进行学术和专业交流，例如举办博物馆论坛、专题交流会等；并制定文物保育合作计划，加强双方专业人员在文物保育的交流和培训；建立通报机制，就筹划中的大型国际展览交换资讯，并合作出版和交换教育配套材料、文创产品等。香港康文署一直与上海博物馆保持友好且紧密的合作关系，如 2003 年曾合作举办“上海博物馆藏过云楼书画”展览，展出由上海博物馆借出的 72 件珍贵馆藏，并透过一系列的讲座、展品实谈和专家分享，让市民从多角度欣赏中国艺术的精粹。2018 年 9 月 22 日、23 日，应香港九龙社团联会之邀，上海爱乐乐团携手香港歌剧院的音乐家，接连献上两场“庆祝国家改革开放 40 周年”乐响香江音乐会。从今年起，上海爱乐将连续 5 年到香港举办音乐会，继“改革开放 40 周年”主题后，明年音乐会将围绕“建国 70 周年”开展。2018 年由中国上海国际艺术节和香港新视野艺术节合作，首次推出了沪港艺评深度交流计划，让两地青年人加深了解和共享文化发展成果。11 月 4 日，第二十届中国上海国际艺术节和 2018 香港新视野艺术节共同举办的沪港艺评深度交流计划互访团公开论坛在香港葵青剧院展开。这是除沪港两地剧目交换展演外，第一次采取艺评深度交流的形式，进行两地文化交流。论坛以“双城对论：艺评人眼中的艺术节与新视野”为主题，由来自上海、香港两地的 20 名青年和学生，围绕城市和艺术节的核心问题和热点话题进行探讨和交流。

2019 年 6 月，上海京剧院赴香港参加“中国戏曲节 2019”开幕式，在西九龙文化区戏曲中心大剧院演出京剧剧目。6 月，中国福利会儿童艺术剧院正式启动“同根同心”香港巡演项目，将根据中华传统文化改编的儿童剧《司马光砸缸》《孙子兵法》送入校园，5 天演出 6 场，观众达 2500 余人。6—7 月，香港大学、澳门大学等院校的 29 名港澳大学生在中华艺术宫、上海大剧院、国家对外文化贸易基地等 13 家沪上文化、旅游机构实习。2019 年 11 月 1—24 日，根据沪港两地签署的文化合作协议，“香港文化周”在沪举办。香港中乐团、香港管弦乐团、香港芭蕾舞团、香港话剧团、“进念 · 二十面体”、香港八和会馆等香港文化团体 529 名香港文化艺术界人士齐聚上海，携 7 台舞台作品及展览在第二十一届中国上海国际艺术节期间与中外观众见面，沪上 1.5 万余名观众走进剧场观看演出。沪港两地艺术家还跨界合作排演《白蛇传》、新版《牡丹亭 · 长生殿》两部作品，共同推动中华传统文化传承和创新。2019 年 11 月 1 日，2019 年沪港文化创意合作会议今天在上海社科院举行，香港特别行政区行政长官林郑月娥出席会议并发表主旨演讲。会议围绕沪港合作在粤港澳大湾区文化创意发展和一带一路文化交流中的作用、意义以及合作形式和机制等议题进行交流研讨。会议期间，上海社会科学院上海文化研究中心还与香港文艺团体“进念·二十面体”就沪港合作开展两地文化发展研究、建立智库平台签订协议。2020 年 11 月 13—22 日，香港特别行政区政府驻上海经济贸易办事处与百老汇电影中心合作，在沪举办以“港式喜剧”为主题的第九届香港主题电影展。

第二节　香港节 2019·艺汇上海

2018 年 5 月 29 日，中国上海国际艺术节与香港特区政府康乐及文化事务署在香港文化中心签订《沪港两地互办文化周合作备忘录》。根据“沪港合作会议”第四次会议成果，香港特区政府于 2019 年 11 月上旬在第二十一届中国上海国际艺术节期间，在上海举办“香港文化周”。2018—2019 年度，康文署与中国上海国际艺术节签订两份合作备忘录，一是建立合作框架，分别于 2019 年在上海举办“香港节 2019·艺汇上海”，以及于 2021 年在香港举办“上海文化周”；二是安排“新视野艺术节”及中国上海国际艺术节上演对方的节目，推动沪港两地在文化节目及艺术教育方面的合作和交流。此次香港节秉持“文化创意”“沪港连系”“年青活力”三个重点，力求向内地及世界展示香港地区多元文化和创意产业成就，并为沪港两地艺术家搭建交流及合作平台，凝聚力量沟通香港地区跟内地城市，推动香港艺术发展。根据签约双方的多次协商，确定“香港文化周”的规模、剧目。7 台节目纳入为第二十一届中国上海国际艺术节香港文化周的节目，它们是香港中乐团节目、香港管弦乐团节目、香港芭蕾舞团《大亨小传》、香港话剧团《盛宴》、进念·二十面体《建筑城市》、香港八和会馆与上海昆剧院《白蛇传》及毛俊辉导演作品《百花亭赠剑》。这些具艺术性、创新性和当代性的作品及展品在中国上海国际艺术节的主板演出、艺术天空、“扶青计划”等板块呈现。2019 年 11 月 1—23 日，“香港节 2019·艺汇上海”在上海举行，是首个在内地主要城市举办的香港节。11 月 1 日，“香港节 2019·艺汇上海”开幕典礼在上海交响乐团音乐厅举行，行政长官林郑月娥为典礼担任主礼嘉宾。开幕节目是由香港中乐团为观众演奏多首名曲的“都会交响”音乐会。林郑月娥在开幕典礼致辞时表示，“香港节 2019·艺汇上海”是香港继 2010 年参与上海世界博览会后，首个在中国内地城市举行的大型文化活动。她表示，这次活动能促进沪港连系、民心相通、文明互鉴和文化交流。她亦向参与的文化机构、艺术团体、香港艺术发展局、创意香港及中国上海国际艺术节中心等致谢。“香港节 2019·艺汇上海”活动期间呈献 19 项精彩节目，以文化创意、沪港联系和年轻活力为重点，透过与不同艺术家及艺术团体合作，在上海不同场地及文化地标向内地观众展示香港文化艺术的精髓。除了香港中乐团的开幕节目外，还包括香港管弦乐团“梵志登与张纬晴”音乐会、香港舞蹈团《四季 / 梁祝》、香港芭蕾舞团《大亨小传》、香港话剧团《盛宴》、中英剧团《福尔摩斯之华生暴走大狗查》、进念·二十面体《建筑城市》、毛俊辉导演作品《百花亭赠剑》，以及上海昆剧团与香港八和会馆联合演出的《白蛇传》，以及由香港艺术发展局筹办的美声汇《当莫扎特遇上达·庞蒂》、李伟能·不加锁舞踊馆《一城三记——香港当代舞专场》、邓树荣戏剧工作室《麦克白的悲剧》、春晖粤艺工作坊《粤剧生、旦、净、丑行当展演》等节目。“香港节 2019·艺汇上海”还举办多场电影活动、展览及外展演出。香港电影资料馆策划“光影双城”电影系列，选映多套与沪港有关的经典电影作品，在上海电影博物馆及上海电影资料馆放映，并辅以在上海电影博物馆举行的旗袍及海报展览，以凸显沪港电影在历史文化上的深厚渊源。其他电影节目包括由创意香港、香港电影发展局及百老汇电影中心合办，在百丽宫影城举行的“香港主题电影展 2019——上海：师徒承传·前辈后生”，展映 8 部香港电影并设有映后座谈会。展览则包括由香港非物质文化遗产办事处筹划、在上海市群众艺术馆举办的“口传心授——香港非物质文化遗产展”，通过介绍 20 项“香港非物质文化遗产代表作名录”项目，展示香港独有的文化风貌，以及由创意香港赞助、创意创业会筹划、在兴业太古汇举办的“香港插画 X 创意设计品牌展”。新约舞流及香港演艺学院舞蹈学院会在上海新天地带来精彩的外展舞蹈演出《舞出新天地》，在兴业太古汇举行的户外音乐嘉年华则由香港菁英音乐人献上多首经典歌曲。

演艺节目表

类型	名称	演出时间	演出地点
音乐	香港中乐团《都市交响》音乐会	2019 年 11 月 1 日	上海交响乐团音乐厅
	张军与香港中乐团《牡丹亭·长生殿》	2019 年 11 月 2 日	上音歌剧院
	《不可能的幻想》音乐会	2019 年 11 月 3 日	上海城市草坪音乐广场
	香港管弦乐团《梵志登与张纬晴》	2019 年 11 月 14 日	上海东方艺术中心音乐厅
	美声汇《当莫札特遇上达·庞蒂》	2019 年 11 月 30 日—12 月 1 日	1862 时尚艺术中心
舞蹈	香港舞蹈团《四季 / 梁祝》	2019 年 11 月 9—10 日	1862 时尚艺术中心
	香港芭蕾舞团《大亨小传》	2019 年 11 月 15—16 日	上海东方艺术中心歌剧厅
	李伟能·不加锁舞踊馆《一城三记——香港当代舞专场》	2019 年 11 月 23—24 日	上海国际舞蹈中心实验剧场

续表

类型	名称	演出时间	演出地点
戏剧	香港话剧团《盛宴》	2019 年 11 月 8—10 日	上剧场
	邓树荣戏剧工作室《麦克白的悲剧》	2019 年 11 月 16—17 日	1862 时尚艺术中心
	中英剧团《福尔摩斯之华生暴走大狗查》	2019 年 11 月 22—23 日	上海话剧艺术中心艺术剧院
多媒体	进念・二十面体《建筑城市》	2019 年 11 月 1—2 日	上海大剧院大剧场
戏曲	毛俊辉导演作品《百花亭赠剑》	2019 年 11 月 8—9 日	美琪大戏院
	春晖粤艺工作坊《粤剧生、旦、净、丑行当展演》	2019 年 11 月 8—9 日	长江剧场
	上海昆剧团 × 香港八和会馆：崑粤联合演出《白蛇传》	2019 年 11 月 16—17 日	上海市群众艺术馆 上海星舞台
外展演出	舞出新天地	2019 年 11 月 16 日	上海新天地时尚
	昼乐派对	2019 年 11 月 23 日	兴业太古汇北广场
电影活动	“光影双城”电影系列电影放映	2019 年 11 月 2—3 日、9—10 日	上海电影博物馆及上海电影资料馆
展览	《香港主题电影展 2019——上海：师徒承传・前辈后生》	2019 年 11 月 4—10 日	上海百丽宫长宁来福士店及百丽宫影城万象城店
	《口传心授—香港非物质文化遗产展》	2019 年 11 月 1—24 日	上海市群众艺术馆
	香港插画 X 创意设计品牌展	2019 年 11 月 1—23 日	兴业太古汇 L2 及 LG1 香港插画 × 创意设计品牌展

第六章　青少年领域

第一节　青少年交流

1978 年以后，上海与香港地区青少年之间的交流逐渐密切。沪港青少年交流是沪港合作的重要内容。香港回归以来，特别是 2003 年沪港建立合作会议机制以来，沪港青少年交流呈现较快发展趋势。多个调查显示，香港青年赴内地就业、创业最关注的区域主要集中在广东、上海、北京等地。上海的国际化程度、发展前景以及与沪港之间的历史渊源吸引香港青少年愿意来沪交流、就业、创业，愿意了解上海、亲近上海、融入上海。增强沪港青少年共同的经历和记忆，促进两地青少年之际的交往、交流、交心，提升其对上海、内地、国家的认识、认知、认同，增强参与感、成就感和获得感，吸引香港青年来沪创新创业就业成为沪港合作的重要内容。通过沪港青少年交流，增进香港青少年对国家发展的认识，亲身感受内地的发展趋势、发展前景和发展机遇。通过沪港青少年交流，让更多香港青少年增强国家、民族自豪感和认同感。通过沪港青少年交流，鼓励香港青少年开拓视野，锐意进取，参与到国家的发展建设中，增强竞争力，实现人生理想和价值。1984 年 10 月 20—27 日，应上海市青年联合会邀请，香港实业界青年访问团 21 人，由益电半导体有限公司董事、经理邵炎忠带队访沪。该团由香港实业界部分知名人士及其子女组成。这是第一个由上海市青联邀请来访的香港青年团体。1985 年 3 月 20—30 日，由上海青联副主席田宏带队，上海市青年联合会实业界青年考察团 20 人赴香港访问（其中特邀江苏省青联 2 人参加）。考察团与香港青年实业界人士就成立沪港经济交流协会青年委员会进行协商，并进行其他一系列考察活动。1998 年 10 月，应中华全国海外联谊会邀请，由团长伍淑清率领的“香港中华青少年历史文化教育交流团”来上海参观访问。此次交流团由香港 9 所大学和 54 所中学的校长、教师和优秀大、中学生组成。1 日，交流团参加由共青团上海市委在人民广场举行的国旗升旗仪式。上午，中共中央政治局委员、中共上海市委书记黄菊，市委副书记、市政协主席王力平等领导在上海展览中心亲切会见交流团全体成员。下午交流团分别与复旦大学、交通大学、同济大学的学生进行座谈交流。在沪期间，他们还参观访问上海博物馆、图书馆、大剧院、浦东新区、宝钢和市郊农村等。

沪港两地青年企业家发展论坛是上海市青联、市青年企业家协会培养青年企业家具有国际商业意识和全球战略眼光的一项重要举措。针对经济全球化、知识经济的迅速发展和中国即将加入世贸组织（WTO）的时代背景，为上海企业界如何学习借鉴境外的成功经验，在迎接“入世”的过程中获得良好的资金支持和金融服务。1999 年 12 月 3—5 日，上海市青年联合会、上海市青年企业家协会在上海国际会议中心联合举办“’99 沪港青年企业家企业管理与发展论坛”，以市青联常委、香港万顺昌集团有限公司董事长姚祖辉为团长的香港青年企业家代表团 26 人，以及美国哈佛大学商学院副院长沃伦应邀参加论坛。论坛期间，沪港两地青年企业家 3 日下午就加入 WTO 的挑战与机遇，推进沪港两地经济的合作与共同发展等共同关心的课题进行交流，并就“可乐大战国际化”营销案例进行专题探讨，沃伦也就此案例作深入阐述，并作题为《如何运用现代化信息技术提高企业竞争能力》的主题学术报告。市青联常委、委员以及部分市青年企业家协会会员共 100 余人参加论坛活动。论坛活动由沈丁立主持。在沪期间，香港青年企业家及沃伦教授一行还参观考察上海现代信息有限公司，洽谈合作事宜。2000 年 11 月 24 日，来自沪港两地的近 200 位青年律师、会计师和企业家汇聚在锦江小礼堂，出席由上海市青年联合会、上海市青年企业家协会及香港孖士打律师行共同举办的“2000 年沪港两地青年企业家发展论坛”。香港孖士打律师行罗婉文律师在论坛上作题为《上海公司到香港如何成立公司和应注意的商业诉讼问题》的主题演讲，沪港两地的与会者还就境外商业诉讼问题、境外上市、上市公司资产如何在国际市场具有吸引力等专题分别进行小组交流座谈。

香港青少年通过形式多样的方式到沪参观、实习、交流、考察、学习，感受上海经济社会发展变化。截至 2021 年底，香港青少年来沪交流的主要机制性、品牌性项目包括：

1.“明日领袖”香港大学生上海实习计划。该项目由沪港青年会推动，自 2011 年起已经连续开展 8 年，每年 30 多位香港大学生到上海实习，并与上海大学生互动交流。项目根据各个学校的学科特色、学生特性等综合因素来进行配对。来自香港大学的实习生主要以商科和法律专业为主，被分配到麦肯锡、四大会计师事务所实习。来自香港科技大学的实习生以工科专业为主，被安排到腾讯、巨人网络、ABB、中国石化等公司实习。

2. 香港大学生在沪暑期实习计划。该项目由团中央、全国青联和中央人民政府驻香港特别行政区联络办公室（香港中联办）推动，上海团市委、市青联承办。自 2007 年启动以来，每年都有数十位香港高校大学生到上海实习 6—8 周。

3. 沪港金融专业大学生交流及考察计划。该交流项目是 2012 年 1 月沪港经贸合作会议第二次会议确定的首次实施的沪港金融交流项目，由沪港两地的金融主管部门推动和落实，即上海市政府金融服务办公室和香港特区政府财经事务与库务局。项目是双向的，上海大学生也有机会到香港的金融机构或公司实习。2012 年 6 月，首批 22 名香港金融专业大学生在上海开展为期 5 周的考察交流实习，7 月，首批 22 名上海金融专业大学生赴香港交流实习 5 周。自 2012 年以来，双方已有约 380 名沪港大学生参与。

4. 香港学生“上海体育及文化探索之旅”交流团。该项目由香港特区政府教育局组织，自 2016 年启动以来，已经有数十所中学的数百人参加。项目旨在让更多的香港青年体验祖国的体育事业发展成就，拓展专业视野，加深他们对内地社会、经济、教育和文化发展的认识和了解，提升对国家的认同感和归属感。

5.“未来之星”香港大学生上海创新创业之旅访问团。该项目由香港大公文汇集团推动，自 2017 年开始，每年有 40 多位大学生参加，主要目的是了解国情、认识上海，观察内地创新创业的环境和形势。

6. 香港特区政府推动的“同根同心——香港初中及高小学生内地交流计划”。2017 年 11 月至 2018 年 2 月该项目组织约 2600 名香港小学师生分 30 批赴上海学习交流。

7.“沪港澳中小学姊妹学校”结对计划。香港和上海两地多所中小学结成姊妹学校。上海 10 个区的 60 多所中小学与香港中小学结成姊妹学校。

另外，沪港之间的青少年交流项目还有沪港小学生中华文化夏令营、2017 年上海高校港澳学生中华文化知识大赛、2018 年 8 月启动的“家国事业”沪港澳青年合作交流计划（2018—2020）等。该项目的主要内容——家，指的是港澳中学生民宿式城市寻访计划；国，指的是沪港澳青年国家发展研修分享计划；事，指的是沪港澳青年专业人才交流体验计划；业，指的是港澳青年来沪实习就业创业计划。项目标志着新时代沪港澳青年交流的一次融合升级，并将推动沪港澳青年交流合作向更深层次、更广领域、更高能级发展，在推动城市发展、促进区域合作、服务国家战略中贡献青春力量。

2012 年 4 月，香港特区政府教育局组织的“薪火相传”访问团 600 余名香港中学师生来沪访问，与上海中学生交流互动，体验学习生活 2013 年，上海共接待来访香港青年团 3 批 150 余人次，安排上海优秀青年访港 4 批 50 余人次。参加 2013 年香港大学生暑期内地实习计划的 95 名香港大学生和参加“沪港明日领袖实习计划 2013”的 32 名香港大学生在沪上知名企业实习生活。上海市青联赴澳门参加沪港澳青年经济发展论坛，并安排相关人员赴澳挂职锻炼。2017 年 11 月至 2018 年 2 月，由香港特区政府教育局组织的“同根同心——香港初中及高小学生内地交流计划系列团”安排 2600 名师生分 30 批团组访沪。2018 年，“同根同心——香港初中及高小学生内地交流计划系列团”共分 47 批

3514 人次来沪交流，考察内地的历史文化、经济发展，认识祖国国情与中华文化。2018 年 8 月，在第四次沪港合作会议期间，在香港特区行政长官林郑月娥与上海市市长应勇的共同见证下，沪港澳多家社团共同发布“家国事业”计划，其中就包括组织香港中学生和上海中学生结对交流活动。为了贯彻落实第四次沪港合作会议精神，沪港经济发展协会、沪港青年会、上海香港联会共同主办该项目，希望通过活动进一步促进香港中学生对祖国的认知和对上海发展的了解，增强香港青少年的国家民族意识，促进沪港两地青年的交流。2019 年 2—6 月，由香港教育局组织的“同根同心——香港初中及高小学生内地交流计划系列团”共 21 批 1700 人次到沪交流。2—7 月，由香港特区政府教育局组织的“同行万里——香港高中学生内地交流计划系列团”共 13 批 1000 人次到沪开展“上海经济发展与城市规划探索之旅”。2019 年 4 月 17 日，“沪港澳青少年交流实习基地”成立暨授牌仪式在上海举行。沪港澳青少年交流实习基地由上海市人民政府港澳事务办公室与上海海外联谊会共同牵头，会同全市港澳工作有关单位，并征得国务院港澳事务办公室和香港特区政府有关部门意见而成立。首批授牌的成员单位包括中共一大会址纪念馆、上海科技馆、复旦大学、蚂蚁创客小镇、东亚银行等，共计 39 家单位，涵盖全市青少年交流实习的优势资源，包括国情历史、上海发展、文化创意、特色教育和实习创业五个方面。2019 年 7 月 5 日至 10 日，“沪港同心”青少年考察交流计划在上海举办。来自香港 17 所中学的近 500 名中学生从香港西九龙高铁站搭乘高铁赴上海交流参访，与上海中学生结对交流。这也是自高铁开通以来，首个从香港乘高铁到上海的大规模学生参访团。这些香港青少年分别组成海派文化、创意文化、历史文化及科技创新、上海制造、城市规划等 6 个考察交流团，分赴徐汇、普陀、奉贤、闵行、嘉定、杨浦等上海 6 区开展参观考察和交流体验活动。

第二节　沪港澳青年经济发展论坛

沪港澳青年经济发展论坛的前身是沪港青年经济发展论坛。1999 年首次举办以来，澳门青年联合会、澳门苏浙沪同乡会青年委员会等也逐步加入主办行列，进而形成沪港澳青年经济发展论坛。目前论坛由上海海外联谊会、上海市青年联合会、香港青年联会、沪港经济发展协会、沪港青年会等 7 家单位和社团共同主办，形成跨区域的青年合作交流平台和轮流举办论坛的工作机制等。1999 年以来，论坛把握国内外经济发展趋势，立足三地特点，设立鲜明主题，探讨主题先后为“信息技术企业迎接新挑战”“沪港经济互动与区域经济发展”“中国企业的海外战略”“CEPA 深化与沪港金融合作”“现代服务业的互动与发展”“精彩世博、精彩未来”。

2003 年 10 月 9—11 日，由上海海外联谊会、上海市青联与沪港经济发展协会、香港青年联合会共同举办的首届“沪港青年经济发展论坛”在上海举行，主题为“把握国际化趋势，共创沪港经济合作新发展”，市政协副主席王新奎，全国政协常委、香港戴德梁行主席梁振英，全国政协委员、香港黄乾亨黄英豪律师事务所首席合伙人黄英豪，香港专业联盟副主席、香港特区立法会议员刘炳璋，香港陈叶冯会计师事务所有限公司首席董事陈维瑞，上海国资委副主任萧贵玉在论坛上作主题发言，6 位沪港两地会计、银行、服务业代表作交流发言，来自沪港两地工商界精英、学者、青年企业家约 180 人与会。2004 年 9 月 2 日，上海市青年联合会、上海海外联谊会、沪港经济发展协会和香港青年联合会联合举办的“沪港经济互动与区域经济发展——2004 沪港青年经济发展论坛”在上海举行。上海市委常委、副市长冯国勤，市委常委、市委统战部部长沈红光和香港特区政府律政司司长、行政会议成员梁爱诗出席论坛，来自沪、港等地以及美、英等国的 350 多名专家学者、跨国公司总裁和青年企业家，围绕“沪港经济合作发展”“未来中国经济发展的主导力量”等议题进行研讨。2011 年 11 月 14 日，“沪港澳，携手共创金融发展新空间”——2011 沪港澳青年经济发展论坛在沪举行。中共上海市委常委、市委统战部部长杨晓渡会见出席论坛的港澳嘉宾。论坛有沪港澳三地的 300 多名青年代表参加，与会的沪港澳代表还赴嘉定等地参观考察。中共上海市委常委、副市长屠光绍出席论坛并讲话。2012 年 11 月 30 日，随着与会领导及嘉宾将象征三地青年智慧与能量的三色水晶浇灌入沪港澳经济能量柱，“转型发展中的经济增长新机遇 2012 沪港澳青年经济发展论坛”在香港会展中心隆重开幕，来自沪港澳的 200 余名各界嘉宾、优秀青年和学生代表参与了活动。2013 年 11 月 23—24 日，“经济转型与人才战略——2013 沪港澳青年经济发展论坛”活动在澳门成功举办，与会专家和嘉宾深入探讨转型发展背景下三地青年人才发展的议题。2014 年 11 月 21 日，“互联网经济：城市发展新动力——2014 沪港澳青年经济发展论坛”活动在上海成功举办。三地青年企业家与青年代表讨论了互联网背景下新经济发展模式，希冀从中吸取他处所长，为本地发展出谋划策。2015 年 11 月 24 日，“全球视野下的城市经济发展新动力—2015 沪港澳青年经济发展论坛”在香港举办。本次论坛聚焦在全球创新科技和产业变革的时代背景下，沪港澳三地多领域合作、拓展三地经济发展空间、帮助沪港澳青年人才成长等问题，论坛同时邀请了来自台湾的青年组织代表共同参与。论坛开幕前，市委副书记应勇、香港特区政府政务司司长林郑月娥等出席了促进香港青年在沪就业、创业合作协议签约仪式。根据合作协议内容，未来 3 年，上海市青联将为香港青年提供 100 个在沪就业岗位，并帮助扶持30个香港青年在沪创业项目。沪港青年会、沪港经济发展协会青年委员会将负责根据在沪就业岗位需求招聘香港大学生，安排学生与岗位配对，鼓励、发掘和举荐香港青年创业项目。2016年11月7日，由澳门青年联合会、上海海外联谊会、上海市青年联合会、香港青年联会等7家机构共同主办的“区域间合作新机遇与青年发展——2016年沪港澳青年经济发展论坛”在澳门科学馆开幕，中央政府驻澳门联络办公室副主任薛晓峰应邀出席论坛开幕式，并与上海市委常委、市委统战部部长、上海海外联谊会会长沙海林，澳门特区政府经济局局长戴建业，澳门贸易投资促进局主席张祖荣，香港特区政府发展局局长政治助理冯英伦，澳门青年联合会会长莫志伟等共同主礼。来自沪港澳三地的政府官员、知名企业家、相关领域专家学者以及各界优秀青年代表200余人出席。2017年11月23日，以“创新的青年，卓越的城市”为主题的沪港澳青年经济发展论坛在上海举行。来自上海、香港、澳门三地的青年企业家、专家等近200名代表与会，围绕沪港澳青年合作创新畅想未来。2018年8月23日，以“凝心聚力新时代，开辟科创新未来”为主题的2018沪港澳青年经济发展论坛在香港举行，香港特别行政区行政长官林郑月娥，上海市委副书记、市长应勇，香港中联办副主任陈冬，中共上海市委常委、统战部部长郑钢淼，上海市副市长许昆林，澳门特区政府经济局局长戴建业等领导和嘉宾出席论坛并见证“家国事业”沪港澳青年合作交流计划的发布。在论坛环节，市青联携手上海海外联谊会、香港青年联会、澳门青年联合会、沪港经济发展协会、澳门苏浙沪同乡会青年委员会、沪港青年会、沪澳青年交流促进会等沪港澳多家社团共同发布“家国事业”沪港澳青年合作交流计划（2018—2020）。团市委书记王宇介绍交流计划的主要内容——家，指的是港澳中学生民宿式城市寻访计划；国，指的是沪港澳青年国家发展研修分享计划；事，指的是沪港澳青年专业人才交流体验计划；业，指的是港澳青年来沪实习就业创业计划。该计划标志着新时代沪港澳青年交流的一次融合升级，并将推动沪港澳青年交流合作向更深层次、更广领域、更高能级发展，在推动城市发展、促进区域合作、服务国家战略中贡献青春力量。

2021年11月29日，聚焦新阶段、新理念、新格局，2021年沪港澳青年经济发展论坛以三地连线形式在上海举办，探讨“十四五”期间沪港澳发展面临的机遇和挑战，关注城市功能和地区协同。上海市委常委、统战部部长、上海海外联谊会会长郑钢淼出席论坛并致辞。来自沪港澳三地百余名嘉宾和青年代表以线上和线下的方式参加论坛。

第七章　其他交流平台

第一节　沪港合作与发展研讨会

沪港合作与发展研讨会自2006年开始举办，主要由上海市政协港澳台侨委员会、上海社科院和香港明天更好基金合作举办。沪港合作与发展研讨会每年选定中国经济发展或沪港两地共同关心的议题为会议主题，邀请香港、上海、北京、广东及其他地方的政府部门、高校、智库、沪港企业界等部门机构的专家学者、政府官员、企业家、专业人士、议员代表等参会并发表演讲。

2006年12月21日，由上海社会科学院港澳研究中心主办，上海市政协港澳台侨委员会协办的“经济转型与沪港互动发展”研讨会在上海召开。上海市政府常务副市长冯国勤出席会议并作题为《未来五年上海经济发展前景与沪港经济互动合作空间》的主题演讲，上海市政协副主席、上海社会科学院院长王荣华出席会议并致开幕辞。冯国勤在演讲中表示，在经济全球化、区域经济一体化的大背景下，未来五年上海将继续以增强城市国际竞争力为主线，形成经济、贸易、金融、航运“四个中心”的基本框架，在上海经济结构向现代服务业转型的过程中，沪港之间的互动合作空间十分广阔。王荣华在致辞中指出，上海和香港都面临着挑战和机遇，加强合作将有利于发挥彼此优势，上海市政协和上海社会科学院愿意为两地的互动交流和研究工作搭建平台。来自香港、上海、北京、广州的政府官员、专家学者和企业家代表近70人出席研讨会。并就“沪港经济转型面临的问题及政府角色的调整”“香港经济转型与内地的经济关系”“经济转型与长三角、珠三角区域经济的联动发展”“经济转型与沪港金融业的互动”“经济转型与沪港物流业的互动”等主题进行交流研讨。

2007年6月1日，由上海社会科学院港澳研究中心、上海市政协港澳台侨委员会、香港明天更好基金共同举办的“庆香港回归10周年　推进沪港两地合作”高峰论坛在上海举行，市政协主席蒋以任出席并致辞。市政协副主席、上海社会科学院院长王荣华，香港基本法委员会副主任、香港特区政府律政司原司长梁爱诗和香港明天更好基金执行主席陈启宗作主旨演讲。市政协港澳台侨委员会主任金闽珠主持主旨报告会。王荣华、香港特区政府行政会议召集人梁振英和陈启宗在开幕式上致辞。出席论坛的还有上海市社联主席、原新华社香港分社副社长李储文，香港特区政府驻上海经贸办事处主任陈子敬等领导和嘉宾。蒋以任在致辞中说，香港回归10年来，“一国两制”得到成功实践。上海经济的巨大发展，香港因素是其中之一，香港是举世公认的国际大都市，有一整套成熟的、完全与国际接轨的政府管理体系、法律运作体系和市场经济体系，希望此次论坛能就沪港合作尤其是如何在 CEPA 框架下，进一步加强沪港两地在现代服务业方面的合作畅所欲言，献计献策。有 30 余位市政协委员和来自上海、香港、深圳等地的 100 多位政府官员、企业家、专家学者以中国经济快速发展及内地与香港经济关系进一步融合为背景，从不同的视角对“一国两制”的伟大构想与成功实践，香港与内地经贸关系中的沪港合作，沪港教育体制、社会福利、医疗保障的比较研究，以及沪港合作 10 年回顾与展望等相关问题进行深入的研讨，展现了沪港学术界的最新成果。与会者认为，上海和香港是两个充满活力的城市，各有优势，在整个中国现代化建设的进程中具有举足轻重的地位。在 CEPA 框架下，进一步加强沪港两地在服务领域的合作，不仅符合沪港两地经济发展的需要，而且是未来沪港经济合作的重中之重。港商应在更高层次上参与上海的现代化建设，沪港应充分利用各自的优势携手推进整个中国的现代化建设，同时在推动中国现代化建设的进程中不断地壮大自己，提升自身的国际竞争力。

2008 年 12 月 19 日，由上海市政协、上海社科院、香港明天更好基金联合举办的“金融危机　经济转型　沪港发展”研讨会在沪召开。市政协主席冯国勤，市政协副主席李良园、吴幼英，上海社会科学院院长王荣华，香港明天更好基金执行委员会主席陈启宗等出席。冯国勤在致开幕词时说，应对金融危机冲击，保持经济增长，推进经济转型，是沪港两地共同面临的重大课题。研讨会为沪港两地共迎挑战、共话合作、共促发展提供平台。香港在发展服务业方面拥有许多优势和经验，值得我们在推进经济转型和发展现代服务业过程中学习借鉴。他相信，与会人士就沪港两地有效应对金融危机冲击、加快推进经济转型和结构调整、进一步加强 CEPA 框架下的互利合作等问题深入交流，一定能取得积极成果。

2009 年 8 月 21 日，“沪港国际贸易中心互动发展”研讨会在上海市政协召开。市政协主席冯国勤致辞，部分市政协委员、港澳台侨委员会特聘成员，沪港两地相关政府部门负责人及专家学者参加研讨会。冯国勤指出，建设上海国际贸易中心是一项全局性、综合性战略任务，关系到上海尽快实现经济发展和产业结构转型及在全球城市竞争中的地位，也关系到提升国家对外贸易的国际竞争力。香港国际贸易中心在环境建设及对外贸易渠道拓展上积累了丰富经验，研讨会为沪港两地共迎挑战、共话合作、共促发展提供平台。希望政协委员、相关政府部门、专家学者及企业界人士畅所欲言，为上海国际贸易中心建设及沪港国际贸易中心互动合作、共同发展积极建言献策。与会代表围绕“沪港国际贸易中心互动发展前景”进行演讲，就全球金融危机对沪港国际贸易中心的影响和对策、国际贸易中心的政策体系和商务环境、沪港合作推进人民币跨境贸易结算等问题进行专题研讨。市政协副主席李良园、吴幼英出席研讨会，上海社科院院长王荣华、香港明天更好基金执行主席陈启宗分别致辞。研讨会由市政协、上海社科院和香港明天更好基金联合举办。

2010 年 10 月 21 日，“世博后沪港经济发展合作研讨会”在上海市政协举行。来自沪港等地的专家学者、政府官员、企业高管围绕世博后沪港经济合作发展、城市发展合作空间、区域合作发展等专题深入探讨。与会专家建议，沪港合作加快中心城市功能建设，细化功能、错位发展，以市场准入集聚机构，以机构集聚营造功能，以功能吸引各类服务业、新兴产业进入，形成以服务贸易开放带动高端经济扩张的发展新路。上海市政协副主席李良园致开幕辞，副主席吴幼英出席。研讨会由上海市政协港澳台侨委员会、上海社科院港澳研究中心、香港明天更好基金联合举办。

2011 年 11 月 15 日，“‘十二五’和 2015 年的沪港发展”研讨会在上海市政协召开，沪港两地近百名专家学者与会，围绕“十二五”沪港经济发展机遇和挑战、现代服务业发展与合作、城市发展与管理合作等专题研讨交流。市政协副主席王新奎分析经济全球化发展新趋势与上海产业结构转型突破口，认为上海作为我国对外开放前沿地区，具备接受发达国家产业结构转型技术外溢效应的优势，应依托人力、信息等资源，占领加工贸易产业价值链“微笑曲线”两端，实现产业集聚规划与区域经济一体化。与会专家学者展望“十二五”沪港经济发展前景，分析上海航运中心建设迫切需要解决的问题，认为沪港合作发展空间大、互补性强，应加强高端航运服务业、现代物流业等领域合作；探讨上海国际金融中心建设需解决的问题，以及沪港现代服务业发展合作机遇，提出应发挥上海经济辐射作用，借鉴香港金融中心建设经验，实现沪港联动发展；分析上海特大城市远景及可持续发展瓶颈、香港城市管理做法经验对上海的启示。研讨会由上海市政协港澳台侨委员会、上海社科院港澳研究中心、香港明天更好基金联合主办。市政协副主席吴幼英、上海社科院常务副院长左学金、香港明天更好基金执行主席陈启宗在开幕式上致辞。

2012 年 10 月 11 日，“沪港创新发展与城市治理”研讨会在上海市政协召开，来自上海和香港的嘉宾交流和探讨两地实行公交优先、优化土地利用和空间布局、吸引公众参与城市建设与管理等方面的经验做法。上海市政协主席冯国勤出席并致辞。与会者认为，上海和香港都是人口密集的大都市，应依靠科学规划体系和先进管理理念，促进形成紧密型城市形态，实现可持续发展。应优先发展公共交通，形成公交系统合理结合和全面覆盖，倡导绿色出行；合理规划利用土地，正确处理城市发展与资源承载、环境保护、文化传承等的关系；鼓励引导社会各界参与社会事务，充分发挥志愿者在城市治理中的积极作用。冯国勤指出，上海正深入贯彻落实科学发展观，加快建设社会主义现代化国际大都市、推进创新驱动转型发展，坚持高起点规划、高水平建设、高效能管理，注重以人为本、安全为先、效率为重。研讨会主题契合上海当前发展实际和需要。香港多年来形成的较为完善的城市建设规划体系和科学高效的治理机制，为上海城市发展提供借鉴。上海着力改善城市交通、加大环境治理力度、提高基础设施的维护管理水平、加强和创新社会管理，香港着力强化国际金融中心地位、保持经济稳定高效发展、进一步发挥在内地经济发展中的桥梁和窗口作用，两地在创新发展和城市治理方面具有共同目标和互动基础，合作潜力大、前景广阔。希望与会人士积极为深化沪港交流合作建言献策，为推动两地共同繁荣发展作出新贡献。市政协副主席吴幼英、秘书长陈海刚出席。会议由市政协港澳台侨委员会、上海社科院港澳研究中心、香港明天更好基金联合主办。

2013 年 10 月 11 日，2013 年度沪港发展研讨会在市政协召开。来自沪港两地经济、金融领域的专家学者围绕“沪港经济转型与合作：共谋外资利用新局面”主题深入交流探讨。市政协主席吴志明致辞。市委常委、统战部部长沙海林就加强沪港经贸合作作书面发言。市政府参事室主任王新奎、香港投资推广署助理署长邓仲敏就“中国（上海）自由贸易试验区建设的战略选择”“内地企业如何善用香港为平台走向国际”作主旨演讲。与会专家学者围绕“上海深化开放与利用外资”“沪港投资合作环境、方向和路径”进行专题发言。与会专家认为，自贸区挂牌成立标志着上海转型发展和开放型经济站在新起点，沪港合作面临新机遇。专家们建议，抓住自贸区建设契机，在金融、航运、现代服务业等领域开展更有效的合作，拓宽外商投资渠道，加强金融人才交流，开拓跨境金融服务全球市场，促进沪港两地经贸繁荣发展。吴志明说，外商投资是促进上海经济发展的重要力量。香港在输出和利用外资方面积累宝贵经验，在服务业开放、金融市场监管、国际化市场机制与规则制定、自由港政策体系设计等方面有诸多优势。建设自贸试验区，进行制度创新，需要借鉴香港的做法。沪港两地发挥好各自优势，拓展合作领域，提升合作深度，有利于实现优势互补、合作共赢。希望大家积极为沪港经济转型与合作建言献策，为开创利用外资新局面、推动沪港携手发展作出新贡献。市政协副主席张恩迪、秘书长贝晓曦出席。研讨会由市政协港澳台侨委员会、上海社会科学院港澳研究中心和香港明天更好基金联合主办。

2014 年 11 月 10 日，2014 年度沪港合作与发展研讨会在上海市政协召开，市政协副主席姜樑、张恩迪出席，市政协副秘书长高美琴，港澳台侨委员会丁志坚主任、张伊兴常务副主任参加。

2015 年 10 月 29 日，沪港合作与发展研讨会在上海市政协召开。该研讨会由市政协港澳台侨委员会、上海社会科学院港澳研究中心和香港明天更好基金共同举办。会上，金砖国家新开发银行、香港特区政府中央政策组、国务院发展研究中心、市发展改革委、市金融办等相关部门和机构的负责人，从不同角度就“一带一路”带来的机遇和挑战作主旨演讲，来自北京、香港、上海、广州、兰州等地的百余位专家学者、企业家和政府部门工作人员共同参与探讨。上海市政协副主席周太彤、张恩迪出席，副主席姜梁出席并致辞。

2016 年 11 月 2 日，“一带一路”与沪港金融合作研讨会在上海市政协召开，与会嘉宾围绕沪港两地在“一带一路”建设中金融领域的合作前景交流探讨。市政协副主席张恩迪致辞，副主席徐逸波出席。中央提出建设“一带一路”以来，沿线区域金融服务机遇日益显现，为沪港两地金融合作提供了广阔舞台。上海作为国内企业参与“一带一路”建设的重要金融服务枢纽，香港作为“一带一路”建设的“超级联系人”，在服务国家战略、支持中国企业“走出去”、构建更加便利的人民币资金通道等领域，存在巨大的合作空间。与会专家学者围绕“一带一路”背景下沪港国际金融中心角色定位、推进人民币国际化、推进投融资平台建设等议题进行了深入交流。研讨会由上海社会科学院港澳研究中心、上海市政协港澳台侨委员会、香港明天更好基金联合主办。部分市政协港澳地区委员，各地专家学者、企业家代表，有关政府部门负责人出席。

2017 年 6 月 8 日，“‘一国两制’的实践与沪港合作前景暨香港回归 20 周年”学术研讨会在上海举行。与会的沪港学者围绕回归 20 年香港与内地的经济关系、香港在未来国家开放新格局中的地位与角色等热点议题展开讨论。上海市政协副主席张恩迪、徐逸波，上海社会科学院院长王战出席研讨会。研讨会由上海社会科学院港澳研究中心、上海市政协港澳台侨委员会、香港明天更好基金联合主办。来自上海和香港等地的政府官员、专家学者在会上各抒己见，并和与会嘉宾进行交流互动。香港立法会议员、香港新民党主席叶刘淑仪认为，香港和内地多个城市，特别是上海有着极大的互补空间。随着内地经济发展，香港在物流、贸易等方面的中介角色或渐渐减弱，但在多个范畴仍和内地有很大的合作空间；在金融及相关专业服务方面，一方面，沪港通、债券通、深港通、人民币业务等壮大了香港的金融市场，另一方面，香港也可协助内地金融市场及人民币的国际化。经济融合是不可逆转的全球大趋势，香港应加大与内地城市融合，同时要随着国家“一带一路”建设，寻求与“一带一路”沿线地区的合作。香港虽然已经是全球最大的人民币离岸中心，但是，无论欧洲、北美还是亚洲其他国际金融中心都在积极挑战香港的人民币离岸中心地位。张恩迪说，今年是香港回归

20 周年。沪港合作成为香港与内地合作的一个典范。香港回归 20 年来，沪港保持了紧密合作关系，沪港合作在产业投资、城市治理、政府管制、人员交流、科技合作、文化交流等众多领域全面深入展开，为上海的全面发展，也为香港的升级发展注入强劲推力。他表示，新时期沪港合作背景、合作基础出现新的特点，最显著的是中国经济由接轨全球经济，向引领全球经济发展转变，沪港差异性比较优势逐渐转变，促使沪港合作内涵发生深刻变化。未来 30 年，是中国实现“百年”奋斗目标的关键阶段，在由世界大国向世界强国的迈进过程中，沪港未来城市的特点、角色和功能都将继续升级，在中国的强国之梦中扮演着重要的不同角色，沪港合作“双城记”的故事将越来越精彩。

2018 年 11 月 13 日，2018 沪港合作与发展研讨会在上海召开。来自两地专家学者围绕“改革开放再出发，沪港合作创新篇”主题，总结交流经验启示，研究探讨深化改革思路举措。全国政协副主席梁振英出席会议并发表主旨演讲。上海市副市长许昆林介绍近年来沪港合作交流情况。全国港澳研究会会长徐泽、香港特区政府驻上海经济贸易办事处主任邓仲敏就“改革开放 40 年与沪港发展合作”发表主旨演讲。在以“新时代香港社会经济发展面临的机遇和挑战”为题的圆桌会议上，与会者聚焦全球化背景下沪港合作应把握的关键点、香港“明日大屿”规划愿景与沪港合作、香港在国家全面改革开放中的功能作用及面临的挑战、沪港青年交流交往等内容。大家认为，40 年来，沪港合作交流不断深化，对上海创新驱动发展、经济转型升级，对香港保持长期繁荣稳定、不断增强竞争力，都具有重要意义。沪港两地应立足自身优势特色，在全国发展大格局中思考谋划深化合作的路径，共同研究破解发展进程中遇到的难题，为在更高起点、更高层次、更高目标上推进国家改革开放贡献智慧力量。上海市政协副主席徐逸波、秘书长贝晓曦出席会议。沪港合作与发展研讨会由上海市政协港澳台侨委员会、上海社会科学院港澳研究中心和香港明天更好基金联合主办。

2019 年 11 月 15 日，2019 沪港合作与发展研讨会在上海召开。沪港两地专家学者围绕“新时代持续发挥沪港在国家改革开放中的作用”主题，深入研讨交流，共议在长三角一体化发展和粤港澳大湾区建设两大国家战略下的沪港合作新发展。与会者认为，上海与香港在国家改革发展进程中都占有重要地位，应更好发挥各自优势，更加积极主动融入国家发展大局。全国政协副主席梁振英出席会议并发表主旨演讲。会上，副市长许昆林介绍了今年以来沪港合作的具体举措和成效。全国港澳研究会会长徐泽、香港特区政府驻上海经贸办事处主任邓仲敏、海通证券股份有限公司总经理瞿秋平就“坚持‘一国两制’，深化沪港合作”先后作主旨演讲。与会嘉宾聚焦沪港国际航运中心高端航运专业服务合作、国际金融中心核心竞争力深度共建合作、房地产市场法律环境建设三大议题进行专题讨论，探究沪港新一轮合作的重点领域、方法路径和创新机制。香港特别行政区政府驻上海经济贸易办事处主任邓仲敏介绍，目前有超过700名香港学生在上海各高等院校就读。沪港两地在教育、人才培养、文化创意等领域的交流亦十分热络。全国港澳研究会会长徐泽在演讲中提出，在新科技革命方兴未艾之际，沪港合作要在为国家建设现代化经济体系、推动经济高质量发展上走出新路，不仅需要用好过去的经验，更要通过进一步学习，创造出新经验。同时他还强调，新时期深化沪港合作，离不开深化两地文化交流合作。与会者还就高端航运专业服务合作、国际金融中心深度共建合作、房地产市场法律环境建设三个议题进行了专题讨论。上海社会科学研究院院长张道根认为，以香港在大湾区中带动整个大湾区的发展和上海在长三角中发挥龙头作用，这两个可能是支撑中国经济发展的很重要的方面，中央也要求长三角成为中国经济强劲活跃增长的增长极。在当前形势下，上海和香港的合作非常重要。要更加深入，更加细化，更加抓住关键环节，落实下去。与会人员表示，上海与香港应共同为新时代推进高水平改革开放、实现高质量发展添动力、增助力、聚合力。上海市政协副主席张恩迪、徐逸波出席会议。沪港合作与发展研讨会由市政协港澳台侨委员会、上海社会科学院港澳研究中心和香港明天更好基金联合主办。

2021年6月9日，2021沪港合作与发展研讨会在沪召开，沪港两地专家学者以视频会议形式，聚焦"'十四五'上海发展与沪港合作"深入研讨交流。全国政协副主席梁振英在香港会场出席并讲话。来自沪港两地的300余名政府相关部门负责人、专家学者、企业家、社会团体代表参加研讨会，部分在沪香港青年代表参与对话、发表看法。与会者围绕"国家和上海'十四五'宏观政策新方向与沪港合作新潜能""上海区域新平台与沪港合作""'十四五'沪港国际金融、科技、贸易中心建设合作创新"等主题，就积极把握"十四五"时期沪港发展机遇和商机、打造深度参与国际高水平经济合作与竞争的战略性功能平台、提升沪港金融合作深度、增强配置全球资源功能等开展交流，为沪港铺设更多互利合作之路、架起更好市场连接之桥建真言、谋良策、出实招。与会者认为，沪港两地经济功能高度契合、合作空间广阔，应紧紧抓住"十四五"发展带来的重大机遇，在建设现代化经济体系、深化资本市场的互联互通、优化航运和航空资源配置、搭建经贸交流机制平台、拓展"一带一路"沿线市场、促进文化教育和青年往来等方面，加强沟通交流、对接协作，实现互惠共赢，共同谱写双城合作的精彩篇章。上海市政协副主席吴信宝、秘书长贝晓曦出席会议。研讨会由上海市政协港澳台侨委员会、上海社会科学院、香港再出发大联盟、香港明天更好基金联合主办。

第二节　沪港大都市发展研讨会

为推动上海和香港两大城市的发展，借鉴香港大都市发展的成功经验，积极应对加入WTO后上海面临的机遇和挑战，上海市委统战部以上海海外联谊会的名义与香港沪港经济发展协会共同举办沪港大都市发展研讨会。

2000年6月2—3日，上海海外联谊会与沪港经济发展协会联合在沪举办首届“沪港大都市发展研讨会”。来自两地政界、商界及科研机构的250名代表围绕“在中国加入WTO的新形势下，沪港两地如何加强合作，优势互补”的主题开展研讨。香港特别行政区行政长官董建华、上海市市长徐匡迪应邀出席会议并演讲。上海市科学技术委员会主任、香港证券及期货事务监察委员会主席、香港特区行政会议召集人等沪港两地12位专家就经济、科技、工业、金融和中介服务等5个专题发表演讲。2003年11月25日，上海海外联谊会、沪港经济发展协会、香港总商会、香港贸易发展局联合在沪举行第二届“沪港大都市发展研讨会”，研讨会主题为“CEPA框架下沪港合作新机遇”，就世博会项目以及黄浦江两岸开发、物流、会展、投资和商务服务业等一系列问题进行广泛的讨论和交流。上海市副市长姜斯宪、香港特别行政区政府财政司司长唐英年分别作主题报告，沪港两地政商界人士300余人出席。2005年12月3日，第三届“沪港大都市发展研讨会”在沪召开，主题为“加速发展现代服务业，推进CEPA框架下沪港经济合作”。上海市常务副市长冯国勤、香港特别行政区政府财政司司长唐英年在会上作主题演讲，沪港两地约250名有关人士和专家学者等出席。2007年12月6日，第四届“沪港大都市发展研讨会”在沪召开，主题为“落实CEPA、加强沪港合作、服务长三角联动发展”，上海市副市长唐登杰、香港特别行政区商务及经济发展局局长马时亨出席会议并作主题演讲，沪港两地行业协会领导、知名企业高层主管及相关专家学者250余人出席。2010年1月19日，由上海海外联谊会和香港沪港经济发展协会共同主办第五届“沪港大都市发展研讨会”在上海召开。会议以“国际贸易中心—合作发展新机遇”为主题，沪港两地行业协会领导、知名企业高层主管及有关专家学者350余人与会。上海市委常委、统战部部长、上海海外联谊会会长杨晓渡，香港沪港经济发展协会会长周亦卿在开幕式上分别致词，上海市政协副主席、市工商联主席王新奎作主旨演讲。国家商务部台港澳司副司长孙彤，香港贸发局华东、华中首席代表钟永喜和复旦大学世界经济研究所所长华民等作大会演讲。沪港两地的行业协会领导、知名企业高层主管以及相关专家学者350余人出席。

2011 年 9 月 21 日，上海海外联谊会与香港沪港经济发展协会、香港中华总商会、香港专业及资深行政人员协会、香港上海总会在香港共同主办主题为“深化 CEPA 实施，促进沪港经贸发展”的第六届“沪港大都市发展研讨会”。上海市委常委、统战部部长，上海海外联谊会会长杨晓渡，香港贸易发展局局长林郑月娥及主办机构有关负责人出席并致辞。上海市政府副秘书长、市商务委主任沙海林，商务部台港澳司副司长孙彤，香港特区政府商务及经济发展局常任秘书长黄灏玄，香港贸易发展局副总裁方舜文，陶比（香港）有限公司行政总裁方刚，复星集团董事长郭广昌在会上作演讲。香港方面 40 余个工商、专业及苏浙沪籍社团 180 余人与会，上海方面组团 90 余人赴港参会，香港中联办副主任黎桂康出席开幕式，中联办协调部、经济部、中央统战部三局、沪港两地主要社团、工商界、专业界、青年界和行业协会代表人士 280 余人出席。研讨会后，上海市青年联合会牵头上海青年企业家，与香港青年联合会、沪港青年交流促进会联系的香港青年企业家，上海市工商联牵头上海民营企业家、与全港各区工商联联系的香港中小企业家，上海市社会工作党委牵头上海市建设工程咨询行业协会、上海市保险同业公会、上海市软件行业协会、上海市企业信用互助协会、上海市咨询业行业协会、上海市资产评估协会等与香港专业及资深行政人员协会联系的香港专业界人士分别进行对口交流。2014 年 3 月 24 日，由上海海外联谊会、香港沪港经济发展协会主办，香港中华总商会、香港上海总会、香港专业及资深行政人员协会、中国香港（地区）商会—上海协办，并得到上海市商务委员会、上海市人民政府港澳事务办公室、香港特区政府驻上海经济贸易办事处、香港贸易发展局的支持，以“世界经济新挑战　沪港合作新机遇”为主题的第七届“沪港大都市发展研讨会”在沪召开。上海市委常委、统战部部长，上海海外联谊会会长沙海林在开幕式上致词，香港沪港经济发展协会会长姚祖辉主持开幕式。商务部驻上海特派员张国庆、中国上海自由贸易试验区管委会常务副主任戴海波、香港特区政府发展局局长陈茂波、上海市商务委员会主任尚玉英、香港贸易发展局研究总监关家明、均瑶集团董事长王均金、香港东亚银行（中国）有限公司执行董事兼行长关达昌等在会上作主旨演讲。他们从对世界经济贸易形势新变化的思考，香港政府引导支持创新转型的情况，到如何加强沪港金融行业合作应对世界经济贸易新形势，开创沪港经贸发展新局面等方面，与来宾交流分享对沪港合作新机遇的认识和解读。沪港两地的行业协会领导、知名企业高层主管以及相关专家学者 200 余人出席。2015 年 11 月 24 日，由沪港经济发展协会、上海海外联谊会及岭南大学潘苏通沪港经济政策研究中心联合主办的第八届“沪港大都市发展研讨会”在香港召开。香港特区政府财政司司长曾俊华，上海市委副书记应勇，中央政府驻港联络办副主任仇鸿，上海市委常委、统战部部长、上海海外联谊会会长沙海林，全国人大常委范徐丽泰等出席。研讨会主题为“金融大时代下的机遇和挑战”，两地逾400位专家学者、企业家以及政府官员参加。上海市金融办主任郑杨作题为“沪港金融合作与发展前景广阔”的主题演讲。香港特区政府财经事务及库务局局长陈家强在题为“中国金融改革与香港的机遇”的主题演讲中，分析内地近年金融改革变迁对本港金融业带来的商机。全国工商联专职副主席、北京大学国家发展研究院名誉院长林毅夫主讲“自贸区和中国经济的改革开放”，详细解读内地自贸区建设的一系列成就，以及全面深入的改革开放对内地及周边地区的影响。研讨会还公布《“沪港通”推出后对内地与香港金融市场的影响及其优化路径研究报告》《人民币国际化下的资本市场开放对两地股市波动影响研究报告》《人民币离岸市场的战略布局与输出途径》等三份研究成果。

2018年6月7日，由上海海外联谊会、沪港经济发展协会联合主办的第九届“沪港大都市发展研讨会”在上海西郊宾馆召开。沪港两地的政府官员、专家学者和企业家围绕“新时代、新经济、新合作、新发展——纪念改革开放40周年”主题，通过演讲、圆桌座谈等形式，探讨新时代背景、新经济模式下，沪港两地在经贸、金融、文化等多个领域、不同层次的合作机遇和挑战。中共上海市委常委、统战部部长郑钢淼出席论坛并致辞。研讨会上，上海市副市长许昆林、香港特别行政区政府财政司司长陈茂波、香港西九文化区管理局董事局主席唐英年应邀作主旨演讲，结合改革开放伟大历史进程，回顾沪港合作历程和取得的辉煌成绩，为沪港进一步相互借鉴、融合发展擘画美好愿景。香港工商专业界人士、在沪港人代表、沪港知名企业高层主管以及相关专家学者近300人出席会议。

第三节　沪港商事调解论坛

沪港商事调解论坛是由上海经贸商事调解中心、香港联合调解专线办事处、香港调解会合作自2012年开始举办，论坛旨在研讨、探索商事纠纷多元化的解决方式，运用调解手段化解经济纠纷，促进沪港两地在商事调解领域的合作交流。

2012年3月3日，由上海市政协港澳台侨委员会支持，上海经贸商事调解中心与香港调解会共同举办的首届沪港商事调解论坛在上海召开，来自上海和香港两地的法律界人士和调解专家共同探讨如何通过调解的方式，高效、经济地帮助中外当事人解决在贸易、投资、金融、证券等领域的各种纠纷。论坛旨在研讨、探索商事纠纷多元化的解决方式，运用调解手段化解经济纠纷，为上海加快“四个率先”、建设“四个中心”，创造和谐稳定的法治环境而努力。专家指出，商事调解是跨国商贸活动中重要的服务环节，旨在通过调解的方式，使得来自不同国家或地区的当事人可以快捷、高效、经济、灵活地解决纠纷。上海已成立经贸商事调解中心，由熟悉国际、国内商事法律事务，同时深谙中华文化传统的法律专家担任调解员，为国内外企业组织提供“案结事了”的商事纠纷调解方案。本届论坛由上海现代服务业联合会参与主办。论坛由沪港两地调解专业组织共同创办。每两年一次轮流在沪港两地举办。2014 年 11 月 27 日，为加强沪港两地专业调解机构合作与交流，由上海经贸商事调解中心、香港联合调解专线办事处及香港调解会主办的第二届沪港商事调解论坛在香港赛马会举行。本届沪港商事调解论坛以调解创造和谐营商环境为主题，围绕香港调解的魅力、法律体制下的调解和商事调解、探究香港调解的发展及优势、房地产及建筑纠纷之调解、内地调解等五个环节进行研讨与交流。上海经贸商事调解中心管委会主任巢卫林表示，香港经济发展程度较高，产业结构也比较优化，在商事纠纷中积累的经验比较丰富，值得学习。上海经贸商事调解中心管委会副主任陈乃蔚说，上海和香港都重视法律服务业在推动经济社会发展中的重要作用。香港特区政府重视营商环境，调解这种手段在香港经过多年建设，而上海起步比较晚，需要向香港学习。他还表示，除了学习与交流，两地还可以联手合作，优势互补、取长补短。香港特区政府从 2007 年开始建立并发展调解服务，2012 年制定《调解条例》，并于 2013 年起实施。2016 年 3 月 17 日，由上海经贸商事调解中心、香港联合调解专线办事处、香港调解会联合主办的第三届沪港商事调解论坛在沪举行。香港特区政府律政司司长袁国强率团来沪出席。本届论坛主题为“商事调解与司法改革——调解在商事纠纷解决中的价值”。最高人民法院、上海市政府港澳办、上海市商务委等及沪港有关企业法律顾问、调解员、律师代表共 180 人出席。律政司司长袁国强是论坛创办以来第二次参加，他在发言开场举了两个通俗的例子说明沪港渊源深厚、关系密切——虽然价格昂贵，但是香港人仍然钟爱穿上海裁缝做的西服；上海菜馆是港人最爱光顾的食肆。在他看来，当前两地在法律领域的合作交流可以更多。特区政府一直致力推动香港成为亚太区国际法律和解决争议中心，沪港两地调解机构定可把握机遇，提供更专业和更多元服务，融合彼此优势，抓紧国家和全球发展带来的机遇。在论坛上，袁国强还发表主题演说，分享香港推动调解的原因、挑战和未来发展。袁国强的发言也得到了内地同行的肯定。最高人民法院中国应用法学研究所所长蒋惠岭指出，从 2008 年至今，他曾两度到香港考察非诉讼纠纷解决程序（Alternation Dispute Resolution，ADR）的发展，感到进步很快。近年来，法律界在探索多元化纠纷解决机制方面取得令人欣慰的成果，内地 ADR 事业也在迎头赶上。上海市高级人民法院副院长陈亚娟也指出，沪港两地分享商事调解经验具有天然优势。香港在工商、金融、贸易方面皆有先发优势，上海自贸区深化改革的方案，更是将完善第三方调解，对接国际商事争议规则作为自主创新的一个重要内容。一方面，专门化的商事调解，作为诉讼、仲裁之外的有益补充，在上海经济发展中存在很大需求空间。另一方面，上海城市的工商文化底蕴，也为专门化商事调解在上海落地生根提供了优质土壤。相信那些已经在香港行之有效的商事调解模式，经过适当本土化改造，在上海也能生根发芽。上海正在探索的调解经验，也能为香港的商事调解发展有所裨益。2018 年 5 月 19 日，由上海经贸商事调解中心、香港联合调解专线办事处、香港调解会共同主办、香港特区政府律政司协办的第四届沪港商事调解论坛在香港律政中心礼堂成功举行，论坛还得到最高人民法院、上海市一中院、上海市司法局、上海市商务委、上海市港澳办、上海市律协等的大力支持。本届论坛主题为“调解与一带一路地区、内地及香港的发展、机遇与未来”。香港特区政府律政司司长郑若骅在致辞中表示，希望沪港两地的调解机构始终保持紧密的交流与合作，推动两地争议解决机制的共同发展。最高人民法院司改办主任胡仕浩在发言中表示，沪港两地调解机构加强交流与合作，将有利于推动“一带一路”战略的实施，扩大以调解方式解决商事纠纷的社会影响，努力营造良好的营商环境。香港高等法院龙剑龙司法常务官和上海市司法局王协副局长等致辞。在一天的论坛发言交流中，最高人民法院司改办处长龙飞、上海凯声商事专业调解资格培训中心教务长及上海交通大学法学院教授杨力、上海市一中院副院长汤黎明、上海经贸商事调解中心主任张巍以及美国 JAMS 国际事务主任豪厄尔（Ranse Howel）、香港前高等法院上诉庭副庭长罗杰志、香港调解资历评审会主席黄吴洁华律师、香港调解会主席陈家成大律师、香港大律师公会调解委员会主席廖玉玲大律师、香港仲裁司学会主席萧咏仪律师等都作了发言。

2019 年 8 月 20 日，为进一步优化沪港两地和谐、良好的营商环境，推动商事调解的普及，发挥专业调解“第一道防线”的解纷优势，由香港律政司、上海市法学会、上海经贸商事调解中心联合主办，香港驻上海经济贸易办事处、上海市律协共同协办的“商事纠纷　调解优先——沪港商事调解研讨会”在上海锦江小礼堂召开。研讨会得到上海市商务委、上海市司法局、上海市港澳办、上海市政协港澳台侨委员会的大力支持，来自最高人民法院、上海市高级人民法院、调解中心领导及调解员、企业代表、律师、行业协会代表等 160 余人参加。香港特区政府律政司司长郑若骅由于工作原因在研讨会前返回了香港，但特地在香港律政司办公室连线会议现场发表致辞，希望借此推动调解在沪港两地的发展。郑若骅表示，调解解决商事纠纷已是全球所趋，沪港两地将继续加强交流，致力于把调解优先承诺活动推向世界，共同缔造和谐、和合共赢的新机遇。上海市法学会党组书记、会长崔亚东，上海市高级人民法院副院长张斌也发表致辞。研讨会邀请沪港两地商事调解领域专家、学者就专业调解展开分享与交流。香港调解督导委员会委员岑君毅律师和与会人员分享香港“调解为先”的发展进程，以香港调解的详细数据和相关法例展现香港调解架构的稳健性，指出调解具备自愿、保密、灵活、专业的特点，配合以和为贵的文化，已发展成为亚洲最常见的争议解决方式。

2021 年 8 月 18 日，由香港特区政府律政司、上海市法学会、上海经贸商事调解中心、香港调解会、香港联合调解专线办事处、中国商事调解发展合作机制等机构发起举办的第五届沪港商事调解论坛在上海自贸试验区临港新片区举行。本届论坛通过线上线下同步举行，共吸引沪港专业人士 1700 余人参加，论坛主题为“全球经贸争端解决机制构建”。论坛首次发布《沪港商事调解案例汇编》，旨在进一步发挥沪港两地商事调解机构的示范作用。香港特区政府律政司司长郑若骅通过视频致辞，表示随着全球一体化的步伐加快，跨境金融交易、投资理财和商务合作已经变得非常频繁，过程中难免会产生纠纷，作为诉讼之外解决争议方式，调解在各种商事争议中有着独特的优势，省时、省费、高度灵活性、保密性等等。香港特区政府也会不遗余力推动调解服务的发展。在经贸及法律事务领域，沪港一直保持紧密的交流合作，例如在 2021 年 5 月签署的《关于内地与香港特别行政区法院相互认可和协助破产程序的会谈纪要》中，上海率先成为其中一个试点。香港和上海作为国家的国际金融及经贸中心，可以继续优势互补，积极交流合作，为国家发展作出贡献，期待沪港两地在商事、家事等纠纷解决领域进一步交流。香港联合调解专线办事处主席萧咏仪、香港调解会理事岑君毅等香港嘉宾亦通过视频分享各自工作中的案例和感想。今次的论坛还着重聚焦《联合国关于调解所产生的国际和解协议公约》，旨在解决国际商事调解达成的和解协议的跨境执行问题，于 2020 年 9 月正式生效，目前缔约国已经达到 54 个。上海市法学会会长崔亚东表示，多元化纠纷解决机制适应中国社会纠纷解决的实际需求，《新加坡调解公约》将推动商事调解在国际纠纷解决领域的广泛适用，中国签署该公约对国内商事调解市场的形成及法律服务能力的提升具有重大意义。围绕公约生效后的商事调解发展，联合国国际贸易法委员会秘书长安娜·茹班-布雷（Anna Joubin-Bret）、商务部条法司巡视员温先涛、上海政法学院校长刘晓红等专家学者先后分享各自的实践和思考。此外，欧盟知识产权局前任上诉委员会主席西奥菲勒·马格洛（Theophile Margellos）和美国司法仲裁与调解服务股份有限公司国际事务总监豪厄尔（Ranse Howell）也在线畅谈中欧、中美国际商事联合调解机制的新发展。

第八章　沪港高层官方往来

第一节　上海市领导访港

自1979年3月，以市委统战部部长张承宗为团长的上海工商界经济代表团首访香港，开启“文化大革命”后上海官方赴港先例，随着沪港两地的交流合作不断深入，市领导和各委办局组成的代表团访港渐渐增多起来。

1981年11月1—4日，市长汪道涵率上海市代表团在访问英国后，对香港作短暂访问。香港总督麦理浩会见汪道涵，双方就城市建设和经济合作等问题交流会谈，在香港工商界人士联合举行的欢迎会上，汪道涵介绍内地和上海经济建设的情况及遇到的问题，希望得到香港各界的支持和帮助，并在船王包玉刚举行的宴会上，说明对香港地区的政策方针，汪道涵一行在港期间，还访问香港工程拓展署路政处，参观隧道、未来跨海大桥及各种道路设施的模型。1983年5月，上海市经济代表团5人，访问香港。拜访香港中华总商会、香港贸发局等，举行企业界座谈会，宣传沪港合作发展的有利条件，受到香港新闻界的重视。1983年5月，市长汪道涵率上海市代表团11人，结束对美国旧金山的访问后，回国途经香港，港府副政治顾问马德克到机场迎接，香港环球航运集团主席包玉刚宴请。1990年6月8—12日，市长朱镕基率上海经济代表团访问香港，出席“90年代上海经济发展——沪港经济合作展望研讨会”并发表演讲。朱镕基说，上海经济代表团到香港来，一是考察和借鉴香港的发展经验、城市建设和管理经验，二是为了增进上海与香港相互之间的了解，寻求发展沪港之间的合作，并对浦东开发开放存有的许多疑点，作翔实、明确的回答。朱镕基表示，浦东开发非“南柯一梦”。在港期间，朱镕基会晤港督卫奕信，与香港各界知名人士进行座谈。

1992年12月1日，市长黄菊率上海市代表团赴港访问，考察香港工业、港口、码头、市政设施、金融证券市场、房地产等情况。其间，黄菊和香港知名实业家、和记黄埔有限公司主席李嘉诚出席上海港与香港和记黄埔有限公司合资经营集装箱码头的签字仪式，该项目是中国交通行业和沿海港口最大的合资项目，总投资约56亿元。1993年11月16—25日，市政协主席陈铁迪率上海市政协代表团访问香港、澳门。在港澳期间，陈铁迪拜访安子介、霍英东、马万祺3位全国政协副主席，拜会当地有关商会、团体、同乡会和大企业（集团）公司等，与教育、文化、新闻界数百名知名人士接触，介绍上海改革开放情况。

1995 年 11 月 6 日，由市政协副主席毛经权为团长的市政协访问团赴香港访问。访问新华社香港分社，拜访香港中华总商会、香港苏浙同乡会、参观香港汇丰银行等。1998 年 11 月 11—13 日，市长徐匡迪赴香港，接受香港科技大学授予的荣誉博士学位。香港科技大学荣誉工程博士学位主要授予在学术上卓有成就、致力于推动大学发展或对社会有重大贡献的杰出人士，由香港科技大学校长吴家纬提名，并为此举行隆重的授凭典礼。2003 年 10 月 26—29 日，市长韩正率上海市代表团访问香港，参加沪港经贸合作会议第一次会议，韩正和香港特区行政长官董建华发表讲话，分别阐述在中央政府在《内地与香港关于建立更紧密经贸关系的安排》（CEPA）框架下，以服务业为重点在 8 个方面全面加强沪港合作，促进沪港共同发展的总体思路和具体设想。会议期间，双方还举行沪港机场管理合作签约仪式，韩正在上海市代表团与香港商界的恳谈会上发表《上海当前经济与社会发展情况和 CEPA 框架下加强沪港合作》的演讲，欢迎香港各界人士积极参与 CEPA 框架下的沪港合作。代表团在香港视察上海实业集团，参观香港玛嘉烈医院、葵涌集装箱码头、香港国际金融中心二期、香港联交所、香港国际机场等，听取香港机场管理局有关机场管理经验的介绍。2008 年 4 月 15—19 日，以市政协主席冯国勤为团长的上海政协代表团访问香港和澳门，与出席市十一届政协会议的港澳地区委员学习座谈，就进一步深化沪港澳三地合作交流进行探讨。2010 年 11 月 8 日，市政协主席冯国勤代表市政府赴港出席“智慧的长河——电子动态版清明上河图”展开幕式，香港特区行政长官曾荫权等出席开幕式。展览保留上海世博会中国国家馆展出的动态版清明上河图原有设计和视觉效果，并从弘扬传统文化的视角进行深入挖掘，以模型和文字解说的方式将宋代的城市建设、建筑特色和民俗风情作诠释，11 月 9—29 日举办 20 天，共接待 60 万名参观者。冯国勤在港期间还拜会香港特区政府政务司司长唐英年等。2012 年 6 月 30 日—7 月 2 日，市长韩正应邀赴港并出席香港回归 15 周年庆典活动。其间，韩正考察香港旧城改造项目，并与上海 5 家驻港企业负责人座谈，了解上海企业在港发展情况和促进沪港合作的建议。2018 年 5 月 15—19 日，市政协组团访问港、澳，分别拜访全国政协副主席董建华、何厚铧、梁振英和香港、澳门中联办，走访爱国爱港爱澳团体和特区政府有关部门，召开港澳委员座谈会。8 月 21—24 日，上海市市长应勇率领市政府代表团先后访问澳门、香港。访澳期间，应勇分别会见澳门特区行政长官崔世安、澳门中联办负责人，并出席沪澳有关合作备忘录签署仪式，考察当地世界文化遗产保护项目，听取澳门发展及未来规划情况介绍，察看上海建工承建的港珠澳大桥澳门口岸旅检大楼并慰问工程建设者。访港期间，应勇先后会见香港特区行政长官林郑月娥、香港中联办主任王志民并出席沪港合作会议第四次会议、

2018沪港澳青年经济发展论坛，分别召开上海在港机构和企业座谈会、港商代表座谈会，考察香港垃圾处理、养老服务、社区建设、公共体育设施开放等情况。2019年4月7—12日，上海市人大常委会主任殷一璀率上海市人大代表团出访港澳。访澳期间，代表团一行拜会澳门特区行政长官崔世安、澳门中联办主任傅自应、澳门立法会主席贺一诚，考察澳门大学、港珠澳大桥澳门口岸“合作查验、一次放行”通关模式等。访港期间，代表团一行拜会香港特区行政长官林郑月娥、香港中联办主任王志民、香港特区立法会主席梁君彦，与香港特区政府政制及内地事务局、创新及科技局座谈交流。

第二节　香港官员访沪

改革开放后，沪港交往频繁。1985年5月7—8日，香港总督尤德夫妇应邀访问上海，出席由香港贸易发展局和中国国际贸易促进委员会上海市分会联合在上海展览中心举办的“香港产品展览会”开幕式，香港贸易发展局主席邓如莲率香港经济贸易访沪代表团一行20人也到沪参加展览会开幕式活动，市长汪道涵和尤德为展览会剪彩。汪道涵与国家经贸部部长郑拓彬分别会见尤德夫妇。1987年12月1—3日，香港总督卫奕信夫妇应邀访问上海，出席由上海市贸促分会和香港贸易发展局共同举办的“香港上海经济区经济贸易合作研讨会”开幕式和香港贸易发展局驻上海办事处开幕典礼。市长江泽民和市府顾问、国务院上海经济区规划办公室主任汪道涵分别会见总督卫奕信。副市长李肇基和总督卫奕信为香港贸易发展局驻上海办事处开幕剪彩。

1997年3月25—26日，香港特别行政区候任行政长官董建华到沪访问，出席由香港贸易发展局主办，上海市对外经济贸易委员会、上海外国投资工作委员会等协办的“香港联系京沪穗、携手创繁荣”研讨会并作演讲。中共中央政治局委员、上海市委书记黄菊会见董建华。10月12日，香港特别行政区行政长官董建华应邀来沪参加第八届全国运动会开幕式，市长徐匡迪会见。1998年10月21日，董建华赴京述职后，和夫人到上海休假，市人大常委会主任陈铁迪会见董建华一行。1999年9月26日，董建华及夫人应邀到沪出席“999《财富论坛》· 全球论坛上海年会”，市委书记黄菊会见董建华夫妇。2000年6月2—3日，董建华到沪出席由上海市海外联谊会、沪港经济发展协会举办的“沪港大都市发展研讨会”，并在开幕式上演讲。市委书记黄菊和市长徐匡迪分别会见董建华。2001年4月7—9日，董建华再访上海。10月19日，国家主席江泽民在上海会见前来参加亚太经合组织领导人非正式会议的董建华，并共进早餐。2003年1月17—18日，香港特别行政区行政长官董建华访问上海，并在上海市常务副市长韩正陪同下专程出席上海交通大学董浩云航运博物馆的开馆典礼。2004 年 10 月 21—24 日，董建华偕夫人等到沪休假，与市长韩正就沪港两地合作等事宜进行工作会谈。

2006 年 5 月 5—7 日，香港特别行政区行政长官曾荫权携夫人首次到沪访问，市长韩正会见。双方就加强沪港在金融和证券等领域的合作、赴港申请受理业务、加强沪港两地政府公务员交流等事宜交换意见。在沪期间，曾荫权一行参观新天地、中共一大会址、洋山深水港等。2008 年 5 月 30—31 日，曾荫权访问上海，出席中国 2010 年上海世博会香港参展协议签署仪式。中共中央政治局委员、上海市委书记俞正声会见曾荫权，向客人简要介绍上海发展情况。俞正声说，香港在发展金融业、现代服务业和城市管理方面有很多值得上海学习的经验，上海要学习香港在发展现代服务业、城市管理等方面的经验，希望双方进一步加强合作，携手共进，共同发展。市长韩正也会见曾荫权。韩正指出，在中央关于《内地与香港建立更紧密经贸关系的安排》（CEPA）框架下，沪港经贸合作迅速发展，两地贸易年均增幅达 20% 以上。上海将虚心学习，认真借鉴香港在金融领域、城市管理等方面的众多优秀经验。相信在国家各有关方面的支持下，沪港两地能在 CEPA 框架下进一步拓展新的合作领域。上海愿为世博会香港馆的建设提供服务。曾荫权对上海能在城市建设中既保持原有风貌又取得新的进展表示赞赏。他说，中国 2010 年上海世博会是中国继奥运会后最大的国际活动，香港一定积极配合上海办好世博会，使香港馆和城市最佳实践区成为世博会上的亮点之一。希望沪港两地能在金融中心建设、旅游等领域展开更紧密的合作。会见后，韩正和曾荫权共同见证中国 2010 年上海世博会香港参展协议的签署。2010 年 4 月 26 日—5 月 2 日，曾荫权到沪访问，视察 2010 年中国上海世界博览会香港馆和城市最佳实践区香港范例，参观中国馆等，并出席上海世博会开幕式（其间 4 月 27—30 日赴江苏考察）。中共中央政治局委员、上海市委书记俞正声和上海市长韩正分别会见曾荫权。10 月 18—22 日，曾荫权率百人团到沪参加世博会香港活动周庆祝活动，同市长韩正分别在活动周开幕式上致辞。10 月 30 日—11 月 1 日，曾荫权来沪出席上海世博会闭幕式和高峰论坛。

2013 年 6 月 4—5 日，香港特别行政区行政长官梁振英一行 11 人访沪，中共中央政治局委员、市委书记韩正会见。其间，梁振英出席第二届城市土地学会亚太区峰会开幕式并致辞，参观上海航运交易所、包玉刚实验学校和 8 号桥创意园区等，并会见在沪港商及学生代表。2014 年 4 月 11—13 日，香港立法会主席曾钰成率香港立法会议员代表团 50 余人访沪；香港特区行政长官梁振英率特区政府代表团 20 余人访沪。其间，香港立法会议员团参观虹桥综合交通枢纽、中国商飞公司以及上海城规馆等，参加国际形势与外交政策、全面深化改革、上海自贸试验区建设情况介绍等系列讲座。中共中央政治局委员、市委书记韩正，市委副书记、市长杨雄会见梁振英及香港特区立法会议员代表团成员。2015 年 4 月 9—10 日，香港特别行政区行政长官梁振英一行访沪。出席沪港经贸合作会议第三次会议并赴上海自贸区实地考察。

2017 年 8 月 22—23 日，香港特区行政长官林郑月娥访问上海，与在沪工作的香港市民会面，出席庆祝香港特区成立 20 周年晚宴，拜访中共中央政治局委员、市委书记韩正，市委副书记、市长应勇。这是林郑月娥在就任特区行政长官后首次访问上海。香港特区政府政制及内地事务局局长聂德权、特区行政长官办公室主任陈国基等人随团来访。2018 年 11 月 4—6 日，行政长官林郑月娥率团来沪出席进博会，参加开幕式、欢迎晚宴、平行论坛等活动，参观香港企业商业展和香港地区展示区。香港特区财政司司长陈茂波，香港中联办副主任仇鸿，香港特区商务及经济发展局局长邱腾华、政制及内地事务局局长聂德权等随团来访。香港特区政府参与首届进博会，设立香港地区展示区和参与企业商业展。香港特区共有超过 160 家企业参与企业商业展。近 30 多名香港青年参与进博会的志愿者工作。2019 年 10 月 31 日—11 月 5 日，香港特区行政长官林郑月娥率团来沪参加第二届中国国际进口博览会，出席开幕式、平行论坛等活动，参观香港企业商业展和香港地区展示区。香港中联办副主任仇鸿，香港特区商务及经济发展局局长邱腾华、政制及内地事务局局长聂德权等随团来访。在沪期间，林郑月娥拜会上海市主要领导，多次出席“香港节 2019—艺汇上海”有关活动，赴上海社科院出席“沪港文化创意合作会议”并作主旨演讲，参观中福会少年宫。香港特区政府在第二届进博会期间设立香港地区展示区并参与企业商业展。香港共有 201 家企业参展，参展面积达 10216 平方米。

其他官员访沪也持续不断。20 世纪 80 年代，港英当局财政司彭励治、金融事务司白礼宜、港督政治顾问麦若彬、港英当局署理布政司钟逸杰、工商司陈祖泽等先后到访上海，了解有关上海经济建设、城市发展以及引进外资、沪港经贸关系等情况。市长汪道涵和市政府外事顾问李储文分别会见代表团。进入 20 世纪 90 年代，先后有财政司翟克诚，工业署署长鲍明，金融管理局总裁任志刚，香港交通安全会长边陈之娟，工业署副署长罗耀明，香港预委会政务组港方组长、香港梁振英测量师行董事总经理梁振英，香港本地法官协会会长廖子明大法官，香港布政司署政务科首长级乙级政务官孔郭惠清，香港贸易署副署长黎高颖怡，全国政协常委、港事顾问张永珍，港事顾问、香港新标志集团公司董事长黄景强，香港统计处处长何永煊等到沪访问。市长朱镕基、徐匡迪和副市长顾传训、夏克强、华建敏、沙麟、龚学平等分别会见有关代表团一行，宾主就加强和发展沪港交流和合作进行友好交谈。随着香港回归祖国，香港特别行政区政府与上海的合作交流迈上一个新台阶，特区政府政治、经济、金融、贸易、科技、文化等各部门组团访沪更加频繁，合作交流领域不断扩大，相互关系越加紧密。

1997 年 9 月 4—7 日，香港特区财政司司长曾荫权应邀出席在四川成都举行的“香港证券市场介绍会”前访问上海，副市长赵启正会见曾荫权。之后，曾荫权夫妇又于 2000 年 8 月、2001 年 4 月、2002 年 9 月连续 3 次应邀访问上海，参观浦东新区、磁浮列车等项目，考察上海社会经济发展情况，并参加由国家计委在沪主办的“内地香港大型基础设施协作”第三次会议。1998 年 3 月 12 日，香港特区经济局副局长关锡宁和港龙航空公司董事兼执行总裁许汉忠等到沪访问，考察上海航运及浦东新机场的发展情况。4 月 19—22 日，香港特区教育统筹局局长王永平一行访问上海、副市长周慕尧会见。9 月 19 日，香港特区教育统筹委员会主席、特区行政会议成员梁锦松到上海参加“复旦大学–香港大学沪港管理教育与研究中心成立暨工商管理硕士班”开学典礼。10 月 15—17 日，香港特区保良局主席黄永树率代表团访问上海，副市长左焕琛会见。11 月 18—21 日，香港特区规划署署长潘国城等访问上海，了解上海城市规划管理及浦东新区规划和建设情况等。11 月 26 日，香港贸易发展局主席冯国经到沪出席并主持由香港贸易发展局主办、上海市国际展览公司承办的“香港设计服务博览会”开幕式活动。1999 年 4 月 4—7 日，香港特区民政事务局局长蓝鸿震到沪访问。4 月 9—12 日，香港特区经济局局长叶澍堃率港口及航运局代表团访京沪，与交通部就相关问题进行讨论，和上海港口航运管理部门建立联系，交流经验。7 月 21—23 日，香港工业及科技发展局主席钱果丰由香港《大公报》总编辑杨祖坤陪同访沪，市长徐匡迪会见。8 月 26 日，香港特区知识产权署署长谢肃方应邀到沪参加华东师范大学主办的“国际汉字学学术研讨会”。11 月 2—4 日，香港特区廉政公署专员黎年访沪。2000 年 1 月 19—22 日，香港特区政府驻美国经济贸易专员韦玉仪率领特区政府访沪团访沪，代表团成员均为香港特区政府驻海外经济贸易办事处的主管人员，代表团在沪参观访问浦东新区管委会、中国人民银行上海分行、上海市对外经济贸易委员会、上海市计划委员会、上海市经济委员会、上海港务局、上海漕河泾新兴技术开发区、上海浦东国际机场、上海通用汽车有限公司和上海华虹日本电器（NEC）电子有限公司等部门和单位。4 月下旬，全国政协委员、香港创新科技委员会主席、香港兴业国际集团董事兼总经理查懋声到沪访问，就香港与内地共同发展高科技产业等内容与上海有关领导进行探讨。6 月 6—9 日，香港特区康乐及文化事务署署长梁世华一行到沪访问，代表团考察市文化广播影视管理局、市体育局和上海科技馆、上海博物馆等文化体育场所及设施。6 月 28 日—7 月 6 日，香港特区政府经济顾问邓广尧到访上海，拜访市计委、市外经贸委、浦东新区管委会等有关部门，考察上海大众汽车有限公司、张江高科技园区等，了解上海经济、金融方面的发展。9 月 23 日，香港特区康乐及文化事务署副署长邹耀南和助理署长丘国贤到沪出席第三届中国国际园林花卉博览会相关活动，香港特区康乐及文化事务署出资 200 万港元在世纪公园设立香港馆参展。

2001 年 3 月 1 日，香港特区财政司司长梁锦松、工商局局长周德熙等专程来沪参加“第五届沪港经济发展与合作会议”。4 月 15 日，香港行政会议召集人梁振英率香港“专业联盟”代表团到沪访问，出席“发展与交流——沪港专业人士圆桌会议”，与上海的建筑、法律、会计、医学等各界专家就两地相关行业发展、行业环境、人才互动等问题进行交流，中共中央政治局委员、上海市委书记黄菊会见代表团。5 月 18 日，香港特区律政司司长梁爱诗到沪参加“中国加入世贸的前奏——国际专家圆桌会议”并发表演讲。6 月 1 日，香港政策研究所主席叶国华访沪。9 月 12 日，香港特区财政司司长梁锦松再次访沪，市长徐匡迪分别会见上述客人。同年访沪的官员还有香港特区环境食物局局长任关佩英、香港特区房屋局局长黄星华。2002 年 11 月 23 日，香港特区工商及科技局局长唐英年作为特邀嘉宾到沪出席“第六届沪港经济发展与合作会议”，并宣读香港特别行政区行政长官董建华给会议的贺信。2003 年 3 月 19—21 日，香港特区高等法院首席法官梁绍中率代表团访沪，了解上海刑罚复核、减刑等司法制度。6 月 10 日，香港特区警务处处长曾荫培到访，与市政法委书记、公安局局长吴志明进行工作会晤。6 月 25 日，香港特区经济发展及劳工局局长叶澍堃访沪，副市长唐登杰会见。11 月 25 日，香港特区财政司司长唐英年到沪出席“第二届沪港大都市发展研讨会”，并在会上作主题报告，市长韩正会见。12 月上旬，香港特区律政司司长梁爱诗来沪出席“加强沪港法律服务紧密合作研讨会”，并与上海市司法局签订《上海司法局与香港律政司加强法律合作协议》，双方将在法律信息和法律文件的沟通、法律界人士的交流、专业人才培训等领域进行更紧密的合作，国家司法部副部长胡泽君和上海市副市长周太彤会见梁爱诗。2004 年 1 月 8—10 日，香港特区医院管理局行政总裁何兆炜访沪。2 月 24—27 日，香港特区廉政公署防止贪污处助理处长欧阳妙群一行访沪，与上海检察院、市政府法制办就防贪业务、廉政建设进行交流。5 月 12—17 日，以运输署署长霍文为团长的香港交通专家代表团访沪。5 月 25—26 日，以驻港联络办主任助理王如登为团长的香港公屋联会等 3 个参观团访沪。5 月 28—31 日，以局长何志平为团长的香港特区民政事务局代表团访沪。8 月 29 日—9 月 3 日，香港特区社会福利署署长邓国威一行访问北京和上海，在沪与市民政局、市残联、市第一社会福利院和康复中心等进行交流。9月2日，香港特区律政司司长、行政会议成员梁爱诗来沪出席“2004沪港青年经济发展论坛”并致辞。9月20—22日，香港特区财政司司长唐英年到沪与上海市有关领导出席并主持“香港金融服务博览”开幕式，这是香港首次在内地举办大型金融推广活动。12月2日，香港专业联盟主席梁振英来沪访问，与上海人事局就加强两地专业执业资格互认和专业人才交流等方面工作落实CEPA精神。12月11—14日，以签证管制执行科首席入境事务主任陈咏梅为团长的香港特区入境考察团访沪。

2005年6月18—20日，香港特区民政事务局局长何志平一行到沪与上海市体育局讨论体育交流事宜，并出席第十六届中国体育用品博览会开幕式等活动。8月7—10日，香港特区创新科技署署长王锡基一行访沪，参观上海市纳米科技与产业发展促进中心、上海集成电路设计中心、复旦大学、上海交通大学、中芯国际集成电路制造公司、上海无线通信研究中心、上海高清数字科技产业有限公司等单位，与各方专家进行座谈交流，全面了解上海科技发展情况。12月3日，香港特区财政司司长唐英年抵沪出席“第三届沪港大都市发展研讨会”，并作主题演讲，市长韩正会见。2006年12月6日，香港特区商务及经济发展局局长马时亨专程来沪出席以“落实CEPA加强沪港合作、服务长三角联动发展”为主题的“第四届沪港大都市发展研讨会”，在开幕式上作主旨演讲。2007年2月1日，香港特区财政司司长唐英年为祝贺香港特区驻上海经贸办事处启用造访上海，市长韩正在会见时表示，沪港两地一直在CEPA框架下保持密切的交流和往来，相信香港特区政府驻上海经贸办事处的正式启用，能进一步加强和促进双方的合作。唐英年对上海市委、市政府和港澳办在香港特区政府驻上海经贸办事处成立过程中给予的帮助表示感谢，他表示，香港和上海要在过去良好合作的基础上，积极推进各领域的合作，互利共赢。11月15—16日，香港特区商务及经济发展局局长马时亨一行来沪访问，出席“2007年上海国际创意产业活动周”有关活动。12月4日，香港特区政制及内地事务局常任秘书长罗智光访沪，与上海市人民政府港澳事务办公室领导进行工作会谈。2008年1月9—13日，香港特区发展局局长林郑月娥一行访问上海，考察上海在城市规划及文物保护和修复方面的情况，副市长杨雄会见，并就沪港两地相关领域的合作与交流交换意见。4月6—8日，香港特区律政司司长黄仁龙一行访沪，与市司法局、市高院等进行交流和沟通，市长韩正会见。5月23日，香港贸易发展局主席苏泽光一行访问上海，与上海有关部门交流，希望沪港两地进一步加强在服务业方面的合作，推动香港具有优势的医疗、康复等方面的服务企业进入上海。2009年2月18—19日，香港特区商务及经济发展局常任秘书长柏志高访问上海，在沪参观M50、红坊和田子坊创意产业园区与世博会展示中心。3 月 26—28 日，香港特区市区建设局主席张震远率香港特区“市区重建策略”检讨研究考察团访问上海，参观石库门建筑群“建业里”，摩西会堂旧址、上海犹太难民纪念馆、田子坊、8 号桥、新天地等，与市住房保障和房屋管理局、市规划和国土资源管理局、市城乡建设和交通委员会就“市区重建历史和策略”“楼房复修法规、城市开发、城市建筑遗产、用地规划和权利、区政府角色”“保护历史文化风貌”等一系列问题进行座谈研讨。6 月 23—24 日，以香港特区政府驻京办主任曹万泰为团长的香港特区驻外经贸办负责人代表团访问上海，在沪听取上海世博局领导对上海世博会的介绍，参观上海世博会有关展馆和环球金融中心等。7 月 1—3 日，香港特区政务司司长唐英年就任后首次率团访沪，出席在沪举办的“香港特区参博周”、世博园区“香港馆平整地基仪式”等活动，对上海文化、航运设施等进行考察，中共中央政治局委员、上海市委书记俞正声和上海市长韩正分别会见唐英年一行。8 月 9—11 日，香港特区环境局常任秘书长兼环境保护署署长王倩仪率香港特区政府有关部门官员组成的代表团访沪，学习上海在开发应用节能和新能源汽车方面的先进经验，并就此问题与上海有关部门交流。8 月 12—14 日，香港特区财经事务及库务局局长陈家强率香港金融代表团访沪，拜访上海市金融办、中国人民银行上海分行、中国证监会上海监管局、中国银监会上海监管局、中国保监会上海监管局等政府部门和机构，就加强沪港金融合作事宜作交流，并参观上海世博会展示厅等，副市长屠光绍会见。8 月 14 日，香港贸易发展局主席苏泽光访沪，拜会市长韩正，就沪港两地拓宽合作领域、定期交往举办经济论坛等事宜进行交流。10 月 12—13 日，唐英年再度访沪，与市长韩正出席并见证沪港机场合作项目签字仪式，与常务副市长杨雄共同出席并主持上海世博会“香港馆”结构完工仪式。

2010 年 3 月 25 日，香港证监会主席方正来沪访问，与副市长屠光绍就金融市场的发展情况及加强沪港金融领域合作等交换意见。4 月 15 日，香港特区医药管理局局长胡定旭访沪，在沪拜访上海卫生局，了解上海医疗卫生工作发展情况，参观世博园，副市长沈晓明会见。5 月 14—15 日，香港特区财政司司长曾俊华来沪出席“时尚香港”时装表演——“亚洲时尚绽放”世博特别呈现活动和“香港创意生态”展览开幕式，并于 5 月 16 日出席在宁波召开的上海世博会“信息化与城市发展”主题论坛，作主旨演讲。7 月 20—22 日，曾俊华再访上海，出席世博金融论坛，并作主题演讲。7 月 5—9 日，由首席顾问刘兆佳率领的香港特区政府中央政策组代表团抵沪考察，出席第一届“沪港合作论坛”，并参观世博会。9 月上旬，香港特区“政治委任官员赴沪交流团”访沪。9 月 16—19 日，由香港特区公务员事务局长俞宗怡率领的香港“常任秘书长内地研修及访问团”抵沪访问，市委常委、海外联谊会会长杨晓渡会见。6—10 月，香港特区政府新闻处助理处长梁黎艳明，香港特区政制及内地事务局局长林瑞麟，香港本地法官协会会长、香港高等法院上诉庭副厅长胡国兴，香港特区政府行政长官办公室主任谭志源，香港金融管理局总裁陈德霖，香港特区教育局副秘书长叶曾翠卿，香港特区警务处刑事部总警司余敏生等香港特区政府官员专程率团到沪参观上海世博会。

2013 年 9 月，香港特区政府教育局局长吴克俭率团访沪，拜访上海市教委、复旦大学和上海中学等。10 月，香港贸发局主席苏泽光一行访沪，拜访上海市发展改革委和市商务委，就上海自贸试验区建设发展情况进行交流。12 月，香港特区政府运输及房屋局局长张炳良一行访沪，走访上海市交通港口局、市海事局，赴自贸试验区、外高桥港区、虹桥综合交通枢纽和交通信息中心等参观考察；2014 年 3 月，香港贸易发展局代表团、香港媒体代表团同期访沪；香港特区政府房屋署测量师、房屋经理等高级公务员一行来沪进行专业考察；澳门行政公职局代表团来沪参加“政府绩效管理高级培训班”，并实地考察浦东市民中心等。6 月，香港建筑测量界专业人士代表团来沪考察访问。7 月，香港特区政府民政事务局局长曾德成一行来沪出席第十二届学生运动会，并拜访市港澳办、市文广局、市青联等相关单位，就进一步深化沪港相关领域合作交换意见；香港特区政府人员协会代表团来沪研修国情并参观考察。8 月，香港律师会理事会代表团访沪。2015 年 4 月，香港特区政府中央政策组首席顾问邵善波一行、香港小学教师专业考察团、香港中国企业协会资讯科技委员会代表团、香港特区政府“一国两制研究中心”访问团、香港资讯科技业代表团访沪。5 月，香港中学教师专业考察团、澳门法律公共行政翻译学会代表团访沪。6 月，香港文艺界青年代表团、香港大学生代表团、香港特区政府新闻处新闻主任职系人员代表团访沪。8 月，香港青年创新创业交流团、香港青年世博五周年重聚参访团、香港与内地法律专业联合会访问团、澳门法学专家学者访问团分别访沪。10 月，香港建筑测量界国情班代表团访沪。2019 年 4 月 21—23 日香港特别行政区立法会主席梁君彦率香港立法会议员代表团 22 人访沪，随同来访的有特区政府 23 名政府官员，另有约 30 余名媒体人员随团活动。国务院港澳办副主任黄柳权、香港中联办副主任何靖陪同访问。此行是香港立法会第三次到访上海，也是新一届立法会继去年组团访问大湾区后，围绕长江经济带和长三角一体化发展，再次组团考察内地经济社会发展并开展座谈交流。

第九章　沪港主要负责人谈沪港合作

第一节　上海市委、市政府主要负责人谈沪港合作

市长黄菊

黄菊 2001 年 11 月在上海接受香港文汇报张国良社长一行独家采访时表示，香港是世界金融中心城市之一，这个优势是上海无法替代的。上海借香港这块宝地，取得了一些进步，但是我们的范围不一样。像上海的金融业实际上还是以国内市场为主，和世界有联系，但不是外汇自由兑换的地方，这个不一样。在金融、航运、服务和管理等领域的高层次专业人才，香港也有她的优势。上海的优势就是地理位置优越，腹地宽，把一个长江经济带的发展都联系在一起。一个宽广的经济腹地，再加上上海特有的大工业基地，上海有这方面的优势。我相信整个中国经济发展，会希望香港和上海能共同发展。1991 年我当市长谈香港、上海问题时就是这句话："优势互补、互惠互利、共同发展。"两地的发展会带给中国整个经济生机和活力，我觉得现在还是这个趋势。

市长韩正

2003 年 10 月 27 日，上海市市长韩正接受新华社专访，指出，上海与香港的合作不仅仅是两个城市之间的合作，更是区域间的合作，沪港合作将带动以上海为龙头的长三角和以香港为龙头的大珠三角的发展。大珠三角和长三角都是中国经济最活跃的地区，两个三角洲的龙头城市合作，对国家经济发展具有重要的战略意义，沪港合作必将对全国经济发展做出应有的贡献。

韩正指出，上海是内地的工商和金融中心，与长江三角洲其他城市有明显的互补作用；香港是亚太地区重要的国际金融中心和航运中心，具有得天独厚的区位优势，有高度自由开放的经济体系，有比较完备的法律制度，有广泛的国际市场联系，在亚太地区具有无可替代的地位和作用。沪港合作具有非常重要的意义。香港是世界集装箱吞吐量最大的国际枢纽港，有面向东南亚的优势，而上海港可以连接东北亚，两大区域港口的合作可以形成一个庞大的区域物流体系。以上海为龙头的长三角希望通过香港把自己的品牌推向世界，而很多在香港的跨国公司通过上海和长三角，则可寻求在内地的更大发展。

韩正认为，两地要寻找的结合点就是共同发展、优势互补。市场经济不排除竞争，通过有序、健康、积极的竞争，可以促进双方进一步的合作。上海将积极推动双方富有成效的互利共赢合作。改革开放后上海的第一个海外投资项目就来自香港。上海的对外合作项目中，有三分之一是港资项目，海外直接投资的四分之一也来自香港。香港给上海带来的不仅是资金，更重要的是人才和先进的管理理念。感谢香港各界对上海经济发展的支持。与特区政府高官讨论合作时，发现彼此间有一种默契，双方有很多共同语言，相信沪港新一轮合作必将结出丰硕的果实。

韩正表示，两地政府今天签署的全面合作的意向，是当前优势互补，推动共同发展的一个切入点。沪港合作是主流，而健康有序的竞争可以进一步促进合作与发展。韩正表示，沪港两地在八个方面的全面合作，关键是落实，要用务实的态度，去推动这些合作，尽快地取得新的成果。重要的是要建立一个推进的机制。两地政府已建立一个新机制。这个机制有三个特点：第一，在合作主体上，体现政府推动，民间联动，以市场为导向，以企业为主体。第二，在合作领域方面，体现优势互补，突出重点，把服务贸易和贸易投资便利化作为合作的重中之重。第三，在合作形式方面，依托载体，共同发展。市场经济本身有竞争，但沪港两地当前和未来，合作的空间很大，不仅是两个城市的合作，更是区域的合作，是两个三角洲的合作，这种合作完全可以优势互补，共赢共进。健康的、有序的竞争可以进一步促进合作、发展。

市长杨雄

2013 年 12 月 19 日，上海市市长杨雄在市政府大厦会见香港媒体高层参访团，对香港媒体代表到沪参观访问表示欢迎，并就中国（上海）自由贸易试验区建设、沪港进一步加强经贸合作等话题与媒体人士互动交流。应国新办、中联办邀请，香港大公报、香港成报、香港中通社、中国日报（香港版）、香港商报、亚洲电视、NOW 宽频电视、凤凰卫视、香港电台、紫荆杂志、无线电视、香港经济日报、商业电台等香港部分主流媒体高层人士来沪访问。期间，参访上海自贸区、上海报业集团、徐汇区滨江西岸文化走廊和上海环境能源交易所等，与有关政府官员和专家学者进行交流。

杨雄说，沪港合作历史悠久，两地友谊也特别深厚，改革开放之初，就有大量香港企业到上海投资兴业，为推动上海发展发挥了积极作用。近年来，上海与香港经贸、文化、教育、公务员培训、城市建设与管理等全方位的合作交流日益密切，成效显著。沪港两地合作共赢、共同为提升国家综合竞争力作贡献是我们始终秉承的理念。在介绍上海自贸区建设情况时，杨雄强调，自贸区建设是国家立足改革开放全局的重要战略部署，上海承担这一使命，责任重大，任务艰巨。香港在金融服务、自由贸易等领域的先进经验，对上海立足制度创新、推进自贸试验区建设有重要的借鉴意义。我们将进一步加强与香港各界的沟通交流，相互学习，相互帮助，共享机遇，共同发展。真诚希望香港媒体一如既往地关心、支持沪港合作。

2015 年 8 月 11 日，上海市市长杨雄在衡山宾馆会见香港新家园协会会长许荣茂率领的香港青年创新创业交流团以及香港青年世博 5 周年重聚参访团一行。杨雄说，沪港合作交流源远流长、潜力巨大，特别是改革开放以来，上海的发展得到香港的大力支持，香港的很多理念、经验令我们获益匪浅。面对当今世界经济新形势、新格局，我们愿进一步加强沪港合作交流，积极探索合作新方式、新路径、新领域，促进两地共同繁荣发展。上海自贸试验区建设近 2 年，已推出一系列促进投资贸易便利化的制度创新举措，还将进一步扩大改革开放。同时，上海正着力推进具有全球影响力的科技创新中心建设，各类众创空间蓬勃发展，青年创新创业非常活跃，为加强沪港青年交流、促进两地合作增添了新的内容。我们期待看到更多的香港有志青年开展创新创业活动，也非常欢迎并支持大家来沪发展。

市委书记李强

2018 年 6 月 7 日，中共中央政治局委员、上海市委书记李强会见由沪港经济发展协会会长姚祖辉率领的沪港经济发展协会代表团。李强说，当前，上海正按照以习近平同志为核心的党中央对上海工作的指示要求，加快建设“五个中心”、卓越的全球城市和具有世界影响力的社会主义现代化国际大都市，对标国际最高标准、最好水平，努力推动高质量发展、创造高品质生活，全力打响上海“四大品牌”。今年是改革开放 40 周年，上海将以更加开放的姿态同各国各地区和各类企业开展交往合作。上海和香港有很多相似之处，希望在原有良好合作基础上，进一步加强学习互鉴，拓展深化金融、科技、教育、医疗、文化以及城市治理等各领域的合作交流，相互促进、共同发展。希望沪港经济发展协会充分发挥自身优势，为推动两地合作发展贡献智慧力量。李强还就大家关心的长三角一体化发展最新进展情况与代表团成员进行交流。2019 年 11 月 1 日，中共中央政治局委员、市委书记李强会见香港特别行政区行政长官林郑月娥一行，表示上海和香港合作交流密切，沪港经贸合作会议机制建立以来，各领域取得丰硕成果。上海愿同香港一道，更好发挥各自优势和作用，既要持续深化金融、经贸等领域合作，也要不断推进文化教育、青年往来等“心连心”的交流。第二届进口博览会即将开幕，欢迎香港企业积极参与、共享机遇。香港背靠祖国、面向世界，相信有中央政府的坚定支持，有社会各界的和衷共济，定会迎来更加美好的明天。

市长应勇

2019年1月31日，在回答香港大公文汇传媒集团的提问时，上海市市长应勇指出，上海和香港一直有着密切联系，在经贸、人文、社会等各个领域，都进行了广泛而务实的合作，取得一系列重要成果。2018年8月，我和林郑月娥行政长官共同主持召开沪港合作会议第四次会议，签署了15项合作协议，明确了55个合作项目，现在都在推进和落实中。香港在金融、人才等方面有其独特优势，值得上海认真借鉴。上海愿在已有成果的基础上，进一步聚焦金融、科技、文化、青少年发展等领域，与香港进行全面的合作与交流。

市长龚正

2021年3月17日，上海市市长龚正会见香港东亚银行有限公司联席行政总裁李民斌一行。龚正介绍了上海经济社会发展情况，感谢东亚银行长期以来为推动国际金融中心建设所作出的积极贡献。他说，当前上海正持续深化“五个中心”建设，朝着具有更高能级、更强全球资源配置能力的国际金融中心迈进。上海与香港作为两大国际金融中心城市，合作前景广阔。欢迎东亚银行积极发挥自身优势，助力上海服务构建新发展格局，共同推动沪港金融合作向前迈进，共享国家经济发展的机遇与红利。

第二节 香港特区政府行政长官谈沪港合作

行政长官董建华

2000年6月3日，香港特别行政区行政长官董建华在沪港大都市发展研讨会开幕式上演讲时说，香港和上海有“同”有“异”，正好在未来发展中借镜对照，合作互补。董建华概要地介绍1997年香港回归祖国以来，特区政府在落实“一国两制”和应对亚洲金融风暴的同时，积极探索香港的未来走向，设立了策略发展委员会，并经过研究后认定香港的远景不但是中国的一个主要城市，更将成为亚洲首要国际都会。董建华表示，上海市以创建“国际经济中心城市”为战略目标，香港希望发展成为“世界级的国际都会”，两者显然有共通之处。另一方面，上海是全国最大的经济中心城市；香港则是“一国两制”下的国际都会，两地又存在差异，这种差异将是长期存在的。从差异中可看到各自发挥独特的功能。香港和上海有“同”有“异”，正好在未来发展中借镜对照、合作互补。董建华说，经济中心城市的作用正随着全球经济一体化而增强。国家加入世贸组织，将给沪港建设国际都会的发展增添动力。沪港合作的机会也将更多。他特别指出，香港的一个优势在于市场体制较早同世界接轨，银行、保险、证券等各类金融业务监管健全；法律、会计、咨询等专业中介服务较为成熟。贸易、通信和运输等对外网络完备。这些方面都可以和上海开展互利合作。如金融领域，上海和香港是为内地提供融资的重要窗口，可加强配合。香港交易所和上海证券交易所也应有合作空间。香港证监会和特区政府各部门都会积极配合。再如专业服务方面，香港专业人士参与国际业务有较长的历史，懂得国际上的运作习惯，与上海合作应可占得先机。上海许多有实力的企业开始跨国经营。香港不少企业拥有国际经营经验以及广阔的网络，可以为上海企业所利用。两地企业合作建立和壮大中国的跨国企业集团，将更好地参与国际经济合作和竞争。在高科技特别是信息科技方面也有许多新领域等待开拓。董建华还说，国家正推动西部大开发。沪港两地各有所长，如果能联合参与一些开发项目，效益会更高。沪港大都会的发展，关键在于人才。沪港合作首先也在于人才交流。两地各自培养了不少人才，具有不同的专长和优势。沪港政府都很重视两地人才的交流，这样的交流值得深入开展下去。促进沪港合作是我们的共同需要。希望大家群策群力，携手并进。

2003 年 10 月 27 日，沪港经贸合作会议第一次会议后，香港特别行政区行政长官董建华和上海市长韩正今天下午举行记者招待会，宣布香港与上海经贸合作取得成果，两地同意在八个领域加强合作交流。董建华表示，香港面对很大的挑战，正在一步步解决，最重要的是 CEPA 的落实，为香港带来很大的信心。粤港合作让香港市民看到了很好的前景，今天沪港合作的宣布，也一定能使香港市民振奋，看到一个良好的发展前景是最重要的。他指出，长远来说，香港要在结构型调整、降低成本、提升竞争力，走高增值道路方面做工作，带出香港的优势。而与上海的合作，香港有很多专业人才，上海市场的开放，将为香港的专业人士带来新机会。他称，上海和香港都是中国最重要的经济城市，沪港经贸合作本来就有良好的基础。在 CEPA 框架下，两地有更大的合作发展机会。两地合作既可以制造一个双赢局面，亦可以为珠三角、长三角以至国家经济发展，作出重要贡献。

行政长官曾荫权

2009 年 4 月 2 日，香港特别行政区行政长官曾荫权就《国务院关于推进上海加快发展现代服务业和先进制造业、建设国际金融中心和国际航运中心的意见》提出上海到 2020 年将打造成为与人民币地位相适应的国际金融中心接受访问。曾荫权表示，无须担心上海带来的竞争，因香港与上海在国际金融中心的定位上，有合作空间及互补性。香港目前最重要是不时检讨与加强优势，寻找方法“跑到金融贸易的最前端”，以免“不进则退”，又预期港澳贸易以人民币结算的措施会“很快实行”，有助香港的金融发展。欢迎上海发展为国际金融中心，又引用同为国际金融中心的美国纽约与英国伦敦为例，指出世界上各大国际金融中心均会不停受到竞争与挑战：“美国不断有地方挑战纽约的地位，包括多伦多、南美几个城市，以至芝加哥都有；在欧洲也有同样的情况发生，伦敦的金融中心地位……也不断受到巴黎和法兰克福的挑战。”曾荫权指出，香港是公认最有潜质的亚洲区金融中心，面对包括东京、新加坡与上海等地方的挑战，对香港既是鼓励也是鞭策。上海在内地贸易方面较香港胜一筹，但他相信，香港与上海有合作空间及互补性，香港最重要是如何“跑到金融贸易的最前端”，而展望未来，也要讨论在税制等方面，如何加强香港金融中心地位。

2010 年 4 月 27 日，香港特别行政区行政长官曾荫权在上海会见传媒时谈及沪港间的“竞争”关系，曾荫权指出，香港和上海要继续加强优势互补和战略合作。上海近年高速发展，和香港的经济联系越来越紧密。香港一直是上海最大的外来投资来源地，很多香港人在上海生活和工作；也有不少上海企业来香港集资，从事经济活动。他说，近年很多人都以竞争的角度去看港沪关系。当然，内地城市急速发展，一定会为香港带来一些竞争；但另一方面，全球趋势是透过区域之间的合作互补，来提升本身的实力。香港和上海作为国家两个重要城市和金融中心，服务不同地域，两者关系基本上是合作大于竞争。曾荫权说，我一直尽量争取机会多来上海观摩，探讨两地合作发展的机会。我昨晚和今天早上分别和韩正市长和俞正声书记会面，就两地的在金融、航运、航空等方面的合作进行了很好的讨论。大家都同意，香港和上海没有恶性竞争，只有互惠和合作。曾荫权指出，事实上，有些地方香港比上海优胜；也有些上海比香港优胜。例如在金融服务方面，香港人才和市场均国际化，规管制度与国际接轨。上海则在拉动全国的资金和国内人才方面，享有优势。国家经济持续发展，需要提供高效的金融服务。例如人民币国际化过程中，我们可以看出一种双轨发展的情况。一条轨道在境内，是以国家宏观经济规模进行的，在这方面上海扮演一个重要的角色。另一条轨道是香港，利用香港现有国际金融中心的优势，以较快而可调控的步伐，进行人民币在国际市场的发展。在航运及航空方面，香港和上海服务不同区域，各自发挥优势，彼此配合。香港和上海要继续加强优势互补和战略合作。

行政长官梁振英

2015 年 4 月 10 日，香港特别行政区行政长官梁振英在上海出席沪港经贸合作会议第三次会议。他表示，沪港会议自 2003 年成立至今，在两地政府的共同推动下，合作领域不断扩大、内容不断丰富，尤其是在金融、商贸、航运和人才交流合作等方面，取得良好的进展。梁振英称，在去年 11 月开通的“沪港通”，促进内地与国际股票市场接轨，正好说明沪港两地深化合作，不是零和游戏，而是为国家、香港特区和上海缔造三赢。他说，目前正值国家全面深化改革、建构全方位对外开放新格局的关键时期。香港和上海同为国家对外开放的重要窗口，更紧密合作，可为国家全面建成小康社会和实现“中国梦”作出贡献。他相信沪港两地未来的发展，有广阔的合作空间，而刚才签署关于沪港金融、商贸及公务员交流合作的协议也正好体现这点。梁振英表示，近年上海在建设国际经济、金融、贸易、航运“四个中心”方面取得显著成绩。于 2013 年 9 月成立并将会扩大的中国（上海）自由贸易试验区更是国家进一步改革开放的重大举措，并将带来一批可复制、可推广的新制度，为全国深化改革和扩大开放探索了新途径、积累了新经验。与此同时，香港全力巩固及提升国际金融、贸易和航运中心地位。李克强总理在今年的政府工作报告中指出，要加强内地与港澳各领域交流合作，继续发挥香港、澳门在国家改革开放和现代化建设中的特殊作用。在“一国”和“两制”的双重优势下，香港奉行自由贸易制度，货物、资金和资讯自由流通，与国际联系广泛而紧密，可发挥“超级联系人”的角色，尤其是提供金融、法律、航运等高水平的服务，配合国家实施“引进来”和“走出去”并重的发展战略。梁振英认为，他相信接下来的会议能务实、有成效地凝聚双方共识，在回顾沪港两地自从 2012 年召开第二次会议以来的合作成果的基础上，敲定未来各主要领域的合作方向。相信在中央政府的大力支持下，通过沪港双方共同努力，必定能够发挥优势互补的协同效应，促进两地社会经济持续发展，继续为国家改革开放作出贡献。

行政长官林郑月娥

2018 年 11 月 29 日，香港特别行政区行政长官林郑月娥出席沪港金融论坛致辞时表示，沪港通下的港股通今年 5 月起，将每日额度由 105 亿元人民币调整为 420 亿元人民币，增幅达到四倍，这表明沪港通对促进人民币国际化有明显贡献，也代表两地合作可以营造更大的市场，共同受惠。林郑月娥表示，希望沪港两地结合优势，日后合作范围更广泛，迈向新高度。市场一直认为香港与上海之间更多是竞争，但忽略了两地长期合作的互补关系，比如沪港通进一步扩容，有助完善内地资本市场和推动人民币国际化，同时也可继续将两地市场做大，香港势必会成为内地企业“走出去”和将资金“引进来”的桥梁。香港应和上海结合两地优势，共同推动国家改革开放。2021 年 8 月 30 日，沪港合作会议第五次会议举行。会前，行政长官林郑月娥通过视频，向解放日报・上观新闻读者介绍香港与上海两地合作情况。表示沪港合作机制自 2003 年建立以来，香港和上海一直本着互利共赢的精神，不断扩充合作的空间，发挥优势互补，成为香港与内地在国家改革开放过程中同发展、共繁荣的标志性例子。沪港双方在过去坚实的合作基础上，一定能以积极、务实、前瞻性的态度，把握“十四五”规划带来的机遇，深化两地在多领域的创新合作，共同为国家迈向“第二个百年”的宏图作出贡献。

第三篇　媒体有关沪港合作发展的部分报道

第一章　中央媒体

第一节　《人民日报》

香港与上海建立新型合作关系（2004 年 4 月 2 日）

工行沪港两地同步上市（2006 年 10 月 28 日）

中信银行沪港两地成功上市（2007 年 4 月 28 日）

黄金宝　世界冠军瞄准北京奥运（2007 年 7 月 23 日）

上海市世博会收到香港展馆“主题陈述”（2008 年 1 月 3 日）

上海还有文化大师吗?（2008 年 11 月 19 日）

化“瑜亮情结”为“联手奇兵”（2009 年 4 月 1 日）

960 万平方公里上的“世博激情”（2009 年 5 月 3 日）

迪士尼不只是孩子的礼物（2009 年 11 月 5 日）

上海世博会香港馆揭幕（2010 年 5 月 2 日）

国务院关于表彰香港特区参与中国 2010 年上海世界博览会督导委员会的决定（2010 年 12 月 26 日）

刘廷东会见香港上海汇丰银行主席（2011 年 10 月 27 日）

自贸区来了，香港怎么办?（2013 年 10 月 18 日）

沪港通进入“铺轨期”（2014 年 4 月 30 日）

沪港通机制套利空间有限（2014 年 9 月 26 日）

沪港通，你准备好了吗?（2014 年 11 月 3 日）

蓝筹股　春天来了吗（2014 年 11 月 10 日）

沪港 1+1 利好大于 2（2014 年 11 月 11 日）

沪港资本市场迈入“联通”时代（2014 年 11 月 18 日）

读懂沪港通的“互联互通”深意（2014 年 11 月 20 日）

中国华融国际化转型提速（2014 年 11 月 24 日）

人民币，离国际货币还有多远（2014 年 11 月 24 日）

沪港通的“热”与“冷”（2014 年 12 月 1 日）

发展联通内地　繁荣普惠百姓（2015 年 1 月 8 日）

李克强出席世界经济论坛国际工商会理事会代表对话实录（2015 年 1 月 22 日）

沪港通一年答卷：安全平稳（2015 年 11 月 18 日）

深港通，4个月左右开通（2016年8月17日）

互联互通为香港“加油”（2016年9月1日）

深港通这列“快车”怎么搭（2016年10月17日）

一桥架沪港　资本更融通（2016年11月17日）

资本开放不停步（2016年12月5日）

资本市场开放又迈一大步（2017年6月22日）

明艳紫荆　花开繁盛（2017年6月27日）

沪港通3年累计成交6.05万亿元（2017年11月17日）

中国股市新观察（2018年7月12日）

浦东：小步换大步　开放再开放（2018年8月9日）

沪港通4年累计交易额朝10万亿元（2018年11月21日）

交流让我们更懂彼此（2019年7月11日）

血浓于水一家亲（2019年8月12日）

“兼顾防疫和发展，不忘沪港合作”-在沪港企到上海市郊寻觅合作新机（2020年8月27日）

沪港合作会议第五次会议举行　就13个范畴合作方向达成共识（2021年8月31日）

把握新机遇　沪港创双赢（2021年9月24日）

第二节　新华社

沪港列车上迎元宵（2015年3月4日）

曾俊华：沪港合作为国家金融改革作贡献（2015年11月24日）

沪港金融合作论坛在港举行　共话两地金融合作机遇（2017年10月17日）

沪港合作会议第四次会议在港召开　两地签署15项协议（2018年8月24日）

香港金融界积极探索科创版合作　沪港资本市场互鉴互赢（2019年7月23日）

文化创意联通沪港两地，香港街将于年底登陆上海（2019年9月6日）

A/H股市场向好，沪港深基金净值回升（2019年10月19日）

沪港通规则修订后明确“不同投票权架构”首次纳入条件（2019年10月19日）

上海国际艺术节“香港文化周”精彩纷呈，沪港联手端出文化大餐（2019年11月11日）

2019沪港合作与发展研讨会在上海举行（2019年11月15日）

沪港通五周年，外资持股 1.8 万亿（2019 年 11 月 19 日）

仇鸿出席 2019 年沪港金融论坛（2019 年 12 月 16 日）

建信中证沪港深粤港澳大湾区 ETF 正式发行（2020 年 1 月 20 日）

加码港股配置，沪港深基金攻势凌厉（2020 年 4 月 24 日）

国内首家沪港伦三地商事保险企业诞生（2020 年 6 月 18 日）

首家沪港伦三地上市的中国保险企业诞生，中国太保全球存托凭证在伦交所成功挂牌上市（2020 年 6 月 18 日）

重仓腾讯美团，沪港深基金加码布局港股龙头（2020 年 7 月 24 日）

“兼顾防疫和发展，不忘沪港合作”——在沪港企到上海市郊寻觅新机（2020 年 8 月 25 日）

科创班股票预计明年纳入沪港通（2020 年 11 月 29 日）

上海香港商会：持续主力沪港青年互动交流（2020 年 12 月 6 日）

前海开源沪港深景气行业精选混合基金增聘基金经理（2021 年 1 月 9 日）

拥抱中国核心资产　富国中证沪港深 500ETF 即将发行（2021 年 1 月 20 日）

科创板股票纳入沪港通（2021 年 1 月 23 日）

上海证券交易所修订沪港通规则　科创板股票 2 月 1 日起“加盟”（2021 年 1 月 23 日）

科创板股票正式纳入沪港同股票范围（2021 年 1 月 24 日）

国寿安保基金李康：借道 ETF 聚焦沪港深核心优质资产（2021 年 1 月 25 日）

沪港两地金融科技首次“云”论坛成功举行（2021 年 3 月 10 日）

龚正会见东亚银行联席行政总裁　推动沪港金融合作向前迈进（2021 年 3 月 24 日）

张家港：55 个沪港合作项目签约 563 亿元（2021 年 3 月 31 日）

首只上交所沪港互挂 ETF 获批（2021 年 5 月 8 日）

华安沪港深科技 100ETF 将于 5 月 17 日起发行（2021 年 5 月 13 日）

沪港连线论坛举行　邀更过香港朋友共享发展机遇（2021 年 5 月 21 日）

沪港 ETF 步入“互通时代”（2021 年 6 月 1 日）

上交所首批沪港 ETF 互通产品近日挂牌上市（2021 年 6 月 1 日）

港交所总裁：首对沪港互挂 ETF 在港上市　推动跨境 ETF 市场发展（2021 年 6 月 1 日）

首对沪港 ETF 互通产品，昨在两交易所同步上市（2021 年 6 月 2 日）

沪港专家共同探讨“十四五”时期连地合作新机遇（2021 年 6 月 9 日）

沪港人士联袂直播　共话数字经济新机遇（2021 年 6 月 26 日）

沪港深基金净值回升　港股后市谨慎乐观（2021 年 6 月 30 日）

一只高纯度“港”基的逆袭：华泰柏瑞新经济沪港深逆势新高（2021 年 8 月 30 日）

沪港合作会议第五次会议举行　就 13 个范畴合作方向达成共识（2021 年 8 月 30 日）

聚焦“十四五”新机遇　沪港澳三地连线共话青年发展（2021 年 11 月 30 日）

第二章　上海媒体

第一节　《解放日报》

国际邮轮上海始发（2004 年 5 月 20 日）
港商发现服务市场“新大陆”（2004 年 9 月 6 日）
上海欲扭转现代服务业“断腿”形象（2004 年 11 月 10 日）
上海企业海外融资千亿元（2005 年 6 月 20 日）
推进 CEPA 框架下沪港合作（2005 年 12 月 4 日）
走出去　民企荣升主力（2006 年 1 月 9 日）
上海国企探求境外上市之路（2006 年 5 月 12 日）
内地百姓买钻石将价同香港（2006 年 6 月 12 日）
“攀关税”产品本月新增 61 个税号（2006 年 7 月 17 日）
上海旅游节亟待商业突破（2006 年 8 月 3 日）
工行沪港同步上市（2006 年 10 月 28 日）
建设国际金融中心：香港与上海的角色（2007 年 2 月 3 日）
上海港：首登世界港口“榜眼”（2007 年 3 月 27 日）
上海打造“两小时快速交通网”（2007 年 5 月 12 日）
“沪港是国家队的两个前锋”（2007 年 6 月 14 日）
沪港“三互”如火如荼（2007 年 6 月 19 日）
沪港是一对互为师徒的知交（2007 年 6 月 21 日）
千元沪港单程机票一票难求（2007 年 6 月 22 日）
沪港携手提升“东方好莱坞”（2007 年 6 月 24 日）
沪港“双子星”　共圆金融中心梦（2007 年 7 月 28 日）
摄影体育等 11 领域向港资开放（2007 年 8 月 2 日）
雪莲花有望成为房颤良药（2008 年 7 月 16 日）
沪港合作应对金融危机（2008 年 12 月 20 日）
上海金融业将上新台阶（2009 年月 26 日）
互动发展是共同需要（2009 年 3 月 28 日）
建国际航运中心　上海向香港学什么？（2009 年 4 月 2 日）
国际金融中心建设的“双城话题”（2009 年 7 月 21 日）
香港到沪举办参博推广周（2009 年 7 月 23 日）

务实推进沪港各领域合作（2009 年 8 月 15 日）
上海现代服务业要学香港好经验（2009 年 8 月 22 日）
沪港合作管理虹桥机场（2009 年 10 月 13 日）
“米老鼠”落沪带来叠加效应（2009 年 11 月 5 日）
沪港研讨金融高管合作市场共赢（2009 年 12 月 4 日）
“不做假报告”一年赚两亿 . 解放日报（2010 年 1 月 15 日）
沪港大都市发展研讨会举行（2010 年 1 月 20 日）
沪港支持金融机构互设（2010 年 1 月 20 日）
沪港作家就两地文化景观展开对话（2010 年 5 月 17 日）
上海要借鉴香港成功经验（2010 年 5 月 26 日）
沪港专家研讨金融软环境建设（2010 年 6 月 8 日）
上海香港新加坡错位中相互合作（2010 年 6 月 27 日）
“上海制造”超级电容车开到香港（2010 年 8 月 31 日）
沪港定期航班全面开通（2010 年 10 月 1 日）
希望沪港企业深化合作（2010 年 10 月 10 日）
沪港高铁最快 2012 年开通（2010 年 10 月 27 日）
发展到哪里，党建就到哪里（2011 年 6 月 30 日）
进一步加强沪港紧密合作（2011 年 7 月 12 日）
两万港人在上海（2012 年 7 月 17 日）
沪港新签四项协议深化合作（2012 年 1 月 6 日）
增强上海金融市场国际内涵全球影响力（2012 年 1 月 31 日）
沪港进一步加大合作交流（2012 年 7 月 12 日）
“千时代”，上海如何吸引更多跨国公司总部?（2013 年 1 月 25 日）
上海与香港的文化比较（2013 年 3 月 8 日）
上海稳居第六　香港首超东京（2013 年 9 月 11 日）
携手共谋外资利用新局面（2013 年 10 月 12 日）
加强沪港合作　共享新机遇（2013 年 12 月 17 日）
我们在香港学到了什么（2014 年 2 月 10 日）
试出可复制可推广制度（2014 年 3 月 5 日）
沪港双方正积极筹备第三轮合作（2014 年 4 月 2 日）
打开资本市场双向开放通道（2014 年 4 月 11 日）
“沪港通”首选上海利于试点平稳起步（2014 年 4 月 12 日）
上海的变化是制度和政策焕发的（2014 年 4 月 13 日）
办事认真　关注时事（2014 年 4 月 21 日）

上海超东京香港成亚洲最时尚都市（2014 年 7 月 23 日）
外资在港只等沪港通发令声（2014 年 8 月 2 日）
抓住自贸机遇大胆试（2014 年 8 月 18 日）
14 银行预热沪港通（2014 年 9 月 2 日）
沪港通操作细节出炉（2014 年 9 月 5 日）
全力推上海自贸区建设　正谋划下一步改革试验（2014 年 9 月 27 日）
沪港通将面临考验（2014 年 10 月 20 日）
有效平衡境内外资金成本（2014 年 10 月 27 日）
资本市场的“自贸区”（2014 年 10 月 27 日）
理性看待沪港通（2014 年 10 月 27 日）
上桌，品尝新的投资盛宴（2014 年 10 月 27 日）
“沪港通”模拟首笔交易（2014 年 11 月 9 日）
沪港通“开窍”：资本市场改革启幕（2014 年 11 月 11 日）
香港万亿人民币资金池将被激活（2014 年 11 月 12 日）
沪港通惠及券商经纪业务大提振（2014 年 11 月 13 日）
沪港通将打造人民币回流机制（2014 年 11 月 14 日）
内地个人买卖港股　价差三年免个税（2014 年 11 月 15 日）
沪港两地证券市场成功实现联通（2014 年 11 月 18 日）
让市民有幸福感，是最大心愿（2014 年 11 月 19 日）
A 股 T+0 时机到了（2014 年 11 月 19 日）
沪港通开闸第二天“南北均冷”（2014 年 11 月 19 日）
沪港通“淡定”不必太担心（2014 年 12 月 2 日）
我在上海自贸区当仲裁员（2014 年 12 月 8 日）
走过 2014，我们的生活这样被改变（2014 年 12 月 9 日）
沪港通“满月”运行平稳符合预期（2014 年 12 月 17 日）
新常态下，更关键的是调整结构转方式（2015 年 1 月 30 日）
城市为什么会离自然越来越远（2015 年 1 月 31 日）
期待深港通更灵活（2015 年 3 月 9 日）
A 股大热　沪港通仍旧淡定（2015 年 3 月 30 日）
重新打量“摩登上海”（2015 年 4 月 10 日）
香港特区代表团考察上海自贸区（2015 年 4 月 11 日）
“一带一路”为沪港合作带来机遇（2015 年 4 月 11 日）
“自由行”与“组团游”都需要（2015 年 7 月 2 日）
“沪港通”带来契机，沪港两利全国得益（2015 年 9 月 15 日）

市场容纳两个迪士尼没问题（2016 年 1 月 30 日）
沪港合作交流会不断加深扩大（2016 年 5 月 10 日）
“融”入优势产业，“融”入上海（2016 年 8 月 7 日）
上海口岸贸易规模超香港新加坡（2017 年 6 月 30 日）
沪港合作，演绎更精彩“双城故事”（2017 年 7 月 3 日）
上海首次进入金融中心指数前十（2017 年 9 月 21 日）
沪港开展更大范围更高水平合作（2018 年 8 月 25 日）
营商环境是最期待的“进博红利”（2018 年 11 月 4 日）
申城备下一道丰富多彩文娱大餐（2019 年 5 月 5 日）
四梦“一天一梦”圆梦香江（2019 年 5 月 6 日）
和衷共济定会迎来更美好明天（2019 年 11 月 2 日）
太保如期登陆伦交所释放强烈信号（2020 年 6 月 17 日）
罗康瑞五章：一个香港人在上海（2020 年 6 月 17 日）
科创板吸引力和竞争力尚显不足（2021 年 3 月 7 日）
融入新发展格局　共同服务大局（2021 年 8 月 31 日）

第二节　《文汇报》

研讨沪港都市文化（2000 年 6 月 13 日）
沪港管理学院挂牌（2000 年 9 月 11 日）
沪港经济合作前景无量（2002 年 11 月 24 日）
沪港直通车旅客猛增（2003 年 10 月 8 日）
上海拟引进千名香港专才（2003 年 10 月 29 日）
深入推进新一轮沪港合作（2003 年 11 月 26 日）
沪港房地产合作进入新阶段（2004 年 2 月 5 日）
推动沪港现代服务业合作（2005 年 12 月 4 日）
加强沪港现代服务业合作（2006 年 5 月 29 日）
沪港经贸合作演绎“双城传奇”（2007 年 6 月 25 日）
东方双珠交相辉映　沪港产业优势互补（2007 年 6 月 28 日）
手机香港漫游费一降再降（2007 年 7 月 6 日）
上海将首设 CPEA 绿色通道（2007 年 8 月 23 日）
香港在沪投资三年增长超 50%（2007 年 11 月 2 日）
促沪港国际贸易中心互动发展（2009 年 8 月 22 日）
俞正声会见曾荫权时表示望沪港互补互联共同发展（2010 年 4 月 28 日）

2012 年底：上海 6 小时可到香港（2010 年 10 月 27 日）

市政协在港澳举行座谈会（2010 年 11 月 27 日）

上海香港居境内外榜首（2011 年 2 月 1 日）

加强沪港合作实现优势互补（2011 年 7 月 12 日）

沪港加大交流合作　俞正声会见香港华菁会代表团（2012 年 7 月 12 日）

上海三成外资来自香港（2012 年 11 月 1 日）

沪港通不会影响 QFII 正常运行（2014 年 4 月 12 日）

道琼斯发展指数报告，沪港并列全球金融中心第五（2014 年 11 月 7 日）

千呼万唤始出来，沪港通下周一开闸（2014 年 11 月 10 日）

为什么上海成人英语水平超过了香港（2014 年 11 月 14 日）

杨雄：沪港通运行平稳，基本达预期目标（2015 年 1 月 29 日）

深化沪港全方位交流合作（2017 年 11 月 2 日）

沪港“双西”协力打造亚洲最大规模艺术区（2018 年 8 月 25 日）

为治疗神经损伤和神经腿型性病变带来新希望！沪港粤三地科研团队联袂合作，揪出了在幕后捣鬼的蛋白（2019 年 2 月 18 日）

“沪港学者两岸关系研讨会”在上海召开（2019 年 4 月 10 日）

从一大会址到创客小镇，这些地方成了沪港澳青少年交流实习基地（2019 年 4 月 17 日）

加强沪港全方位合作交流，应勇会见香港立法会议员代表团（2019 年 4 月 23 日）

托运行李走到哪儿都能“看得见”，东航沪港快线启用 RFID 行李全程跟踪系统，7 月虹桥和浦东两机场全覆盖（2019 年 4 月 30 日）

百万余人坐过的沪港直通火车，如何在炎热夏季保证餐车食品安全？上海海关多举措保障旅客“舌尖上的安全”（2019 年 5 月 20 日）

特写：携手话同心——沪港近千名青少年上海结对交流（2019 年 7 月 10 日）

期待沪港演绎更精彩的“双城故事”！李强今天会见港区省级政协委员联谊会代表团（2019 年 8 月 10 日）

为进一步深化沪港合作牵线搭桥（2019 年 8 月 12 日）

为深化沪港交流合作牵线搭桥（2019 年 10 月 25 日）

第 21 届中国上海国际艺术节“香港文化周”拉开帷幕（2019 年 11 月 2 日）

破天荒昆粤合演《白蛇传》的背后，是沪港两地长久的戏曲交流（2019 年 11 月 16 日）

“不想错过上海”，知名港医来沪办医（2019 年 11 月 22 日）

进一步提升沪港科创合作深度广度（2019 年 12 月 6 日）

科创股票预计明年纳入沪港通（2020 年 11 月 29 日）

沪港澳台青少年同绘中国梦：2021 墨韵少年国际艺术季暨第五届国际水墨艺术大赛征稿启动（2021 年 3 月 26 日）

上海疾控：今日起，在沪港澳同胞可预约新冠疫苗接种（2021 年 4 月 12 日）

2021 沪港科技合作研讨会在上海青浦和香港两地同步举办（2021 年 10 月 21 日）

是什么吸引奥运冠军、医生并肩跑？沪港澳启动“为脑瘤患者走遍世界”公益行（2021 年 10 月 30 日）

第三节　澎湃新闻

香港回应上海迪士尼增资“扩容”：不会打击我们信心（2014 年 6 月 5 日）

解析沪港通对汇市与股市的风险（2014 年 6 月 18 日）

沪港通推行人民币境外换汇（2014 年 6 月 24 日）

MSCI 6 月 11 日公布是否纳入 A 股，FTSE 研究抢沪港通先机（2014 年 6 月 5 日）

与沪港通同步，新上市 H 股 10 月有望全流通（2014 年 7 月 3 日）

上海浦东新区人口承载力考察之三：与香港差距不是一点点（2014 年 7 月 3 日）

“沪港通”开闸在即：私募赵丹阳获 2 亿元 RQFII 额度（2014 年 7 月 9 日）

沪港通单项测试本周启动，冲刺 8 月实战演习（2014 年 7 月 9 日）

逾 20 券商本州进行沪港通二轮测试，“暂不调整两地交易时间”（2014 年 7 月 21 日）

沪交所沪港通项目主要负责人陈秉强离职（2014 年 7 月 22 日）

香港是窗口，新加坡是桥梁，上海将是什么？（2014 年 7 月 30 日）

9000 亿资金静候“沪港通”开闸：A 股有 20% 涨幅空间（2014 年 7 月 31 日）

海外大量资金屯兵香港静待沪港通开闸（2014 年 8 月 1 日）

英国最热门的《战马》明年到上海演 60 场，香港人也想来看戏（2014 年 8 月 5 日）

李小加谈沪港通，希望推出时间为“周一”（2014 年 8 月 6 日）

香港成全球超级百万富翁最多城市，北京排 12 上海排 18（2014 年 8 月 7 日）

沪港通今起全天候测试，“最高规格”动员会召开（2014 年 8 月 11 日）

“中国十大最受欢迎公园”公布，北京上海香港占去 8 席（2014 年 8 月 12 日）

港交所李小加谈“沪港通”监管纠结：平稳行驶最重要（2014 年 8 月 13 日）

沪港通草案禁止低价大额申报，“狙击”恶意占用额度（2014 年 8 月 13 日）

想赚点小钱的看过来，沪港通落地后蓝筹 ETF 能有 2% 收益（2014 年 8 月 13 日）

沪港通或倒逼 T+0 加快试点，涨跌停限制有望放开（2014 年 8 月 14 日）

沪港通签《四方协议》，高盛称 7.8 万亿境外资金虎视 A 股（2014 年 9 月 5 日）

刘克襄逛上海小菜场：跟台湾香港的菜市还真不一样（2014 年 9 月 9 日）

iPhone6 从中国低调启程：20 吨上海飞香港，93 吨郑州飞美国（2014 年 9 月 12 日）

上交所释疑“沪港通”：不会分流 A 股资金（2014 年 9 月 20 日）

上证所正式发布沪港通试点办法：允许融资融券（2014 年 9 月 26 日）

35.5 亿，上实携香港“棉纱大王”家族买下上海世贸商城（2014 年 9 月 26 日）

国际金融中心排名：上海与香港并列第五（2014 年 9 月 26 日）

券商被要求 15 日前申请沪港通，“沪港通或免征资本利得税”（2014 年 10 月 13 日）

A 股早盘暴跌近 2%，市场预期证监会近日下午宣布沪港通（2014 年 10 月 17 日）

89 家券商首批获沪港通资格，内地与香港签订跨境监管协议（2014 年 10 月 17 日）

ASIFMA 致信香港证监会，称沪港通时机尚不成熟（2014 年 10 月 22 日）

港交所称沪港通尚未获批，“无限搁置”说法不实（2014 年 10 月 27 日）

证监会副主席称沪港通已到“最后阶段”，上证所周末重启测试（2014 年 10 月 30 日）

梁振英将在 APEC 北京会议期间争取“沪港通”尽快开通（2014 年 11 月 4 日）

习近平会见梁振英：沪港通即将正式推出（2014 年 11 月 9 日）

沪港通 11 月 17 日正式运作，沪指涨 55 点至三年新高（2014 年 11 月 10 日）

沪港通下一步：深港通提上日程，基金互认已有时间表（2014 年 11 月 10 日）

沪港通：资本市场“总理战略”将如期兑现（2014 年 11 月 10 日）

沪港通的使命（2014 年 11 月 10 日）

沪港通 AH 股精明指数将于下周一推出，供投资者 AH 股套利（2014 年 11 月 10 日）

沪港通豁免所得税：个人免征三年，QFII、RQFII 暂免（2014 年 11 月 14 日）

沪港通通关测试，港股通 105 亿配额两小时内用完（2014 年 11 月 15 日）

港交所总裁李小加：写在沪港通前夜的心里话（2014 年 11 月 16 日）

沪港通今天正式开通，投资者都应该注意点什么？（2014 年 11 月 17 日）

沪港通开启最后的金矿：B 股！重点关注 12 只 B 转 H 个股（2014 年 11 月 17 日）

配合沪港通，香港 11 月 17 日起取消港人每日兑换人民币上限（2014 年 11 月 17 日）

沪港通微博语录：选股逻辑变了，百亿额度开盘被秒没悬念（2014 年 11 月 17 日）

沪港通不要 50 万也能投！华夏、南方年内或推沪港通基金（2014 年 11 月 17 日）

两只沪港通 ETF 有望本周获批，市场预期 T+0 交易（2014 年 11 月 17 日）

沪港通开通日 268 至港股名单一览（2014 年 11 与 17 日）

全球投资者都盯着沪港通，他们终于可以进入中国股市了（2014 年 11 月 17 日）

沪港通开锣未见满目红色，上证所赠礼港交所老八股（2014 年 11 月 17 日）

沪港通首秀不及预期：港股通遇冷，沪港通指数下跌（2014 年 11 月 17 日）

沪港通见光死？这些股票没有死（2014 年 11 月 17 日）

沪港通开闸："沪港通是什么，到香港不要通行证了？"（2014 年 11 月 17 日）

"沪港通" 列车今日始发，你搭上车了么？（2014 年 11 月 17 日）

商务部研究员称沪港通或加剧 A 股波动，南北资本流可完全逆转（2014 年 11 月 18 日）

沪港通叫好不叫座：港股使用率不足 3%（2014 年 11 月 19 日）

李小加：沪港通至少可以得 "良"，上线清淡有五点原因（2014 年 11 月 23 日）

首只沪港通基金获批，别激动，没有 T+0！（2014 年 12 月 4 日）

李小加 "写信" 给圣诞老人：沪港通明年会更热闹（2014 年 12 月 22 日）

沪港通 A 股卖空机制拟本月内推出，"市场影响不大"（2015 年 1 月 7 日）

三个学术民工：沪港通了吗？（2015 年 2 月 4 日）

深港通预计上半年能够获批，沪港通卖空机制一直零成交（2015 年 3 月 4 日）

全球薪酬报告：香港高管薪水只比上海的高了 10%（2015 年 3 月 16 日）

香港豪门集体减持内地资产：瑞安房地产75亿抛售上海写字楼（2015年3月17日）

期待上海艺博会的大格局，免得去香港巴塞尔“烧钱”（2015年4月4日）

李小加致信沪港通玩家：不用急！不用慌！机会无穷风险常在！（2015年4月10日）

李小加称沪港通额度将提高不止两三成，深港通不会上半年推（2015年4月10日）

“港股解放军”开着航母登陆香江：首只百亿沪港通基金将建仓（2015年4月14日）

全球最大迪士尼旗舰店落户上海，部分商品售价远贵过香港东京（2015年5月17日）

上海迪士尼店回应部分价格与香港东京不一致：与汇率等有关（2015年5月17日）

上海机场被沪港通暂停买盘，外资持股比例超过28%红线（2015年5月19日）

Gucci香港五折降价遭大陆客扫货，上海成都等地也已开降（2015年5月25日）

沪港联手切断跨国贩毒通道缴毒80公斤：巴西运到上海转运香港（2015年6月25日）

黄金沪港通7月10日起交易，人民币黄金定盘计划年内启动（2015年6月25日）

上海自贸区跨境投资最热行业是TMT，最热投资地是香港（2015年7月26日）

沪港通北向A股交易收费比率调整，手续费将降低一半以上（2015年7月29日）

在沪定居港人多达10万，上海香港联会成立展示爱上海的理由（2015年9月1日）

上海前滩引入大财阀“怡和洋行”，200亿再造一个香港中环（2015年9月10日）

A股真正实现注册制还要两三年，巴曙松建议沪港通参与IPO（2015年9月25日）

上海律所将首次聘请香港大律师为法律顾问，或搞模拟法庭（2015年11月10日）

沪港通晒周年成绩单：外资高抛低吸，最爱白马股（2015年11月17日）

沪港通一周年，证监会新副主席方星海：关门练自家拳已行不通（2015 年 11 月 17 日）

在上海就能聘请香港大律师，专长国际仲裁和国外法律顾问（2015 年 11 月 20 日）

梁锦松：上海发展非常迅猛、前景也很好，但香港不应自卑（2015 年 11 月 25 日）

国际金融中心最新一年排名：上海香港继续并列第五（2015 年 12 月 30 日）

4 月起停靠沪港船舶需用低硫油，预计 PM2.5 减排约 10%（2016 年 2 月 20 日）

首家香港内地合资全牌照券商申港证券获批：注册在上海自贸区（2016 年 3 月 18 日）

韩正会见香港总商会访问团：望沪港一如既往加强交流共同发展（2016 年 4 月 13 日）

美海军第七舰队旗舰“蓝岭”号访问上海，之前到访香港（2016 年 5 月 6 日）

杨雄：上海愿与香港深化合作交流，把上海国际金融中心建设好（2016 年 5 月 6 日）

沪港通成护盘新力量，A 股难以摆脱平淡格局（2016 年 5 月 20 日）

上海迪士尼会挖走香港迪士尼墙角吗？新华社：唱好“双城记”（2016 年 6 月 17 日）

北京、广东、香港之后，上海也有了“现代舞展”（2016 年 7 月 12 日）

加州健身上海门店停业会员集中维权，香港总部被曝陷财务困境（2016 年 7 月 27 日）

韩正会见香港中国商会访沪团：希望沪港两地深入合作携手发展（2016 年 7 月 29 日）

上海闵行区未来五年力推 3 条轨交线，地铁站数将媲美香港（2016 年 7 月 29 日）

上海开园后迪士尼首份财报：巴黎香港下滑，上海不负众望（2016 年 8 月 11 日）

证监会：深港通不再设总额度限制，沪港通总额度即日起取消（2016 年 8 月 16 日）

深港通业务实施办法征求意见：与沪港通基本保持一致（2016 年 8 月 26 日）

保监会发文明确保险资金可参与沪港通试点（2016 年 9 月 8 日）

保险资金入局沪港通，或为港股每年带来 300 亿潜在增量资金（2016 年 9 月 8 日）

保险资金参与沪港通开闸，对今天A股意味着什么（2016年9月9日）

全球非母语国家英语水平调查：上海连续三年英语水平超越香港（2016年11月15日）

证监会查处首例沪港通操纵案：唐某博等人非法获利逾3亿（2016年11月18日）

深港通沪港通下港股通结算资金分别换汇，参考汇率中间价一致（2017年1月3日）

证监会公布借沪港通操纵市场首案，唐汉博等涉两案被罚12亿（2017年3月10日）

香港迪士尼：至今主要客源来自内地，与上海迪士尼定位不同（2017年3月16日）

宣德青花鱼藻纹大碗2.29亿港元在香港成交，本月借展上海（2017年4月5日）

配合新高考改革，港中大（深圳）今年在沪首推“双轨制”招生（2017年4月7日）

上海保险业十三五规划：研究保险“沪港通”，建险资运用中心（2017年5月15日）

沪港列车迎20岁生日，有陌生旅客时隔一年车上重逢然后相爱（2017年5月19日）

在沪香港机构团体将在上海举行系列活动，庆祝回归20周年（2017年6月1日）

庆祝回归20周年，香港中乐团大型音乐会暨沪港文化月开幕（2017年6月7日）

沪港电影人共庆香港回归20年（2017年6月24日）

祝福香港回归短片在上海播放，上百港人在片中阐释香港精神（2017年6月25日）

回归20年看香港：从上海坐火车去香港九龙（2017年6月26日）

上海人在香港：老一辈南下，新一代回潮（2017年6月29日）

香港人在上海：用狮子山精神扎根，再融入这城（2017年6月30日）

钟汉良上海办展：有摄影，也有影像捕捉香港的记忆与情感（2017年7月1日）

香港兴业国际上海办事处迁入兴业太古汇（2017年7月27日）

港交所上半年盈利35亿港元，沪港通深港通收入飙升128%（2017年8月9日）

沪港通南北向资金年内首现集体出逃：白酒金融股成出货主力军（2017 年 8 月 12 日）

上海房企保集集团借壳毅信控股，养老地产香港上市（2017 年 8 月 16 日）

韩正会见林郑月娥：希望沪港两地携手为国家发展作出更大贡献（2017 年 8 月 23 日）

应勇会见香港恒隆集团董事长：努力把上海打造成国际消费城市（2017 年 9 月 8 日）

香港证监会推进沪港通深港通北向交易实名制：明年年中实施（2017 年 10 月 10 日）

“上海女儿”姚钰将携香港弦乐团回“娘家”（2017 年 10 月 18 日）

沪港通北上资金单日卖出贵州茅台 9.71 亿元，创历史最高（2017 年 10 月 27 日）

应勇会见香港上海总会理事长：上海愿与香港深化合作共赢发展（2017 年 11 月 1 日）

三部委：内地个人投资者通过沪港通投资港股获利继续免征个税（2017 年 11 月 13 日）

香港浸会大学上海校友会成立，已有超 600 个校友成员（2017 年 12 月 10 日）

上海举办香港主题电影展，8 部经典影片庆祝香港回归 20 周年（2017 年 12 月 17 日）

上海新辟崇明养殖基地，确保香港市场活中猪供应（2017 年 12 月 26 日）

上海土地批租试点亲历者说，学香港推改革很有章法（2018 年 3 月 2 日）

上海土地批租试点亲历者说，香港经验是法规和制度相当完整（2018 年 3 月 6 日）

上海土地批租试点亲历者说：甘当沪港交流的“老黄牛”（2018 年 3 月 9 日）

上海土地批租试点亲历者说，那次香港考察给了我极大震撼（2018 年 3 月 13 日）

新华社香港分社原副社长、上海市政府原顾问李储文逝世（2018 年 3 月 28 日）

沪深港通额度随“A 股入摩”扩容？沪港交易所回应称暂无消息（2018 年 4 月 10 日）

沪港通额度扩大，上证所：切实落实沪股通看穿式交易监管安排（2018 年 4 月 11 日）

沪港通深港通每日额度扩大：有助 MSCI 指数今年纳入 A 股（2018 年 4 月

11日）

沪港通深港通额度下月扩容，养老目标基金开始申报（2018年4月12日）

李强会见唐英年，共商沪港新一轮合作、长三角一体化这些大事（2018年4月16日）

全球科创中心百强：北京第9、上海17、香港18（2018年4月19日）

沪港拼团出海，共促一带一路（2018年4月26日）

粤语版《长恨歌》：上海故事，也是香港的故事（2018年5月11日）

献礼改革开放40周年，上海香港联会今起寻找港人的上海故事（2018年5月4日）

证监会公布利用沪港通账户跨境操纵市场案：非法获利超2000万（2018年5月18日）

上证所披露沪港通跨境操纵案细节：两私募合谋，交易额33亿（2018年5月25日）

王家卫获颁哈佛博士：对上海香港的肯定（2018年5月26日）

李强会见沪港经济发展协会代表团：加强学习互鉴，深化合作（2018年6月7日）

港媒：香港高铁9月23日通车，长途列车可直达北京、上海（2018年8月7日）

广深港高铁香港段9月23日通车，沪港1077元人民币直达（2018年8月23日）

沪港加强两地金融合作：推动更多上海生物科技企业赴港上市（2018年8月23日）

上海市长应勇率团访问香港学习经验，沪港签15个合作协议（2018年8月24日）

梁振英：香港和上海同为国家对外开放的窗口，要更紧密地合作（2018年9月4日）

上海至香港高铁票价公布：二等座1008元单程8小时17分（2018年9月7日）

上海至香港高铁23日开行，最全的购票、乘车看这里（2018年9月21日）

坐复兴号从上海到香港只要8个多小时，首发列车上座率达九成（2018年9月21日）

港大校长张翔：IMBA是沪港交流平台（2018年10月21日）

“香港文化周”明年举办，7台剧目将来沪（2018年10月22日）

亚太知识竞争力指数发布：港沪京粤台入前十（2018年10月29日）

亚太知识竞争力指数发布：香港第 4、上海第 5，前十席中共占半（2018 年 10 月 9 日）

民盟中央：为上海建“大陆香港”谋与策，为长三角发展鼓与呼（2018 年 11 月 26 日）

深沪港交易所就不同投票权架构公司纳入港股通范围达成共识（2018 年 12 月 9 日）

上海“生活成本”超香港？实属偷换概念（2018 年 12 月 13 日）

沪港签科创合作协议，支持两地科研院所共建联合实验室（2018 年 12 月 17 日）

金融中心的鸿沟双城记：上海怎么做？（2019 年 1 月 3 日）

加媒：加拿大一议员团 6 日将启程访华，前往上海、深圳、香港（2019 年 1 月 4 日）

上海站稳全球金融中心前五名：与伦敦、香港、新加坡差距缩小（2019 年 3 月 14 日）

普华永道报告：北京上海香港广州深圳排名中国前五（2019 年 3 月 21 日）

对标东京香港，运营线全国第一的上海地铁还有这些短板要补（2019 年 4 月 17 日）

应勇会见香港立法会议员代表团，沪港加强全方位合作交流（201 年 4 月 22 日）

李强会见香港中华总商会代表团，在这些领域深化沪港合作（2019 年 4 月 29 日）

沪港电影合作与交流：多年融合进入新阶段（2019 年 6 月 22 日）

细读张爱玲《第一炉香》：上海还是香港？（2019 年 7 月 27 日）

非 A+H 的科创板股票纳入沪港通，须先成两大指数成分股（2019 年 7 月 29 日）

上海市委书记李强会见香港客人：为共创美好明天发挥积极作用（2019 年 8 月 10 日）

美艾奥瓦州前众议员致信上海日报：香港示威者必须停止暴力（2019 年 8 月 16 日）

香港兴业国际首个改造学校在上海揭牌（2019 年 8 月 28 日）

“香港节 2019-艺汇上海”发布演出名单，展示多元文化（2019 年 9 月 5 日）

上海合作组织秘书长就香港局势发表声明（2019 年 9 月 23 日）

旅客和乘务员在上海开往香港的高铁上合唱《歌唱祖国》（2019 年 10 月 1 日）

证监会原主席肖钢谈沪港通六大启示：实践经验和精神不会过时（2019 年

10 月 27 日）

全球竞争力报告，上海首次超香港（2019 年 11 月 15 日）

澎湃、大公文汇联合上海市慈善基金会，为香港两受害老伯募捐（2019 年 11 月 19 日）

香港希玛眼科落户上海，创始人：对上海和整个长三角充满信心（2019 年 11 月 21 日）

“沪港通”开通 5 周年综述：为内地和香港市场创造双赢（2019 年 11 月 26 日）

长三角一体化发展纲要：研究推进基于沪港通的债市互联互通（2019 年 12 月 1 日）

财政部：内地投资者参与沪港通、深港通继续暂免征个人所得税（2019 年 12 月 4 日）

“有钱、有心、有能力”：200 多名沪港青年在临港交流科创（2019 年 12 月 5 日）

2019 年上海利用外资保持较快增长，香港在沪投资占比最大（2020 年 1 月 21 日）

迪士尼：上海和香港迪士尼度假村的关闭将对公司产生负面影响（2020 年 2 月 6 日）

美联航暂停往返北京、成都、香港、上海航班，直至 4 月 24 日（2020 年 2 月 14 日）

310.5 亿元！香港置地联合体竞得上海徐汇最高价综合用地（2020 年 2 月 20 日）

上海出品电影《叶问 4》获得三项香港电影金像奖（2020 年 5 月 6 日）

上海医生留港读书第 4 年：香港人勤劳而又善良（2020 年 7 月 14 日）

上海医生求学港大：香港医生收入属于“金字塔尖”（20201 年 7 月 15 日）

从香港取经到上海举槌，那一年的大陆首场艺术拍卖（2020 年 8 月 5 日）

新三板转板细则出炉，科创版股票将纳入沪港通（2020 年 11 月 30 日）

“香港微型艺术展”现身上海，方寸间领略香江风采（2020 年 11 月 30 日）

符合条件的科创板股票进入沪港通后可纳入 MSCI 旗舰指数（2020 年 11 月 30 日）

全球城市竞争力报告：北京香港上海营商软环境竞争力进前 10（2020 年 12 月 9 日）

北面品牌母公司威富宣布品牌运营中心将从香港迁至上海（2021 年 1 月 12 日）

上海政协坚定支持制定实施香港特别行政区维护国家安全法（2021 年 1 月 23 日）

上海市长会见这家香港公司负责人，冀望共同推动沪港合作（2021 年 3 月 17 日）

上海打掉一走私钻石团伙：地下钱庄转汇贷款，裸钻经香港中转（2021 年 4 月 20 日）

沪港 ETF 互通正式开通，上交所 ETF 市场市值突破万亿大关（2021 年 6 月 1 日）

沪港专家共同探讨“十四五”时期两地合作新机遇（2021 年 6 月 9 日）

上海奉贤黄桃首次出口香港，海关提前介入走入果园指导（2021 年 8 月 11 日）

上海香港要在这些方面深化合作，龚正与林郑月娥签署合作备忘录（2021 年 8 月 30 日）

第三章　香港媒体

第一节　《大公报》

袁国强：粤沪港应共同开拓一带一路法律界商机（2016 年 8 月 16 日）

粤沪港法律界“一带一路”共赢风险管理合作空间大（2016 年 8 月 17 日）

中保监开发内险资金以沪港通来港　料带动 1.61 万亿人民币进港市（2016 年 9 月 8 日）

耀才：料深港通反应较沪港通热烈（2016 年 9 月 25 日）

大和料每年 260 亿人民币经沪港通流入港股（2016 年 10 月 4 日）

港股通再现净流入　市场料“沪港通”（2016 年 11 月 2 日）

深港通吸引力大于沪港通（2016 年 11 月 17 日）

明年将有 1600 亿元人民币透过“沪港通”和“深港通”来港（2016 年 11 月 18 日）

香港股票分析师协会指深港通反应或较沪港通更好（2016 年 11 月 29 日）

沪港经济发展协会 50 人访沪杭（2016 年 12 月 1 日）

上海市商务委员会与香港贸发局签合作协议　加强沪港合作（2017 年 4 月 21 日）

陈家强明日率团出席沪港金融合作工作会议（2017 年 5 月 22 日）

陈家强出席沪港金融合作第七次工作会议（2017 年 5 月 23 日）

林伟中：沪港双城互补互惠　助中国金融业发展（2017 年 6 月 7 日）

沪港两地歌唱家唱响香江　共庆回归（2017 年 6 月 27 日）

万众一心庆回归　沪港共创“吉尼斯世界纪录”（2017 年 6 月 24 日）

林郑上海会韩正应勇　冀创沪港合作新高度（2017 年 8 月 23 日）

新地沪港四大商场夺“卓越公关大奖”七项殊荣（2017 年 9 月 3 日）

谭惠珠出席沪港经济发展协会的“一地两检”专题午餐会（2017 年 9 月 6 日）

王振民：沪港竞争对双方有益（2017 年 10 月 16 日）

业内：结合沪港优势　共推互联网双创新时代（2018 年 3 月 31 日）

“沪港通”5 月起扩大四倍　单日近千亿（2018 年 4 月 11 日）

金管局欢迎扩大“沪港通”和“深港通”每日额度（2018 年 4 月 11 日）

陈茂波：沪港两地经贸合作空间大（2018 年 6 月 7 日）

沪港金融大学生交流计划启动　港生赴沪考察金融机构（2018 年 6 月 8 日）

科创产业将成沪港合作重心（2018 年 6 月 11 日）

巴曙松：沪深港通助人民币开放（2018 年 6 月 13 日）

上海推百条扩大开放举措　增沪港通额度（2018 年 7 月 11 日）

许昆林：加强交流助港青拓机遇（2018 年 7 月 20 日）

未来之星访沪　体验两地融通（2018 年 7 月 30 日）

国家艺术基金面向港人开放　沪港文化合作有望加强（2018 年 8 月 3 日）

沪港高校合作同育中医人才（2018 年 8 月 7 日）

上海市长今访港　两地将签合作协议（2018 年 8 月 22 日）

沪港金融会议推更多上海企业赴港上市（2018 年 8 月 23 日）

林郑晤上海市长　期加强创科经贸合作（2018 年 8 月 23 日）

林郑：欢迎沪科研机构来港为科创专才提供就业（2018 年 8 月 23 日）

沪港签署 15 项合作协议涉创科金融等六大重点领域（2018 年 8 月 24 日）

沪港澳青年经济发展论坛举行　长三角大湾区增互利合作（2018 年 8 月 24 日）

迈步新时代，沪港开启全面合作新篇章（2018 年 8 月 25 日）

沪港合作会议后续　专家：上海仍以港为师（2018 年 8 月 29 日）

罗康瑞获“改革开放 40 年在沪港人终身杰出成就”奖（2018 年 9 月 1 日）

沪港“水晶虾仁”大热一键就搞定（2018 年 9 月 27 日）

沪港高铁国庆首秀　上海多彩活动为港客提供假期好去处（2018 年 10 月 1 日）

EMBA 项目最新排名　沪港合作项目获佳绩（2018 年 10 月 15 日）

沪港科创迎新时代双城共进创机遇（2018 年 10 月 17 日）

康文署沪上为明年艺术节“香港文化周”预热（2018 年 10 月 20 日）

香港文化周在沪“暖场”（2018 年 10 月 22 日）

首创艺术交流互访团　沪港青年以”剧”会友（2018 年 10 月 28 日）

沪港 16 所大学成立“沪港大学联盟”（2018 年 11 月 6 日）

“沪港大学联盟”成立　林郑冀加强科研合作（2018 年 11 月 6 日）

沪港 16 所大学成立“大学联盟”　深化两地教科研合作（2018 年 11 月 7 日）

上海香港 16 所大学结成联盟的启示（2018 年 11 月 7 日）

梁振英：改革再出发沪港可以共担“排头兵”（2018 年 11 月 13 日）

沪副市长：冀港明年更深度参与进博会（2018 年 11 月 13 日）

“根繁叶茂　海上生辉”——上海刘海粟美术馆续办沪港澳台绘画联展（2018 年 11 月 23 日）

林郑：冀深化沪港合作迈向新高度（2018 年 11 月 29 日）

林郑：盼沪港优势互补（2018 年 11 月 29 日）

林郑：结合沪港优势推动国家改革开放（2018 年 11 月 30 日）

沪港民间智库合办学术研讨会　把脉新时代香港的机遇与挑战（2018 年 11 月 30 日）

在沪港人分享动漫故事（2018 年 12 月 5 日）

“沪港携手　创新发展　推动计划”启动（2018 年 12 月 11 日）

沪港年内新增八合作项目（2018 年 12 月 18 日）

港澳委员热议沪港科创建设（2019 年 1 月 27 日）

沪百亿资金支持民企发展　港澳委员：抓住机遇沪港同发展（2019 年 1 月 28 日）

长三角与大湾区如何联动？沪港委员这样说（2019 年 1 月 29 日）

港澳政协委员为上海发展建言献策　冀今年更深度参与进博会（2019 年 1 月 29 日）

香港文化周 11 月在沪举行　应勇力邀林郑访沪（2019 年 1 月 31 日）

沪办“香港周”推进两地众创合作（2019 年 2 月 1 日）

沪港智慧结合优化升级　智能垃圾箱助建绿色环境（2019 年 3 月 1 日）

巩固沪港交流成果　上海昆剧团今年将三进香港（2019 年 3 月 5 日）

上海杨浦冀携港共拓创新科技（2019 年 3 月 6 日）

“创业在上海”设沪港沪台专题赛　两岸三地创业者“各显神通”（2019 年 3 月 15 日）

港生角逐数字创新大赛　冀沪港联动共发展（2019 年 3 月 26 日）

绿城服务获纳入上海证券交易所之沪港通下港股通股票名单（2019 年 3 月 28 日）

“沪港学者两岸关系研讨会”在上海召开（2019 年 4 月 10 日）

沪港学者探索“两制”台湾方案（2019 年 4 月 11 日）

沪港青年会 10 周年积极推动两地交流（2019 年 4 月 12 日）

蔡冠深携中总访沪　李强会见寄望沪港合作（2019 年 4 月 29 日）

刘怡翔：同股不同权股票 7 月可在沪港通深港通交易（2019 年 4 月 22 日）

蔡冠深携中总访沪　李强会见寄望沪港合作（2019 年 4 月 29 日）

陈德霖：沪港通深港通如“大桥”　对交易量感满意（2019 年 5 月 6 日）

访多个地标见证沪港合作新时尚（2019 年 8 月 12 日）

亚洲青年管弦乐团内地巡演　音乐律动助推沪港交流（2019 年 8 月 16 日）

世界旅游城市排行榜　京沪港跻身前十（2019 年 9 月 5 日）

中保监开发内险资金以沪港通来港　料带动 1.61 万亿人民币进港市

（2019 年 9 月 8 日）

沪港签文创合作协议引才北上（2019 年 9 月 10 日）

“瑰宝情寻”重温光影沪港（2019 年 9 月 26 日）

“香港节 2019——艺汇上海”展示香港艺术精粹（2019 年 10 月 27 日）

“香港节”在沪开幕 续写两地文化情（2019 年 11 月 2 日）

梁振英倡拓展沪港合作深度广度（2019 年 11 月 16 日）

在沪港商齐唱“中国心” 推创新发展新计划（2019 年 12 月 9 日）

增沪港高铁航班 提升出行效率（2020 年 1 月 18 日）

沪港澳青年携手抗疫（2020 年 3 月 13 日）

近 400 在沪港人齐撑“港区国安法”（2020 年 6 月 1 日）

在沪港人发起“同心盟” 力挺国安立法（2020 年 6 月 22 日）

交银观察 | 沪港金融合作新征程（2020 年 6 月 23 日）

沪港加强合作助推人民币国际化（2020 年 7 月 3 日）

投身沪港设计师孵化平台 港青实习一年竟变“魔都迷”?（2020 年 7 月 22 日）

在沪港企牵手 G60 科创走廊谋新商机（2020 年 8 月 19 日）

沪港澳委员克服疫情参会 赞内地防疫令人安心（2021 年 1 月 26 日）

港委员倡深化沪港人才互访互助（2021 年 1 月 29 日）

天蟾重开 盼沪港名角再同台（2021 年 2 月 24 日）

在沪港生谈爱国 这是身为中国人的本分（2021 年 4 月 12 日）

沪港合作与发展研讨会开幕 聚焦双城“十四五”机遇（2021 年 6 月 9 日）

梁振英冀沪港抓住“十四五”机遇 提升合作水平（2021 年 6 月 9 日）

沪港谋划战略练手 打造新合作平台（2021 年 6 月 10 日）

助港青了解国家 沪筹备领袖培训班（2021 年 6 月 10 日）

沪社区港澳服务呈特色 港童唱国歌庆回归（2021 年 6 月 30 日）

香港人成为上海市政协委员：我看到了真相（2021 年 8 月 28 日）

沪港就 13 个范畴合作方向达成共识（2021 年 8 月 31 日）

不惧风雨 一路前行——中原证券董事长菅明军谈沪港两地上市和改革发展的心路历程（2021 年 9 月 26 日）

沪加速建设国际消费中心城市 沪港携手共建零售项目（2021 年 9 月 30 日）

沪港科技合作研讨会在沪举行 共推两地创新合作（2021 年 10 月 22 日）

自主研发医疗机器人沪科创企业登陆港交所主板（2021 年 11 月 2 日）

在沪港青进博会“代言”港非遗（2021 年 11 月 7 日）

商汤科技港交所挂牌上市　AR 敲锣连线沪港双城（2021 年 12 月 30 日）

第二节 《文汇报》

妙语迭出　朱镕基等上海市四任市长点评沪港关系（2003 年 10 月 28 日）
专家：与港错位发展　沪 20 年间或成第三大金融中心（2006 年 9 月 5 日）
港沪之争并非零和游戏（2009 年 5 月 18 日）
沪港金融法规存在差距（2009 年 8 月 3 日）
沪港签金融合作备忘录　“港股半通车”有望推出（2010 年 1 月 20 日）
沪港金融合作　香港不易急功近利（2010 年 1 月 20 日）
上海副市长屠光绍：上海国际板进展正在推进中（2010 年 1 月 21 日）
提供双向服务加强沪港合作　香港中国商会成功访沪（2011 年 7 月 25 日）
中科院报告：京沪港都市圈可建全球经济区（2012 年 3 月 29 日）
沪港通实行谁更得益　内地业界忧北水南流（2014 年 4 月 14 日）
招行：沪港通将引发汇率风险（2014 年 4 月 30 日）
沪港通 A 股外资持股拟限 30%（2014 年 5 月 12 日）
沪港通推动甲级写字楼租务　售价上调空间增加（2014 年 5 月 26 日）
银监会首席顾问沈联涛：沪港通需研执法安排（2014 年 6 月 12 日）
中证监发沪港通试点 19 条　沪股通外资持股不超 30%（2014 年 6 月 14 日）
梁振英：沪港通助造大市场　非零和游戏（2014 年 6 月 24 日）
国泰君安百万新装备迎沪港通　测试未遇问题（2014 年 8 月 6 日）
小摩：沪港通料年内开通　延迟开车无碍两地股市（2014 年 11 月 7 日）
沪港通有利于巩固上海和香港金融中心地位（2014 年 12 月 2 日）
“沪港通”开通带动就业　香港打工仔料加薪 6%（2014 年 12 月 10 日）
梁振英：一国两制优势巩固香港“超级联系人”角色（2015 年 1 月 20 日）
梁振英：盼尽早落实“深港通”与基金互认（2015 年 3 月 7 日）
A 股“过山车”　牵动港股冷热（2015 年 6 月 5 日）
姚明 7 月将赴香港与学生讲篮球谈人生（2015 年 6 月 19 日）
中银成“黄金沪港通”独家结算银行（2015 年 7 月 13 日）
全港工商联迎沪工商联团（2015 年 8 月 12 日）
沪港通近一年　成交 25000 亿（2015 年 11 月 6 日）
香港券商：沪港通首目标已达　期望先通路再通财（2015 年 11 月 16 日）
沪港通一周年：沪港通 2.0 港变金融超市（2015 年 11 月 16 日）
“十三五”规划大背景下的沪港合作新机遇（2015 年 11 月 24 日）

宋清辉：沪港港口各具优势　应互补为主（2017 年 12 月 11 日）

宋清辉：上海城市总体规划以人为本沪港合作料迈纵深（2018 年 1 月 13 日）

李小加回应是否有望将科创板股份纳入“沪港通”：会好好研究（2019 年 3 月 4 日）

专访：上海市副市长许昆林：架新桥增进沪港澳同根手足情（2019 年 4 月 19 日）

议员访上交所探讨沪港合作（2019 年 4 月 23 日）

自贸新片区——沪港合作新桥梁（2020 年 9 月 15 日）

香港节 2019 艺汇上海　搭建沪港文化交流平台（2019 年 10 月 5 日）

沪港合办研讨会　因应“视流时代”新挑战（2020 年 10 月 25 日）

港交所：将开发新平台加速沪港通深港通交易结算（2020 年 11 月 24 日）

续扩“互联互通”　优化沪深港协同效应（2020 年 11 月 27 日）

沪深港扩互联互通达共识（2020 年 11 月 30 日）

沪港澳台名家绘画上海联袂展　借景抒情讴歌同舟共济抗疫精神（2020 年 12 月 2 日）

梁振英勉在沪港人全面融入内地发展（2020 年 12 月 6 日）

科创板股票纳入沪港通股票范围（2021 年 1 月 22 日）

在沪港人：青年交流亦可“内循环”（2021 年 1 月 24 日）

沪港澳委员“异地”参会　吁沪高校赴港多推介（2021 年 1 月 25 日）

深沪港澳团体献策　部署通关后增交流（2021 年 3 月 13 日）

在沪港澳同胞下周一可预约接种（2021 年 4 月 10 日）

梁振英谈话启发在沪港青：发掘上海　融入内地（2021 年 4 月 12 日）

沪港合作与发展研讨会开幕　聚焦双城“十四五”机遇（2021 年 6 月 9 日）

梁振英：寻新方向　提升沪港合作水平（2021 年 6 月 10 日）

沪专家：沪港应合建世界金融科创中心（2021 年 6 月 10 日）

潘功胜：将通过沪港通深港通扩大 QDII 规模（2021 年 6 月 10 日）

沪港明日领袖实习计划启动　助港生增进对内地了解（2021 年 7 月 11 日）

凝港心庆回归　沪港少年联袂展演音乐剧（2021 年 7 月 31 日）

沪港商事调解论坛举行　郑若骅盼两地积极交流合作（2021 年 8 月 18 日）

沪港 13 范畴合作方向达共识（2021 年 8 月 31 日）

在沪港生暑期实习落幕　收获满满（2021 年 9 月 5 日）

在沪实习港生：愿融入祖国发展（2021 年 9 月 6 日）

关百豪：推动沪港金融市场融合　致力缔造有利营商环境（2021 年 10 月 7 日）

在沪港人组团参观进博会　到香港展馆为家乡人打气（2021年11月6日）

沪港通7周年　港交所：2.1万亿港元内地资金流入港股（2021年11月17日）

沪港通7周年累计交投64万亿　中资股吸资大增29倍　2.1万亿北水买港股（2021年11月18日）

三地青年共聚搭建沟通桥梁“2021沪港澳青年经济发展论坛”举办（2021年11月29日）

20年精心雕琢　沪港合作“天安千树”今夜亮灯（2021年12月22日）

第四章　媒体报道摘编

一、沪港通 11 月 17 日正式开启沪港 1 + 1 利好大于 2

（记者：谢卫群、许志峰、尹世昌，原载《人民日报》2014 年 11 月 11 日）

中国证监会、香港证监会 11 月 10 日发布联合公告，决定批准上海证券交易所、香港联合交易所有限公司、中国证券登记结算有限责任公司、香港中央结算有限公司正式启动沪港股票交易互联互通机制试点（简称沪港通），沪港通下的股票交易将于 11 月 17 日开始。

受此利好消息影响，沪深股市又奏凯歌：上证综指、深成指 10 日分别上涨了 2.30% 和 2.13%，分别创下 2012 年 2 月以来的指数新高，以及本轮反弹的新高。44 只个股涨停，约 1700 只交易品种上涨。港股也扭转此前连续 5 日的跌势，10 日高开高走，上午最多升逾 500 点，一度重上 24000 点水平。恒生指数收报 23745 点，升 194 点，升幅 0.83%。

根据统一部署安排，11 月 15 日将进行港股通交易系统通关测试。中国投资信息有限公司指定上交所网站（网页链接）发布港股通交易日安排、港股通标的股票名单、参与港股通业务的证券公司名单及其他信息，市场参与人可在上交所网站“沪港通专栏”查询。

在上交所理事长桂敏杰看来，沪港通的开闸是人民币国际化、推动资本市场双向开放的一次重要尝试，也是上交所在国际化战略推进过程中的重要里程碑。而在众多投资者和学者眼里，沪港通的利好远远不止这些。

从 11 月 17 日起，沪港两地双向投资将进入一个新纪元。

资本市场双向放开投资者多了直接跨境投资机会

沪港通是一项在上交所与港交所之间建立的股票交易互联互通机制。内地投资者购买香港股票，称为“港股通”，香港投资者购买上交所股票，称为“沪股通”。复旦大学经济系教授华民分析，从制度设计上看，沪港通与 2007 年提出的港股直通车和 2011 年提出的合格境内个人投资者（QDII2）计划存在本质的不同——沪港通的资金采用“闭环运作模式”，使得沪港通对资本流动、汇率波动等的影响被“管道化”，在有效控制了大量资金流动风险的前提下，实现了资本项目可控下的开放，并能避免投资者通过非法渠道投资境外导致资金外流。

经济学家华生认为，随着沪港通的推进，两地市场将实现互联互通，在资本的双向流动中，相关个股甚至整个市场的估值水平会逐渐靠拢，A 股估值的不合理性或将有所降低。对于 A 股市场而言，一方面，大盘蓝筹股有望获得一定程度的估值修复。以 A+H 股为例，沪港通试点获批以来，A 股折价较大的个股，如鞍钢股份、潍柴动力等，都出现了明显的上涨，与 H 股价差趋于缩小。这对投资者而言都是机会。

对于香港的投资者，沪股通同样带来投资机会。汇丰香港区零售银行及财富管理业务主管施颖茵表示，沪港通能让投资者直接投资于上海证券交易所上市的企业，为香港的个人投资者带来新的投资机遇，通过 A 股市场分享内地经济的成长。

香港金管局总裁陈德霖表示，非常高兴看到沪港通会在 17 日开始运作。这是内地资本账户开放的一个重要里程碑，容许海外投资者通过香港进入内地 A 股市场，也容许内地居民可以通过上海买卖香港股票。两地股票市场的打通亦会将香港离岸人民币业务的发展推上更高台阶。

引入资本活水 A 股长期牛市或将开启

海通证券首席经济学家李迅雷以为，沪港通的开通对国内券商的经纪业务有巨大的提升作用。港股通为国内投资者开辟了使用方便、成本低廉的投资香港市场的新渠道，对于喜欢投资成熟市场，或具有国际资本配置需求的投资者具有很大的吸引力，必将吸引大量场外资金入市。虽然港股通设置了总量 2500 亿元，每日 105 亿元的额度控制，但由于额度控制仅限制了净流入的数量，实际带来的交易量将远远超过额度数量。另外，由于香港市场佣金费率相比国内市场高出许多，港股通的佣金水平也可能水涨船高。除了港股通以外，对于某些国内的大型券商，如光大、海通等，由于在香港设有分支机构，还将受益于沪股通带来的交易量提升。

短期来看，随着港股通带来的新增交易量，以及佣金费率的提高，国内券商的经纪业务必将得到一个较大的提振。长期看，沪港通作为国内资本市场开放的第一步，为 A 股市场带来了国际资金，在一定程度上有望提升市场人气，带动整个市场的交投气氛。

英大证券研究所所长李大霄分析，在我国资本账户尚未完全开放的背景下，境外投资者想要投资 A 股，目前主要通过合格境外机构投资者（QFII）和人民币合格境外投资者（RQFII）的审批额度来完成。截至 2014 年 9 月，QFII 合计约 622 亿美元的投资额度，RQFII 合计总额度 2883 亿元人民币。沪港通这一创新机制将在原有合格境外投资者的制度安排基础上，拓宽境外投资者投资内地股市的渠道并形成有效补充，其中沪股通总额度为3000亿元人民币。而目前A股市场估值在全球处于低位，特别是以大盘蓝筹股为代表的上海市场，而此次沪港通试点中沪股通的投资标的主要为质地较好的上证180指数和上证380指数的成份股，无论是从纵向历史对比还是从横向国际比较的角度看，这些蓝筹股均具备估值优势，有望吸引更多的国际资本通过沪港通流入A股市场，为市场的持续发展注入新的活力。

引入成熟投资理念股市结构将得到改善

A股资本市场的结构也将因为沪港通而得到改变。

华民谈到，近几年来，内地股市出现了“炒小”“炒新”“炒差”的现象，这与资本市场强调价值创造和长期投资的理念背道而驰，投机氛围浓厚与内地资本市场以散户为主的投资者结构密不可分。相比之下，香港股市是一个相对成熟的投资市场，更加强调投资价值，市场投资者以机构投资者为主，更为重视长期投资与价值投资的投资理念。沪港通的投资标的是蓝筹股，交易参与者是机构投资者或是较为理性的非散户投资者，这将有利于优化市场投资者的结构，转变市场投资理念，改善A股市场过度投机的局面，长期来看有利于推进资本市场价值投资的理念。

李大霄分析，目前A股市场以个人投资者为主导，2013年底，机构投资者占A股流通市值的比例仅约1/10；而香港市场则以机构投资者为主导，2012—2013财年，港交所约六成的成交量由机构投资者完成。同时，香港市场上机构投资者的视野更加国际化，其投资理念、定价体系与估值体系都更加成熟与完善；相对于内地投资者更加看重上市公司的盈利质量和分红情况，投资行为也更加理性。因此，沪港股市交易的互联互通将有利于优化A股的投资者结构、提升机构投资者的话语权，引导内地资本市场的投资理念和估值体系向国际成熟市场接轨；而互联互通后两地市场的价格发现功能将对A股市场的短期非理性交易行为形成有效抑制，促进A股市场投资行为的理性化和长期化，有利于市场的长期稳定和有序发展。

他说，相对于A股市场，香港市场在监管和制度规则上都更加完善与成熟；沪港通实现之后，通过两地各项业务的合作与交流，A股市场的监管效率、交易制度、法律环境、配套规则等方面都将进一步得到提高与优化，为投资者创造更加规范化、市场化的投资环境，更好地保护投资者的利益，从而提振投资者对A股市场的信心，提升A股市场的吸引力，为A股市场的健康发展提供制度保障。也将对资本市场存在的诸多结构性问题的解决产生积极影响，并引导监管层向更加有利于投资者的方向进行制度优化。

助推香港成为人民币离岸中心促使中国资本市场形成新的合力

上交所总经理黄红元表示，沪港通独创的制度设计，铺开了中国资本市场双向开放的画卷。

香港联交所和上海证券交易所在世界交易所众多指标的排名都处于前列。如今，两个资本市场打通互联，使得中国的资本市场形成新的合力，有助于两个资本市场在世界竞争力的提升。

国泰君安证券首席经济学家林采宜分析，沪港通推动A股大盘蓝筹与国际投资者的接轨，从而提升中国资本市场在全球市场的影响力，进一步满足全球投资者投资中国的需求以及中国投资者“出海”的需求。内地拥有丰富的上市公司资源及大量的个人资金，投资潜力庞大，沪港通业务的开展，扩大了香港资本市场的资金池，增加了投资者的多样性。

中国政法大学资本研究中心主任刘纪鹏教授认为，沪港通促进的不仅仅是两个资本市场本身的发展，更重要的是，沪港通将有助于促进香港与内地市场的战略性融合，推动人民币国际化和资本项目下可兑换的进程，增加人民币资本于在岸及离岸健康双向循环，进一步提高香港离岸人民币市场的流动性，并在过程中巩固和提升香港作为离岸人民币业务中心的地位。随着沪港通的开展，香港将再次成为连接内地与世界的桥梁，发挥其作为国际金融中心的重要作用。

“沪港互联互通还可以加速国内资本市场的国际化进程，充分发挥A股市场所具有的后发优势，提高A股市场的国际影响力。”刘纪鹏举例，一旦沪港通落地，A股市场就更有实力入选摩根士丹利资本国际新兴市场指数（MSCI Emerging Markets Index），进而能够吸引更多的国际投资者关注，通过香港市场的桥梁作用促成大量国际资本进入内地股票市场。

二、把握新机遇　沪港创双赢

（记者：王平，原载《人民日报》（海外版）2021年9月24日）

“上海和香港是国家具有特殊地位和功能的中心城市，两地在‘十四五’时期应该以更广泛、更紧密、更深入的合作去服务国家所需、贡献国家发展。”香港特区行政长官林郑月娥在近日举行的沪港合作会议第五次会议上这样表示。

会上，沪港两地就“一带一路”及商贸投资、文化及创意产业、创新及科技、金融、教育及人才培养等13个合作领域共61个项目达成共识。自2003年沪港经贸合作会议第一次会议举行以来，双城之间的合作持续拓展深化，已结出累累硕果。

两颗明珠交相辉映

上海和香港有不少相似之处，两座城市都在金融、航运、经贸方面有“特长”，彼此的合作也因此有了坚实的基础。用上海市长龚正在此次会议上的话说：“香港和上海如同镶嵌在祖国版图上的两颗明珠，竞放光芒，交相辉映。”

对香港企业而言，上海充满商机。数据显示，过去近40年间，香港一直是上海最大的投资者，香港在上海的投资占整个上海吸引外资总额的40%左右。2020年，香港继续是上海最大外商投资来源地和对外投资主要目的地。两地经贸合作关系密不可分，是推动两地经济发展的重要动力之一。

香港是国际金融中心，上海则在1990年就创立了上海证券交易所。2014年11月沪港通正式启动，是沪港金融合作的重要里程碑。由此，全世界主要的证券公司可在港交所为他们的海外客户买卖A股，内地投资者也可在上交所平台买卖香港上市的股票。截至2020年11月，沪港通平稳运行满6年，香港和海外投资者通过沪深股通持有的内地股票总额由2014年底的865亿元人民币增至2.1万亿元人民币，内地投资者透过港股通投资港股的持股总额由2014年底的131亿港元增至1.88万亿港元。

沪港在经贸、金融领域的合作，已创出有目共睹的双赢结果。过去，香港曾有一种声音认为，上海在金融、贸易等领域是香港的竞争对手。对此，香港金融管理局前总裁陈德霖表示，香港和上海不存在直接竞争关系，双方商贸和金融联系越多、越密切，能创造的商机就越多。

“一带一路”携手共进

在推动“一带一路”建设方面，上海和香港有天然的合作优势。2017年，上海市发布“服务国家‘一带一路’建设‘桥头堡’作用行动方案”，香港与国家发改委也签署合作安排，作为香港参与“一带一路”建设蓝本。

沪港两地如何联手抢抓“一带一路”机遇？沪港合作会议第四次会议上，与会者已点出其中奥妙：上海及其所牵引的长江经济带拥有强大的工程建设能力和大型装备制造能力，但对国际贸易规则的熟悉程度尚不如香港，如果沪港之间建立“绿色通道”，上海充当联接内地市场的“接力站”，香港充当联接国际市场的“接力站”，在“一带一路”建设中携手做专业服务，一定能优势互补。

如今已在“一带一路”沿线国家有数十个基础设施建设项目的上海建工集团，就曾在“走出去”过程中受益于香港强大的金融服务和保障。“我们依托香港的平台，发行企业债券，融资4亿美元拓展海外发展，集中发力‘一带一路’基建项目。”上海建工集团总裁卞家骏说。

未来，沪港在“一带一路”领域的合作空间巨大。如香港地区全国政协委员屠海鸣说，“一带一路”沿线国家除了需要基础设施、机械设备等，更需要综合解决方案。上海和香港双方可以相互协调，为“一带一路”沿线国家提供“集中打包”的综合服务。

青年交流风生水起

城市之间要加强交流，青年交流很重要。林郑月娥此前接受上海媒体采访时介绍，疫情前，每年有超过6万名香港青年参加特区政府举办、资助或协调的内地交流和实习计划。其中，在“青年内地实习资助计划”下到上海实习的香港青年，占计划总人数1/4。

越来越多的香港青年感受到了上海的吸引力。1995年出生的张雪莲，2019年毕业于香港大学言语听觉科学专业。早在毕业前一年，她就定好了就业方向——上海。这份“气定神闲”源自她暑期在上海的实习经历。2015年，沪港经济发展协会、沪港青年会与上海市青年联合会三方合作推出“敢创未来·沪港青年就业创业计划”，截至2020年5月已有30多位香港青年成功在沪就业，张雪莲便是其中之一。

沪港两地在教育领域也展开了常态性合作。2018年，“沪港大学联盟”在上海成立，联盟的成立有效深化两地大学在教学、研究、科技成果转化、学生交流等方面的合作。

三、近500名香港中学生赴上海参访 沪港同心书写新时代“双城记”

（记者：姜泓冰，原载《人民日报》（海外版）2019年07月12日）

座位旁摆着学生们一起手绘涂鸦制作、色彩图案各异的立体星星；会场前，香港中学生们将自己的一颗颗小星星亲手贴到印有“70”字样的一颗巨大五角星之上，集成“万众一星”的闪亮艺术作品，为中华人民共和国成立70周年献礼……7 月 9 日下午，在复旦大学体育馆内，沪港两地逾千名青少年携手举办的这场活动，将“沪港同心”青少年考察交流推向高潮。

7 月 5 日至 10 日，“沪港同心”青少年考察交流计划在上海举办。来自香港 17 所中学的近 500 名中学生从香港西九龙高铁站搭乘高铁赴上海交流参访，与上海中学生结对交流。这也是自两地高铁开通以来第一次全程乘坐高铁从香港到上海的大规模学生交流活动。抵沪后，这些香港青少年分别组成了海派文化、创意文化、历史文化及科技创新、上海制造、城市规划等 6 个考察交流团，分赴徐汇、普陀、奉贤、闵行、嘉定、杨浦等上海 6 区。

促进沪港青年交流

2018 年 8 月，在第四次沪港合作会议期间，在香港特首林郑月娥与上海市市长应勇的共同见证下，沪港澳多家社团共同发布了“家国事业”计划，其中就包括组织香港中学生和上海中学生结对交流。此后，沪港经济发展协会、沪港青年会、上海香港联会共同主办了此次香港青少年考察交流计划，希望通过活动进一步促进香港中学生对祖国的认知和对上海发展的了解，增强香港青少年的国家民族意识，促进沪港两地青年的交流融合。

“沪港同心”青少年考察交流计划的召集人、沪港经济发展协会会长姚祖辉说，本次活动通过带领香港学生探访上海历史文化、参观学校、企业和社区，希望让同学们眼见为实，近距离感受祖国发展；也希望同学们在考察中做个有心人，多看、多交流，积累收获，未来敢闯敢拼，勇于圆梦，为祖国发展、为香港发展努力发光发热。

“上海与香港是人们口中的‘东方明珠’和‘东方之珠’，两地人文相亲、经济相融，一直书写着‘双城记’。希望两地学生能交朋友，未来在两地共赢发展的同时，也能为推进祖国的繁荣富强共同努力。”交流团总团长、沪港经济发展协会副会长麦德铨这样说。

感受上海发展脉动

在沪期间，香港青少年开展了“做一天上海小市民”活动，走进上海居民家中体验生活并品尝住家饭，他们还与上海的中学生一同上课、合作创作涂鸦和绘制星星，体验射箭、冰壶和创客夏令营等校园活动。此外，他们也走访了科创企业、M50 创意园、长阳创谷，参观了小 I 机器人、盒马鲜生线下店，考察了上海新农村建设并参与乡村游园会和农业互动体验，还欣赏了古陶、皮影、书法、撕纸艺术等传统手工艺，感受传统文化。

短短6天时间里，香港青少年亲眼看到了上海经济社会突飞猛进的发展，感受到上海城市建设的变化和科技创新的成果，加深了对上海历史文化的了解。事实上，团队中的香港青少年大多是第一次来到上海，看到上海繁华的城市风貌和深厚的历史文化，同学们都颇为感慨。

古琴制作和表演给中华基督教青年会中学五年级学生王卓峰留下了深刻印象，“我喜欢音乐，还是第一次听到古琴音乐，感觉音色比钢琴还好听”。

王卓峰还说，以前只是听说北京、上海是内地最发达的地方。这次乘坐8小时高铁，沿途都是绿水青山的好风景。上海不但城市发展得很好，有很严格的垃圾分类制度，遇到的人也很有礼貌。

东华三院吴祥川纪念中学四年级学生李羡儿觉得，此行最大收获是在上海看到了先进、有活力的科技创新企业和历史风貌保护做得很好很美的七宝老街。“读万卷书不如行万里路。这次交流让我们增广见闻，更了解祖国。”她说，“看到内地发展这么好，我们几个同学都心动了，希望有机会来上海求学、工作。”

“我们尽可能不让同学们走马看花，而是分组深入各区，看了很多点，希望他们可以真正认识上海。”姚祖辉告诉记者，最受香港学生欢迎的活动要数“做一天上海小市民”，因为更接地气，更能了解上海同龄人的家庭生活，体验海派文化。

“星”系新中国70周年华诞

7月9日，逾千名两地青少年共聚在复旦大学，一起举办庆祝中华人民共和国成立70周年主题活动。上海市人民政府港澳事务办公室副主任周亚军、上海市青年联合会主席刘伟、香港特别行政区驻上海经济贸易办事处主任邓仲敏等出席。

沪港两地青少年在跨界艺术家马兴文带领下，共同创作完成了大型艺术作品“万众一星”。之前，香港学生带来了7000多颗空白的星星，沪港青少年共同合作，手绘涂鸦制作出了各式各样的星星，还亲手将一颗颗小星星贴在写着“70”字样的大型立体星星之上，表达了对祖国70华诞的美好祝福。主办者说，这些星星，既象征着五星红旗上的五角星，也代表了青少年是国家的“未来之星”。活动现场，两地青少年还举行了“交星仪式”，一部分星星会留在上海，另一部分将被同学们带回香港，这也意味着两地青少年交流交心，“星”系对方，未来也会继续交流互访，培养友情。

活动特邀的沪港两地“星星大使”，香港杰出运动员黄金宝、最美火炬手金晶、中国商飞试飞工程师马菲、大众点评网联合创始人龙伟等，现场分享了各自领域的不同经历，鼓励沪港两地青少年多多交流，在未来道路上勇于追求自己的梦想。仪式开始前，现场还播放了“沪港同心星星大使”的祝福视频。来自香港及内地演艺界、体育界、学术界、商界等70位精英、名人、大咖在视频中都衷心祝福祖国越来越强大。

“活动只有短短几天，我还希望以后能和香港同学有更多接触交流。”上海市奉贤中学高二学生方峥说。

几乎每位香港学生都说，已经加了上海同学的微信。“以后来香港，要来找我哦！”临别，大家这样叮嘱。

四、上海国际艺术节“香港文化周”精彩纷呈
沪港联手端出文化大餐

（记者：瑞安，原载《人民日报》（海外版）2019年11月11日）

修文编曲的《将军令》、赵季平作曲的民族管弦乐《古槐寻根》、著名作曲家朱践耳的首部大型中乐作品《悲调》……近日，一场以经典名家及跨越传统为题的音乐盛宴，在香港中乐团艺术总监阎惠昌的执棒下，为沪上观众带来了现代民族管弦乐团的独特风采。

音乐盛宴拉开了第二十一届中国上海国际艺术节“香港文化周”的序幕。11月1日起，此次“香港文化周”连续24天在沪举办，共推出7台演出和1个展览，其中既有来自香港地区的原创作品，也有沪港两地合作排演的新作。

能够担纲第二十一届中国上海国际艺术节“香港文化周”的开幕音乐会，香港中乐团感到十分荣幸。阎惠昌说：“我们希望能够通过乐团在艺术节的演出，让上海观众对香港文化特别是香港中乐团努力让中国传统文化不断紧贴时代脉搏所取得的成果，有更深入的了解。”

作为“香港文化周”的演出剧目，进念·二十面体建筑音乐剧场《建筑城市》近日在上海大剧院上演。该剧从建筑到城市探寻香港的集体回忆，以音乐剧场的形式递上了一封写给香港的“情书”。

“身处城市之中，会听到许多不同的声音，《建筑城市》以音乐和声音展现城市状况，剧中的许多声响都可在香港这座城市中寻觅得到。”进念·二十面体联合艺术总监、《建筑城市》导演胡恩威说，除了演出，进念·二十面体还与上海社科院上海文化研究中心就沪港合作开展文化发展研究，建立智库平台签订协议。“通过签订协议，我们将研究一系列举措，培养未来香港和上海跨文化交流的专才，让年轻的行政管理人员和艺术家都可以参加。”

此外，香港历史最悠久、规模最大的专业剧团香港话剧团将带来话剧《盛宴》，通过54顿饭局让观众品味剧中五代人的生活；香港芭蕾舞团等专业艺术团体将呈现《大亨小传》《百花亭赠剑》等多台涵盖各种样式的优秀剧目；《口传心授：香港非物质文化遗产展》将从生活民俗、表演艺术、民间节庆、信俗及宗族活动的角度，重点介绍20项《香港非物质文化遗产代表作名录》项目，带沪上观众体会香港独有的文化魅力……

值得一提的是，其中有两台节目将由沪港两地演员合作演绎。昆粤联合演出全本《白蛇传》由上海昆剧团与香港八和会馆首次联袂出演。“昆曲王子”张军则与香港中乐团跨界合作，演绎新版《牡丹亭·长生殿》，让古老的昆曲表演与现代大型中乐团的演奏诗意碰撞。

近年来，沪港两地文化交流频繁深入、各项合作不断深化。焦媛实验剧团《阮玲玉》、香港话剧团《亲爱的，胡雪岩》等多台来自香港的优秀作品都参加了近几年中国上海国际艺术节，来自上海的作品《斩·断》《霸王》也分别于2016年、2018年先后赴香港新视野艺术节演出。去年，香港新视野艺术节与中国上海国际艺术节中心签订3年合作备忘录，进一步增进演出剧目交流、沪港两地志愿者交换事宜等方面的合作。

五、沪港演绎新时代“双城记”

（记者：杨喆，原载《人民日报》（海外版）2019年2月23日）

进入2019年，随着中国内地开启新时代的改革开放征程，中国两大金融中心——香港和上海的发展前景和相互关系正分外引人瞩目。

自从上世纪90年代以来，长期在中国内地经济发展中起重要引领作用的上海，已经迅速发展成为中国内地最大的金融中心。上海是否会影响甚至取代香港的国际金融中心地位，一直是海内外金融业界“不老的传说”。

时至今日，沪港两地经济结构均以高端服务业为主，金融业更是其共同所长。2018年9月公布的最新一期“全球金融中心指数”报告中，香港和上海分别排第三名和第五名。如今，沪港“双城记”将向何处演绎，也牵动着海内外业界的心弦。

不久前在香港举办的一个论坛上，香港与上海的经济关系，再度引起与会专家学者的热议，参加会议的香港特区行政长官林郑月娥指出，在评论香港和上海的经济发展时，不少人往往偏重于两地之间的竞争，而忽略了两地长期的合作互补关系。比如沪港通便是双方合作的一项重要内容，这一互联互通机制4年来累计成交金额突破10万亿元人民币。

香港中文大学沪港发展联合研究所副所长宋恩荣接受媒体采访时评价，作为两座城市金融合作的杰出方案，沪港通对中国金融领域改革起到重要作用，一方面使得资本市场走上国际化道路；另一方面因为有每日额度存在，使得交易处在可控的范围。

宋恩荣认为，上海和香港两大金融中心在服务和运作方式上很不一样。上海主要面向内地，外国企业要进入中国内地市场，上海是比较好的选择，因为长三角是中国最有活力的经济区域之一；内地企业要走出去的话，更加国际化的香港是一个比较好的选择。这种错位发展给双方带来很多合作的机会。

港交所行政总裁李小加也在一个论坛上致辞指出，沪港交易所看似竞争，实际可以错位发展。香港应寻找不同定位，并帮助内地形成生态系统。健康竞争可令市场做得更好。

同时，两座差异化的金融城市，让外部环境带来的金融风险更加可控。香港浸会大学财务及决策系副教授麦萃才告诉笔者，“一国两制”安排之下，两座城市金融制度、法律环境都不一样。在应对风险时，投资者和企业都有更大的选择空间。

中国证券监督管理委员会原副主席李剑阁认为，同样是建设国际金融中心，香港和上海的起点不同，各自承载的使命也不同。双方应该形成互相补位的关系，没有必要进行同质化竞争，更没有必要成为日渐趋同的市场。中国经济体量足够巨大，完全能够容纳沪港这两个各具特色的重量级国际金融中心。

在深化改革、扩大开放的背景下，沪港合作迎来进一步提升。2018 年 5 月 1 日起，沪港通每日额度将扩大 4 倍，为国际及内地投资者提供更多便利；同年举行的沪港合作会议第四次会议上，双方签署 15 项合作协议，涵盖法律服务、教育、商贸、创新科技、文化、金融六大领域；沪港金融合作第八次工作会议上，双方进一步加强金融领域合作，其中包括推动更多上海生物科技及其他新经济企业赴港上市。

面对新时期的发展机遇，李剑阁曾发文表示，目前是沪港深化金融合作的最佳时点，合作共赢前途无限。两地可在“一带一路”建设、人民币国际化、上海自贸区建设等方面探索两地资本市场的作用，从资金、人才、机构、产品、监管等五个方面入手，构建全面融通的共同市场，善用制度差异，充分各取所长。

分析人士认为，新时代沪港两地料将演绎更精彩的“双城记”。正如林郑月娥出席 2018 沪港金融论坛时所说，香港和上海同为国家对外开放的重要窗口，各擅胜场。在新形势下，沪港两地应该以更紧密、更深入的合作去服务国家所需，贡献国家发展。

六、沪港合作，演绎更精彩“双城故事”

（记者：洪俊杰、舒抒，原载《解放日报》2017年7月3日）

沪港两地人文相亲，经济相融，合作交流源远流长。自香港1997年回归祖国以来，特别是2003年沪港建立经贸合作会议机制后，两地经贸、金融等多领域合作不断拓展，人文交流更加频繁。

这些年来的实践证明，加强沪港合作，对上海创新驱动发展、经济转型升级，对香港提升竞争力、保持长期繁荣稳定，对“一国两制”稳步推进，都有重要意义和积极作用。面向未来，沪港两地要用好各自城市的不同优势，演绎出更加精彩的“双城故事”。

经贸领域多层次多领域合作共赢

2014年1月，汇丰银行上海自贸区支行正式挂牌，标志着这家总部位于香港、拥有百年历史的老牌外资银行在上海自贸试验区安家落户，为上海金融创新树立起一座新标杆。此后不到两年，香港国际仲裁中心也在上海自贸试验区设立代表处，成为首个在沪设立机构的国际仲裁中心。

长期以来，香港是上海外商投资，特别是服务业外商投资的最大来源地。过去20年中，香港在沪投资规模已占上海吸引外资的50%以上。同时，香港也逐步成为上海企业走出去的重要窗口。截至2016年底，上海企业累计对港投资项目1727个，仅2016年一年，上海对港投资项目就达521项，总额达86亿美元。

沪港两地长期稳定的合作互通，很大程度上得益于2003年签署的《内地与香港关于建立更紧密经贸关系的安排》，即CEPA协议。同样是在那年，经国务院批准，上海市政府与香港特别行政区政府建立了沪港经贸合作会议机制，借此更好落实CEPA协议中的各项举措。之后，由于两地合作远超经贸领域，趋向多层次、多领域，2015年经国务院批准，沪港经贸合作会议更名为沪港合作会议。

作为国际金融中心，沪港两地金融合作机制在过去20年内不断完善创新，代表成果便是于2014年11月17日开通的“沪港通”。开通两年多来，沪港通日均成交金额近80亿元人民币。截至2016年4月30日，北向沪股通累计共567个交易日，交易金额2.69万亿元人民币；南向港股通累计共556个交易日，交易金额1.73万亿元人民币。

人文交流增强香港青年国家认同感

沪港两地人文相亲，文化相融。历史上，近代香港名流包玉刚、邵逸夫、李达三、董浩云、胡法光等都与上海渊源颇深。回归20年来，两地人文交流持续深入。

2014年5月，香港岭南大学中文系学生黄敏尧来到上海参加“沪港明日领袖”大学生暑期实习计划。“上海与香港没有什么区别，生活很能适应”，她被安排在上海一演艺公司宣传企划部实习，和上海同龄人一起策划活动。回港后，她很快找到了一份工作，负责内地市场开发。

自2011年以来，“明日领袖”实习计划已开展7年。香港青年在获得个人成长的同时，也体验了上海及周边城市的发展成就，增强了他们对国家发展的认同感。“在未来，我们还希望安排上海学生去香港实习，促进两地青年交流”，活动主办方之一、香港上海联会会长姚祖辉说。

青年交流也需要智慧的碰撞。2014年，主题为“互联网经济：城市发展新动力”的沪港澳青年经济发展论坛在上海举办。三地青年企业家与青年代表讨论了新经济发展模式，希冀吸取他处所长，为本地发展出谋划策。与会青年坦言，“听了别人的故事，可以少走不少弯路”。

2012年5月，上海歌剧院与香港歌剧院联合制作的歌剧《卡门》在香港文化中心连演四场，所有门票一抢而空。1个月后，这部汇集香港及内地优秀艺术家的作品，又登陆上海市场，赢得各界好评。这是两地文化交流的缩影。自2012年沪港签署《关于沪港文化交流与合作协议书》以来，两地每年交流项目近60项。上海方面积极参加了香港当地的艺术节、戏曲节以及进校园活动，弘扬了中华文化，而香港方面也带来各种有特色的文艺演出，丰富了上海的文化市场。

未来合作抓住“一带一路”牛鼻子

2017年5月，上海市人民政府港澳事务办公室与香港贸发局组织沪港40余家企业前往泰国与越南，寻找“一带一路”沿线国家的商机，这是两地响应国家“一带一路”倡议的重要举措。有分析认为，未来沪港合作将从两地间的“内循环”逐步升级为携手往外走，“一带一路”将是合作的“牛鼻子”。

上海与香港在服务“一带一路”方面有着诸多互补之处。比如，“一带一路”沿线国家在技术和基建方面需求较大，而上海在大型装备制造、电子信息设备、清洁能源、智能装备、通讯设备等领域拥有较大优势，然而在这些沿线国家建港口、修铁路、造工业园都离不开金融服务的支撑，这是香港的重要优势。

此外，长期以来香港在物流、航运、仲裁等专业服务领域有独特优势，这也可以协助沪港推动“一带一路”中的“设施联通”“资金融通”“贸易畅通”。由于香港在“一带一路”沿线建有广泛的联系网络，并且熟悉国际贸易规则，“完全可以扮演内地与沿线国家合作的‘超级联系人’角色”，香港驻上海经贸办事处主任邓仲敏表示。

而在上海社科院港澳研究中心主任尤安山看来，“‘一带一路’倡议的实施，不仅为沪港各自的发展提供了难得的历史机遇，而且为进一步深化沪港两地的合作创造了新的重要契机”。正因为双方都有优势与特色，沪港完全可以优势互补“拼船出海”，把彼此的优势放大，更好地为国家“一带一路”倡议服务，而沪港两地亦能借此契机，形成紧密长效的合作互动机制，“可以相信，沪港两地合作前景将更加广阔”。

七、沪港拼团出海，共促一带一路

（记者：李淑平，原载《澎湃新闻》2018 年 4 月 26 日）

近日，巴拿马政府成立高级别委员会，与中国对接铁路项目。这标志着“一带一路”倡议在稳步推进。随着“一带一路”倡议的落实与推进，香港作为中国“走出去、引进来”的重要桥梁，发挥了至关重要的作用。特别是在加强沪港合作拼团出海方面，作用显著。内地企业通过香港平台，为国外用户提供技术 + 资本 + 管理的一站式解决方案，为“一带一路”走出去打开良好局面。

仅在 2017 年，香港贸发局就在世界各地举办了数十场推广“一带一路”的活动，其中考察团超过 35%，研讨会、论坛、会议等约占 38%，其他活动包括高层圆桌会议，交流活动等。在 2017 年下半年举行的第二届“‘一带一路’高峰论坛”就吸引超过 3000 名来自 50 个国家及地区的政商界精英参与，超过 200 家企业获安排进行一对一项目对接。在此论坛上，多个来自“一带一路”沿线国家及地区的项目拥有者，带来了超过 170 个不同范畴的投资项目，物色投资者及相关的服务供应商。

可以说，香港已经成为内地企业走出去时的首选平台。

沪港合作拼团出海

说到在走出去时候的沪港合作，上海港湾集团董事长徐士龙深有感触：“我们特别希望能跟香港联合。香港和上海的结合就是软件和硬件结合，能够打出技术 + 资本 + 管理的组合拳。”

上海港湾集团是一家专业从事软地基处理科研、设计、施工的跨国企业，主要业务是围海造地，该企业已取得多项这方面的专利技术。业务范围涉及美国、日本、韩国、印尼、越南、印度、孟加拉、马来西亚等国家。

徐士龙表示，事实上，“一带一路”倡议对企业来说意义深远，这意味着更多的开拓机会和条件。他介绍，经过“一带一路”这几年的宣传，很多国家对“人类命运共同体”的理念是认同的，对中国企业的技术也是认可的。数据显示，近五年来，上海实际对外直接投资超过 670 亿美元，规模跃居全国首位，结构明显优化，也涌现了一批本土跨国公司。

但在徐士龙看来，在其他资源方面，包括与国外的沟通、管理和金融方面，香港确实更胜一筹。让徐士龙感受颇深的一个细节是，在许多国家，他们认可“香港说的话”。去年，上海港湾集团跟随香港贸发局去了泰国。在听了徐士龙的技术宣讲后，泰国交通部、高速公路指挥部第二天就组织人员跟他们到越南考察。最终打消了对中国高铁的担心，把泰国高铁建设项目给上海港湾集团来做。

除了泰国，香港贸发局还多次组织前往马来西亚、菲律宾、印尼、越南等国家的项目洽谈活动。

4 月 22—27 日，香港贸发局主席罗康瑞率领代表团到访菲律宾和印度尼西亚。来自沪港的投资、金融及专业服务界代表，与当地投资机构及项目拥有人会面交流，深入探讨双方在基建投资等方面的合作机会。

在越来越多的对外合作中，徐士龙深刻感受到，光有技术还不行，大陆企业在人才、海外经验、法律法规方面都有诸多欠缺。而很多跨国项目不仅需要强大的资本支持，还需要有跨国服务经验的律师事务所、咨询公司给予专业建议，以规避相关风险。

Benny Pang&Co 执行合伙人本尼·庞（Benny Pang）认为，目前中国企业很多都有着“走出去”的强烈愿望，但不同级别的企业往往在这个过程中会碰到各种法律问题，急需各种专业的建议和帮助。他建议，打算走出去的企业要在规划上做得比较到位。因为企业在投资在整个重组计划的过程当中有很多的因素比如说税收的问题、当地政策问题要去考虑。因此，根据自己走出去的目的，到底是为了技术，还是为了团队，还是为了市场份额，来做自己的规划。有了规划才能有相应的对策。

达信风险管理及保险服务（香港）有限公司董事总经理于蕾表示：“对国内企业来说，进军海外面临不少风险。曾经有个国内企业要去东南亚做个商务发展中心，请我们做风险报告，我们给他们指出这个商业中心在一个区域需要做好洪水防控，并为他们分析了东南亚政治的一些不稳定的因素，让他们投资时做个风险管理。最终，我们与香港的银行一起促成了这个合作，为他们安排了保险保障，一旦发生自然灾害，所有的投资都会有保障。”

作为中国两大重要城市，香港和上海一直在寻求合作，特别是在一带一路倡议推进上。在2017年10月上海市发布的《上海服务国家“一带一路”建设发挥桥头堡作用行动方案》第十三条提到：与香港、澳门共同探索“一带一路”框架下的合作新模式。加强与香港在金融、贸易、航运、文化、专业服务等的全面合作，鼓励上海企业在香港设立分支机构，共同开发沿线市场。

合作也确实在全方位推进。去年，香港贸发局与上海社科院签订合作协议，加强大家在信息、研究等方面的合作。出了一些关于海外园区的报告，指导具体的产业应该去什么园区。

同时贸发局也与上海市商务委建立合作机制，包括开展联合调研有关企业到“一带一路”沿线国家和市场投资的情况，举办“一带一路”合作论坛，协助企业把握“一带一路”的发展机遇，探索新的合作领域和商业模式，以及共同签署“深化合作的框架协议”，围绕“一带一路”建设，在贸易、投资、人才交流等领域加强合作。

另外，香港贸发局也与上海市港澳办以及上海市工商联合作，最近则在加强“一带一路”怎么协助企业走出去方面进行探讨，包括撮合上海企业家和香港企业家携手去泰国、越南、菲律宾、印尼等地考察、项目对接、跟当地政府建立联系等，希望推动上海企业走出去服务。

4月20日，上海市企业“走出去”综合服务中心成立揭牌仪式在沪举行，上海市国际贸易促进委员会与香港贸发局签署了《合作协议》。这意味着沪港合作进一步加强。香港贸发局主席罗康瑞在会上致辞表示，今后要加强沪港两地合作，分享香港的经验、人才、力量，共同服务于国家“一带一路”倡议。

打造“走出去”首选平台

在香港贸发局华东、华中首席代表钟永喜看来，“一带一路”倡议让港人看到国家的大格局、大担当，也让港人看到再次迎来大发展的重大历史机遇。在3月29日，国家发展和改革委员会发布公告，与香港特区政府签署《国家发展和改革委员会与香港特别行政区政府关于支持香港全面参与和助力“一带一路”建设的安排》，强调围绕实现“五通”加强沟通协商，为香港充分发挥独特的经贸、金融和专业优势，参与和助力“一带一路”建设作出适当安排，实现内地与香港互利共赢、协调发展。

钟代表介绍，香港的优势有目共睹。作为一个拥有一百多年历史的自由港，香港从东到西、从西到东的贸易范围非常广，也与“一带一路”沿线国家建立了很好的网络和联系。另外，香港地处亚洲的中心位置，一些我们所关注的重点的“一带一路”国家和重点城市大部分在香港“5小时”飞行范围。5小时飞行范围的概念就是半天能够到达的地方，基本不存在时差问题，商务人士早上乘七八点的航班，中午就到了，下午还可以进行一些商业活动，这个是比较理想的位置。

作为一个国际贸易金融中心，香港的优势更多凸显在融资、人才和管理上。“一带一路”战略的实施对资金需求量非常大，特别是在基础设施领域，香港作为国际金融中心能够对推动“一带一路”产业发展提供资本支撑。特别是对“一带一路”创新型经济的发展是很大的推动力量。这源于香港保留了相对独立于内地的金融系统，在发债、上市、贷款和风投等融资方面具有成本低、效益高的优势，能为“一带一路”沿线经济体的企业甚至政府集资和融资提供多元化的金融平台，又可为投资者提供多样化资产分配工具。

香港集中了很多跨国公司总部，这里有两重意义，一是这些跨国企业业务以香港作为管理中心，二是他们的人才集中在香港。这样一来，香港不光让本土的人才为“一带一路”服务，还要云集国际很多不同范围的人才来服务。比如全世界最大的工程公司，他们总部是在香港，光是香港就有4000多名工程师。他们还有全世界一流的做桥的桥王都是在香港。这些人经常到处飞，在这个过程里面，就能把全世界先进的经验汇聚起来，再按不同项目需要来服务。

另外，香港的管理经验可以为“一带一路”服务，很多地方基建投资的同时更需要现金的管理经验。比如香港的机场再建第三跑道系统，当时的预算是1415亿港元，这是一个非常庞大的数字。香港机管局透过自己的发展和盈利解决了这个预算，不要政府拨款。

此外，机场也好，地铁也好，香港的管理理念在全球都有好的口碑，更获得“一带一路”国家的青睐。

看到自身优势，看到重大发展机遇，香港方面反应迅速，立刻投入“超级联系人”的角色中。以香港贸发局为例，在2015年12月，香港贸发局就推出“一带一路”资讯网站，提供最新和全面的市场信息、香港专业服务供应商及沿带沿路经济体的投资项目等数据，协助业界掌握“一带一路”商机，并通过香港平台及服务，物色合适的业务伙伴。

去年12月，贸发局成立了“一带一路”委员会，下设五个小组，分别是国际市场、中国内地及东盟地区、专业服务中小企业及青年、宣传及传讯五个小组，工作重点既有面向国际市场，在全球推广中国“一带一路”的商机，又有探讨香港怎么跟内地省市携手走出去参与“一带一路”，如何提供专业服务，帮企业规避地方政治风险、安全、金融、汇率风险等内容。

最后，钟代表强调，时代在前进，香港要在国家的倡议下尽量发挥香港的所长，服务国家。香港可以作为一个长期平台，让东西方不同文化在这里进行很好的融合交流，撮合国内外朋友合作，把“一带一路”这个倡议从一个想法变成一个行动，让中国变成一个强国。

第四篇　访谈录

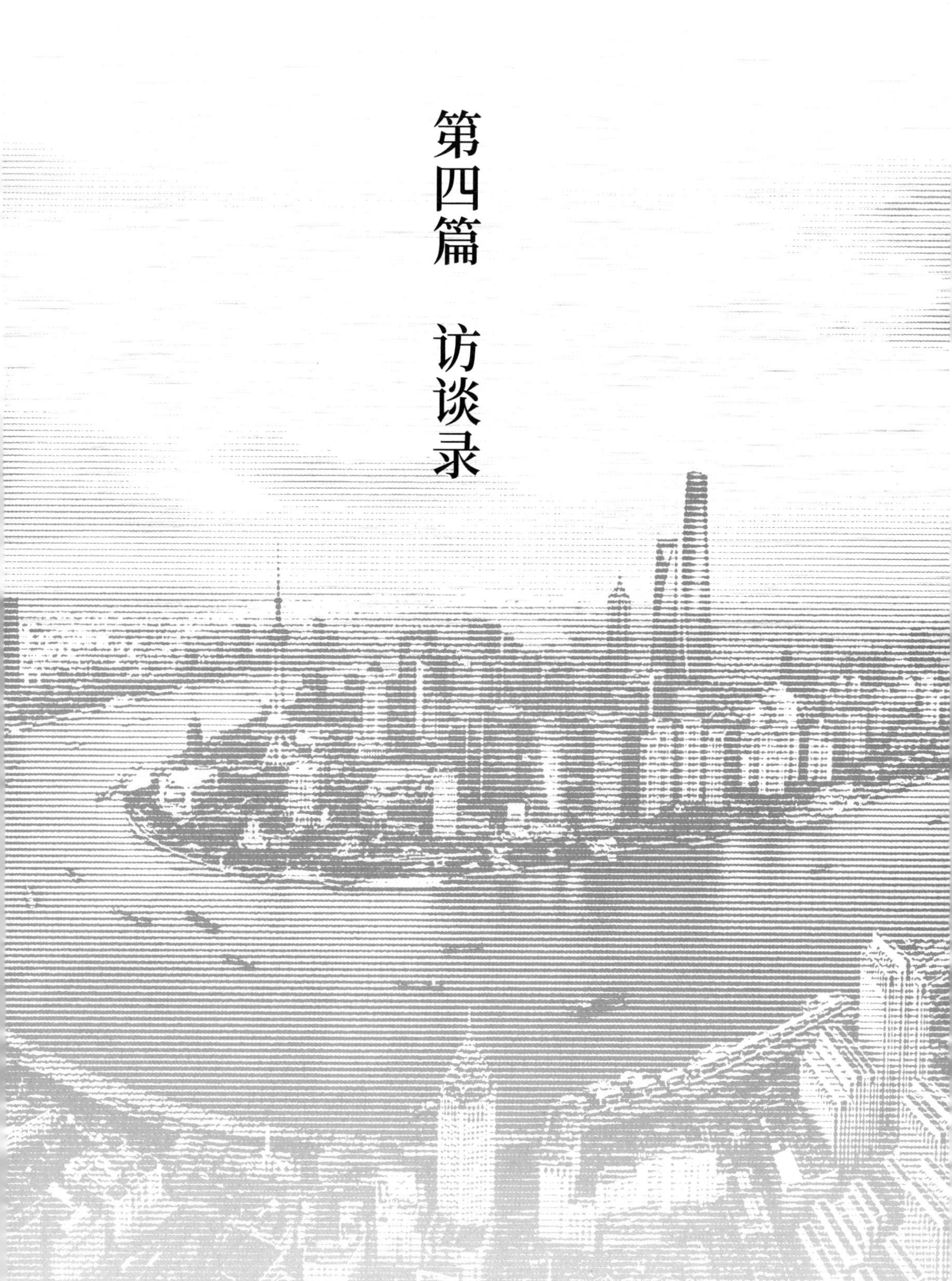

林郑月娥：重建香港良好形象，上海朋友绝对可以放心来港

（记者：洪俊杰，原载“上观新闻”2021年9月1日）

2021年8月30日，沪港合作会议第五次会议举行。两地政府部门、机构负责人签署了商贸、科技、卫生、文化等领域合作协议。会前，香港特区行政长官林郑月娥接受解放日报·上观新闻专访，介绍两地合作情况、香港社会情况及未来发展期待。面向未来，沪港两地要用好各自城市的不同优势，演绎更加精彩的“双城故事”。

谈双城交流：不断拓展合作范畴

上观新闻：如何评价这些年沪港两地合作成果？

林郑月娥：沪港合作机制是香港与上海合作的重要里程碑，自2003年建立以来不断拓展合作范畴，由最初8个领域扩展到2018年第四次会议时的16个领域。两地政府对合作机制所带来的机遇持非常正面的评价，同时也反映双方对拓展和加强合作关系有非常殷切的期望。

近年来，两地在法律、金融、航运物流、环境保护、文化艺术交流等方面建立紧密合作，有力推动相关领域人员交流、促进两地相关专业人才培训、推进企业用好双方资金平台。更重要的是，两地政府可以通过签署不同领域的合作协定，为深化合作提出方向性指引和建立依据。

上观新闻：香港未来希望与上海在哪些领域进一步合作？

林郑月娥：未来，特区政府会进一步加强与上海的创科（科创）合作，支持两地青年科技人才交流及创新创业，同时支持两地高校和科研机构在生物科技、人工智慧（智能）、金融科技等领域进行成果对接，共同为国家发展努力。

对香港企业而言，上海一直充满商机。去年香港继续是上海最大外商投资来源地和对外投资主要目的地。两地经贸合作关系密不可分，也是推动两地经济发展的重要动力之一。

此外，特区政府还将积极推动内地和香港企业建立伙伴关系，更好发挥香港在国际经验、现代服务和专业人才方面优势，让香港成为内地企业参与“一带一路”建设和拓展海外市场的重要桥梁。

上观新闻：在你看来，两地在城市管理方面有哪些可互相借鉴之处？

林郑月娥：沪港都是高密度和发展成熟的城市，面对不少新区开发及旧区更新的挑战。比如，香港拥有集约高密度的城市形态及以铁路为公共运输系统骨干的发展模式；上海在空间规划上亦强调集约高效利用土地资源，形成轨交建设与地区发展相促进的良性循环。我想，双方可以在提升宜居度、城市更新、优化新区发展，以及促进公共空间和公共设施升级方面进行交流。

此外，香港期望建设成智慧、环保和具抗御力的城市，推行可持续的土地规划及城市设计；上海提倡巩固提升生态环境品质，加快建设生态宜居城市的发展。我们期待在这些方面有更多交流。

谈青年交流：期望港青融入国家发展大局

上观新闻：你怎么看待越来越多香港年轻人来上海求学、工作、创业？

林郑月娥：特区政府重视青年发展，致力于关注青年的学业、事业及置业，同时鼓励青年议政、论政及参政，让他们看到曙光和向上流动的机会。我乐见并鼓励更多青年积极认识上海以及其他内地省市的发展，扩展视野及拓宽人脉，在未来为国家及香港作出贡献。

随着疫情发展，特区政府会持续优化各项计划，增强青年对祖国的向心力，期望香港青年能放眼国家，融入国家发展大局。

上观新闻：特区政府如何推动两地青年交流？

林郑月娥：疫情前，每年有超过 6 万名香港青年参加特区政府举办、资助或协调的内地交流和实习计划。其中，在“青年内地实习资助计划”下到上海实习的香港青年，占计划总人数四分之一，可见上海对于香港青年的吸引之处。此外，特区政府 2012 年与上海市政府共同推出“沪港金融专业大学本科生交流及考察计划”，至今已有超过 400 名金融专业本科生参与。

除实习之外，内地拥有庞大的双创机遇和资源，为有意闯一番事业的香港青年提供理想的发展平台。特区政府在“青年发展基金”下推出“粤港澳大湾区青年创业资助计划”，为有意创业的香港青年提供更到位的创业支援和孵化服务。未来，获资助的香港创业团队更可将业务拓展至包括上海在内的内地其他地区，做大生意。

上观新闻：对于即将举办的第四届进博会，香港企业会带来什么？

林郑月娥：自 2018 年首届中国国际进口博览会举办以来，特区政府在商务部支持下积极参与，鼓励香港利用进博会向内地市场推广香港的优质货物和服务。企业反应踊跃，取得丰富成果。

我们已全面开始筹备参与今年进博会，包括组织香港企业参展；我们会与商务部和香港贸易发展局合作，在进博会期间举办以“香港通道 · 连接全球”为主题的论坛，重点介绍香港作为“十四五”规划纲要下双循环连接点的角色定位。我曾两年率团参加，今年也已接受邀请，计划出席进博会和推广香港的专场活动。

谈香港现状：已迅速恢复安宁稳定

上观新闻：当前香港社会情况如何？

林郑月娥：随着香港国安法的实施，香港由乱转治，社会治安基本上已经恢复。除了受疫情影响外，社会大致恢复正常，市民生活重回正轨。

罪案数字显示香港治安正逐渐改善。比较“黑暴”高峰期（2019 年下半年）与最新罪案数字（2021 年上半年）发现，整体罪案总数下跌近一成；妨碍公安罪行下跌超过九成；纵火案下跌近八成；抢劫案下跌近六成；刑事毁坏案下跌约四成。

疫情防控方面，在过去近 3 个月时间里，香港社会基本没有社区感染，社区内已基本“清零”，社交距离措施已有序放宽，各行各业恢复营运，多项大型活动顺利举行，市民生活大致如常，经济复苏势头良好。面对全球反复的疫情，特区政府按抵港人士来源地来作风险评估，以非常严谨的登机、检疫及检测措施，防止个案输入社区。此外，特区政府已为市民接种超 700 万剂新冠疫苗，超过 400 万名市民已接种第一剂疫苗，超合资格人口六成。

在经济方面，随着环球经济状况改善和本地疫情减退，香港经济在 2021 年处于复苏的轨道。2021 年上半年本地生产总值按年增长 7.8%；经季节性调整的失业率由 2020 年 12 月至 2021 年 2 月的高位 7.2% 降至 2021 年 5 月至 7 月的 5.0%。

上观新闻：经过 2019 年社会事件后，特区政府是否会做弥合香港与内地间关系的工作？

林郑月娥：2019 年香港的社会动荡无疑打击香港在内地的安全城市形象，无可避免影响内地民众对香港的观感和信心。但自中央制定香港国安法、完善特区选举制度，以及落实“爱国者治港”等一系列举措后，香港社会已迅速由乱转治，恢复安宁和稳定。

为恢复内地民众对香港的信心，特区政府会继续通过 5 个驻内地办事处，协助内地更全面了解香港的最新情况，重建香港安全、守法、文明、多元和包容的良好形象，为两地在疫情过后逐步重启经济活动和恢复人员往来作好准备。

其中，特区政府驻上海经济贸易办事处正积极利用多元平台在华东各地展开宣传工作，例如在线上推出涵盖音乐、美食与语言等不同类型的“云节目”，通过介绍香港多元文化重建内地民众对香港的正面印象，以与内地“持份者”加强联系，做好解说工作。

谈赴港旅游：对追求高品质的上海旅客有吸引力

上观新闻：外界都在关心，香港何时能与内地通关？

林郑月娥：我们一直与内地及澳门特区政府就三地联防联控措施保持紧密沟通和联系。为使三地跨境人员往来能早日有序恢复正常，香港特区政府一方面会继续严密防控疫情，加快为市民接种疫苗，同时也会与内地及澳门方面继续保持联系，积极研究在三地疫情受控并且不增加各自公共卫生风险的情况下，逐步有序恢复三地居民的正常跨境往来。

上观新闻：一旦两地通关，上海市民是否可以安心前往香港？在你看来，香港最吸引人地方是什么？

林郑月娥：上海朋友绝对可以放心前来香港，我们衷心欢迎上海朋友。特别是《香港国安法》实施后，治安情况持续改善，无论是旅游或从商，上海以至世界各地访客的安全将继续得到保障。香港执法部门也会继续保持高度警惕，绝不掉以轻心，加强与社区各界联系，确保香港的安全和稳定。

上海朋友到港不用等两地通关，“回港易”已让在沪港人免检疫回港（目前暂停，但稍后恢复），政府会尽快推出非港人的“来港易”，先导计划在广东，其后可延至上海。

上观新闻：在你看来，香港最吸引人地方是什么？

林郑月娥：尽管受到疫情影响，香港与内地的旅游安排尚待恢复，但过去一年多香港旅游发展没有停步。特区政府一直在积极优化旅游资源，改善旅游配套及设施，培育具特色的文化、历史、古迹和创意旅游项目，以增加旅客在旅游重启后来港的信心。

此外，香港近年来也有不少新的文化旅游景点陆续落成。例如 2019 年初开幕的西九戏曲中心、2019 年 11 月重开的香港艺术馆，以及 2021 年 11 月开幕的视觉文化博物馆“M+”和明年中落成的香港故宫博物馆，我们会继续争取更多盛事和会展活动在港举办。

我相信，香港独特的都市魅力，会继续对追求高品质旅游体验的上海旅客有吸引力。香港各行业期待上海旅客在两地恢复旅游往来时重临香港。

专访｜上海市副市长许昆林：架新桥增进沪港澳同根手足情

（记者：杨明奇、倪梦璟，原载香港《文汇报》2019 年 4 月 19 日）

培育爱国之情，搭建友谊之桥，“沪港澳青少年交流实习基地”于 4 月 17 日在上海宣告成立，是由上海市政府港澳办与上海海外联谊会共同牵头，会同上海港澳工作有关单位，并征得国务院港澳办和香港特区政府有关部门意见成立的，这标志着上海市将沪港澳三地青少年交流工作进行系统规划并有序展开。上海市人民政府副市长许昆林接受本报记者独家专访，生动阐述成立沪港澳青少年交流实习基地作用和意义，他说，“基地的成立将为三地架起新桥梁，帮助青少年增强民族荣誉感和同根同源的手足情”。

将为港澳青年提供系统有效服务

“近年来，上海十分重视推进沪港澳青少年合作，并取得了许多成效。”许昆林表示，沪港澳三地青少年交流规模不断扩大，例如自 2017 年以来，上海接待“同根同心——香港小学生内地交流系列团”101 批超 9300 名香港师生来沪交流，帮助港澳师生体验中华传统文化的同时，也让沪港学生“手牵手、心连心”。而 2018 年底，17 批超 2000 名香港高中学生来沪交流，亲身体验国家发展，认识国情和中华文化，更增强了民族自豪感。不止如此，每年一次的澳门青年人才上海学习实践活动已经持续了七年，并均取得好的效果，“我们还将加强与港澳政府有关部门和沪港澳青少年社团机构的联络沟通，希望三地青少年都能留下难忘的经历”。

许昆林强调，基地的成立，不仅是简单的强强联合，“而是更有系统、有针对性、有实效并广泛性地，让港澳青年能够在沪参观、交流、实习并创业”。他表示，未来，上海会加强统筹协调各成员单位共享基地资源，搭建合作共赢大平台，使沪港澳青少年交流实习成效最大化，而成员单位亦不会局限于初步的 39 家，更将增强品牌意识，创建更有影响力的品牌项目等。

2019 年多彩活动冀港澳青年参加

2018 年 8 月，上海市长应勇率市政府代表团访问香港（23 家沪港合作成员单位负责人随团，其规模创历史），应勇市长与林郑月娥行政长官共同主持召开沪港合作会议第四次会议，明确了两地未来合作将聚焦“一带一路”、文化创意、金融、科技创新、教育、青少年发展六大领域，推动落实两地在16大领域共55项合作项目，并签署了科技、文化、金融、教育、法律仲裁等领域15份合作协议。会议达成新一轮合作更加务实、更加突出项目化运作的共识。

沪港第四次合作会议之后，在双方的积极努力下，众多项目正在推进中。2018年11月，两地16所大学共同倡议发起的“沪港大学联盟”在沪成立，旨在加强两地大学在人才培养和科学研究等领域的交流合作，实现互利共赢、协同创新，为两地提供高水平的教育和科技支撑。在共同推进下，许昆林透露，“沪港大学联盟”工作取得实质进展，2019年，将以沪港高校联合的形式，计划举办沪港大学联盟暑期学院，并计划招收200名之内的香港大学生来沪参加暑期实习，更将举办名师讲堂，计划在下半年邀请两地大学最具声望的教授，通过网络连线等方式，举办学术讲座，预计规模可达上千人。同时，关于创建双一流大学等议题的年终年会还将举行，将包括主体性交流和分论坛等活动。

许昆林说，“我真诚希望我们大家共同为增进沪港澳青少年交流贡献智慧与力量，希望沪港澳青少年通过交流，增加沟通，增进了解，不断融洽同胞感情，因为了解而相互理解，因为理解而相互包容，从而实现相互认同，同心同行，共同致力于中华民族的伟大复兴”。

“长三角”为港澳青年提供新机遇

在许昆林看来，港澳青年到上海乃至长三角等多地交流实习，也是长三角地区实施创新驱动发展战略，集聚各类创新资源和人才资源的现实需要。“我们可以将三地甚至多地的优势结合，为港澳青年来内地施展才华、实现创新创业梦想搭建宽广的舞台，同时也增强港澳青年对国家的认同感和归属感。”

许昆林指出，香港拥有良好的高等教育和科技研发基础，长三角则是内地最具自主创新活力和科研成果转化能力的地区，已经形成完整的高科技产业集群。未来，可以将“香港作为国际自由港的机制优势”和香港的人才团队、高等教育和基础研发等方面的优势，澳门的“一中心、一平台、一基地”建设规划，与长三角一体化雄厚的产业基础、优良的创新创业环境有机结合起来，为港澳青年来内地施展才华、实现创新创业梦想搭建宽广的舞台，同时增强港澳青年对国家的认同感和归属感。

点赞“未来之星”吁港生多识国情

其实，经沪港两地大力推动，多年来，沪港澳青年经济发展论坛、沪港金融专业大学生交流考察计划、“明日领袖计划”等多个活动已经成为沪港青年交流的经典项目，在实习期间，上海各接待单位也实施安排相关青年学生“零距离”深入体验上海城市，增进对国家经济社会发展的认同感。

由香港大文集团与上海市港澳办连续两年联合举办的“未来之星上海创新创业之旅”，亦得到了各界的认可和赞同，“媒体和政府部门合作推动沪港青少年交流是个创举，我很高兴未来之星上海行活动已经成为品牌，通过与香港学生的交流，也让我感受到香港青年的乐观、自信，我非常欢迎香港青年毕业后来上海创业、就业，在上海找到个人发展天地”。

谈及与香港青年学子们的互动，许昆林记忆犹新，他表示，青少年是国家的未来，“香港青年总是充满着希望的态度给我留下深刻的印象，我当时也向同学们介绍了上海改革开放 40 周年来的最新变化和成就，我也对他们表示，上海将坚决贯彻国家关于便利港澳人士在内地发展措施，进一步为港澳青年人在上海学习、就业、创业和日常生活提供便利”。

许昆林并指出，希望港澳学生通过“未来之星”以及类似活动多来上海，多来内地“走一走、看一看，多认识国情，多角度、多层次了解中华民族的历史，感受国家发展变化”。

上海多措施开放助力港澳便利

许昆林介绍，上海于 2018 年建立了本市落实中央惠港澳政策协调机制，以协调推进中央惠港澳政策措施在沪落实、跟进政策措施更新，为在沪港澳有关机构和人士提供相关咨询服务，“我们会积极落实港澳居民在内地学习、工作和生活的相关政策，让在沪生活、工作的港澳人生更加便利”。他还表示，上海市政府港澳办正在筹建“上海港澳”微信平台，可直接在微信平台上提供相关政策指导和介绍，方便在沪港澳人士查询。

许昆林表示，港澳的发展与祖国的发展休戚相关，港澳各界人士既是国家发展的参与者、贡献者，也是见证者、受益者。“希望通过沪港澳青少年交流实习平台，更多更好地推动港澳青少年来上海交流实习。”

特写：许昆林对港澳青年“体贴入微”

在接受本报记者采访过程中，许昆林对于港澳学子的关怀令人印象深刻，学生来了，怎样尽量缓解舟车劳顿？住宿哪边最合适？如何真正让学生们“零距离”体验？这一个个问题，看似简单，却是许昆林最关心并着力解决的门槛。

连续多年亲自与港澳学生交流互动的他，时刻记录着青少年们遇到的困惑或关心的难点。“我们这次的基地，最主要的目标，便是要为青少年们提供服务，如何让实习有收获，让双方真正成长，这才是我们真正要考虑的。”

在许昆林看来，效率是需要提高的方面之一，他指出，沪港澳交流频繁的同时，一些信息沟通的不对称，便可能会导致难题的产生，“我们自己也是学生过来的，如果实习工作岗位没有实质的内容，最终学生回去了，什么也没学到，那还有什么意义呢？”他同时强调，不仅工作岗位内容充分，青少年的生活感受亦要“有意义”，而接下来，这些可能产生的问题，都将被一一探讨并解决。

此次沪港澳交流实习基地成立后，许昆林表示，将让港澳青少年更加详尽了解实习单位情况，“我们对于基地参与单位也会培训，希望让他们多方位了解港生需求与想法”。他并说，希望港生能够尽可能多地参与各种交流环节，更加深入了解内地发展。

沪首批 39 家单位被授牌“交流实习基地”

17 日，由上海市政府港澳办与上海海外联谊会共同牵头，会同上海港澳工作有关单位，并征得国务院港澳办和香港特区政府有关部门意见，“沪港澳青少年交流实习基地”正式成立，首批授牌的成员单位包括中共一大会址纪念馆、上海科技馆、田家炳中学、东亚银行等 39 家单位，包含国情历史、上海发展、文化创意、特色教育和实习创业等五个方面。

上海市港澳办主任张小松表示，随着“沪港澳青少年交流实习基地”的成立，港澳青少年将得到更好地了解国情和上海改革开放与经济社会发展情况建立新平台，首批 39 家授牌单位将系统地提供优势资源，并将根据来访港澳青少年的特点和需求，提供针对性建议与服务，以取得更好的实习交流效果。

另外，上海将加强与港澳特区政府有关部门及港澳青少年社团和机构的联系沟通、扩大宣传，让更多港澳青少年了解基地、走进基地。沪港澳青少年交流实习基地的成立必将吸引更多港澳青少年前来上海交流、学习、实习、创业，为港澳青少年更好了解国情和上海改革开放与经济社会发展情况建立新平台。

作为交流实习基地之一，利程坊董事林星晔告诉记者，香港与上海的创业、就业环境“很不一样”，双方各有优势，“例如可能上海在零售端比较先进，在科技结合应用方面已经首屈一指了，尤其在面向消费者的方面，这一次基地的成立，对于香港学生是一个很好的机会，我们也会提供比如供应链或零售方面的岗位，让港澳青年能够有更多学习的机会和体验”。

中国香港（地区）商会上海副会长永喜则表示，自己参与港生交流实习工作已经 10 年，“在这么长时间里，我们也吸收和学习了很多经验，这一次沪港澳交流实习基地的成立，其实就是解决了我们先前可能会碰到的问题，例如申请程序重复，以及如何真正让青少年找到自己感兴趣的话题和工作岗位”。锺永喜表示，沪港之间的交流非常频繁，但确实以前没有系统性的归纳，仅仅“单打独斗”，而此次平台的创立，让学生有了更多的选择，更有了双向选择的渠道和可能。

东亚银行行长助理蒋麒辉则表示，上海和香港的发展愿景都是具备全球影响力的国际化大都市，两座城市的合作交流必然越来越密切。在他看来，上海拥有雄厚的产业基础，和优良的创新环境，这些因素都将对港澳青少年产生巨大的吸引力。我们相信，“沪港澳青少年之间的交流与联动，不仅有助于他们的成长，更为三地城市的蓬勃发展注入不竭的动力，为这些城市的可持续发展作出贡献”。

精细服务有助港青增强内地认同感

上海市政协港澳委员姚珩：根据我们组织和接待香港青年来内地实习的经验来看，香港年轻人的确越来越认同来内地发展事业可能是一个非常不错的选项，但最终能付诸实施的仍占少数。其中最大的顾虑还是感觉到自己对内地的社会制度不熟悉，担心不能很好的融入内地的生活环境。来内地游学和实习的确是一个很好的开始，开阔了学生的视野，增加了对国家和内地社会发展的认同感，但距离青年人有足够的信心来内地生活和创业还有一段距离。我觉得未来针对香港年轻人来内地的创业辅导工作和就业服务工作可以再加强一些，从港青的职业诉求和兴趣出发，结合香港的产业发展需求，找一些合适的内地企业和岗位，让有意愿的青年人可以来内地作较长时间的实习或创业辅导，消除他们的疑虑。

专访香港驻沪办主任邓仲敏：希望有更多香港专业服务者来上海开拓业务

（记者：洪俊杰，原载《解放日报》2017 年 6 月 29 日）

面向未来，沪港合作的前景更加广阔、合作更加密切，双方可进一步借助“一国两制”下两座城市的制度差异实现优势互补、互利共赢和共同发展。

对于已担任三年香港特区政府驻上海经贸办事处主任的邓仲敏来说，上海是一座既熟悉又陌生的城市，熟悉是因为沪港都是国际金融大都会，而上海却别有一番浓厚的历史底蕴，“历史古迹保育方面，上海做得很好”。在香港回归祖国 20 周年前夕，她接受记者专访，谈了沪港合作的今天与未来。

记者：该怎么评价这 20 年沪港合作成果？

邓仲敏：香港与上海关系源远流长。自 1997 年回归以来，特别是 2003 年沪港经贸合作会议机制建立以来，双方合作领域不断拓展，合作项目不断深化，人文交流更为频繁。在 2015 年第三次会议上，两地政府在 10 个范畴 27 个领域达成共识，包括商贸投资、金融、青少年发展、社会管理、航空航运物流、科技和创意产业等方面，并就商务合作、金融合作、公务员实习交流等签署合作协议。

由于两地合作范畴远超经贸方面，趋向多元化、多层次、多领域，2015 年经国务院的批准，沪港经贸合作会议改名为沪港合作会议。

记者：沪港金融合作一直是重要的范畴。

邓仲敏：在上海外来投资中，香港长期占据首位，上海企业也愿意去香港融资、投资，现有超百家上海企业在港上市。

香港是一个高度国际化、自由化的全球金融中心，在带动内地金融机构走向国际，吸引外国资金和引进金融创新方面，有比较丰富的经验。多年来，香港和上海发挥各自所长为国家金融发展做出贡献。2017 年 5 月特区政府库务及财政事务局陈家强局长来上海参加第七次金融合作工作会议。我相信，深化两地金融合作，有助于服务中央“一带一路”倡议和内地金融改革。

此外，沪港在法律服务方面有密切合作。随着国家经济发展与对外投资增加，越来越多有关内地的纠纷都指定香港作为仲裁地，这进一步巩固了香港作为亚太区域仲裁中心的地位，香港国际仲裁中心也于 2015 年 11 月落户上海自贸区。如今，香港律师事务所在上海已有 20 多个代表处，利用 2003 年签署的“CEPA（内地与香港关于建立更紧密经贸关系的安排）”框架和上海自贸区开放措施，两地法律人才可以为客户提供跨境法律服务。

在此，我还要感谢多个在沪港人团队，包括上海香港联会、上海香港商会及沪港青年会等，他们多年来积极推动香港高等院校学生暑期来上海实习，上海市政府港澳办、上海市青年联会和海外联谊会也积极协助。这让年轻人有机会实地了解内地最新发展，更好认识国家。

记者：不久前，林郑月娥女士的特区新一届行政团队成型。你觉得未来两地合作会有哪些亮点？

邓仲敏：面向未来，沪港合作的前景更加广阔、合作更加密切，双方可进一步借助“一国两制”下两座城市的制度差异实现优势互补、互利共赢和共同发展。我相信，“一带一路”国家战略、上海自贸区建设和科创中心建设，将为沪港进一步合作带来新的机遇。

作为离岸人民币中心和资产管理中心，香港将更好发挥亚洲商业枢纽作用，协助国家做好“走出去”和“引进来”的工作。我们了解上海在进行“四个中心”和卓越城市建设，双方可以加强在金融、投资、贸易、服务业等重点领域合作。

我想特别提服务业合作。香港服务业占本地生产总值的92%以上，上海也在“十三五”规划中提出，到2020年服务业增加值占全市生产总值的70%左右。我们认为，上海未来发展可以更多利用香港的人才、经验和国际联系，我们也希望在CEPA框架之下，可以有更多的香港专业服务者来上海、到内地开拓业务。

我想，两座城市要一起用好国家的政策与机遇。就像2014年的开通“沪港通”，让两地金融市场更加互联互通，还有就是进入实施阶段的“债券通”，这也有利于人民币走向国际化。在未来，我相信香港和上海也能用好“一带一路”新机遇，增加两地合作的紧密度，更好为香港与上海民众谋福祉。

上海土地批租试点亲历者说：学香港推改革很有章法

（澎湃新闻 2018年3月2日）

土地批租是国家土地使用权有偿使用的一种形式。即将若干年内的土地使用权一次出让给土地使用（经营）单位。土地批租对我国土地使用和管理制度改革乃至整个经济体制改革有着十分重要而深远的意义。由于此项改革在当时涉及诸多思想观念、理论和法律问题，为减少改革的阻力，确保试点工作能顺利进行，此项改革的研究决策与试点探索整个决策和实施过程，长期鲜为人知。上海市委党史研究室历时三年，对当年参与上海土地使用制度改革试点的30余位决策者、实践者、参与者，逐一进行了口述采访，用当事人的所见所闻所为所感，努力还原这段鲜活的历史，相关采访成果最终结集为《破冰——上海土地批租试点亲历者说》一书，由上海人民出版社正式出版发行。澎湃新闻经授权刊发该书的部分内容。

王安德 1950 年 4 月生，浙江上虞人。1985 年 3 月任上海市房地局局长助理；1986 年 11 月任上海市土地批租办副主任；1989 年 3 月兼任上海市土地局土地有偿使用处处长；1990 年 5 月任市政府浦东开发办政策研究室负责人；1990 年 7 月任陆家嘴金融贸易区开发公司总经理、1996 年 5 月兼任公司党委书记；1993 年 1 月—2000 年 8 月兼任浦东新区管委会副主任、党工委委员；2000 年 8 月任上海市浦东新区常委、副区长；2003 年 3 月起先后任中信泰富有限公司执行董事、（中国）投资有限公司总经理。2013 年退休。

时间：2015 年 7 月 29 日下午 2:00　地点：上海钻石交易所

采访：徐建刚　整理：严亚南、杨晔

徐建刚：王总，您好！您是当年上海市土地批租办的副主任，不仅见证了上海土地使用制度改革从探索到研究，从决策到执行的整个过程，同时也是很多重要政策、规章、方案、措施的研究者、制定者与推动者。能不能和我们详细地讲一讲，这项改革是何时启动，怎样展开的？

王安德：上海市土地使用制度改革，这是比较完整的名称，还有个小名叫“土地批租”，一开始国内都这么叫。1986 年，市政府在当时文件上写的是上海市土地批租领导小组、土地批租办公室。1987 年，因为《宪法》要修改，新成立的国家土地局向国务院报告，建议统一把名称调整为土地使用制度改革、土地使用权有偿转让。所以，1988 年 4 月 5 日，上海正式发文把领导小组改名为土地使用制度改革领导小组、土地使用制度改革领导小组办公室。因为名称很长，我们自己还是习惯叫批租办。在讲之前，先作些交待。

关于土地批租改革的研究，上海是比较早的，20 世纪 80 年代初期就有很多酝酿。正式从组织上实施、进入启动程序，应该是 1985、1986 年，到今天已有 30 年了。现在很多人问土地批租是怎么起步的，是不是哪个领导或者哪一个人提出来的？我觉得，要把这项改革放在历史发展的长河中，从发展的内在动力和发展机缘来看，是在什么样的背景下产生、形成与推动的。

1984 年，党的十二届三中全会关于经济体制改革的决定，提出了城市经济体制改革。30 多年后回头看，这一改革全过程中有无数改革点。但是这么多改革点中，有的是全局性的、决策性的；有的是战术性的、一个时间段的。

从中国改革的全局来说，有几个重要的关节点：首先，是对企业进行定位并建立产权制度，赋予企业经营自主权。要求企业建立“自主产权、自主经营、独立核算、自负盈亏”的经营机制，把企业的法人地位先建立起来，让企业变成一个独立的经济细胞。这是对生产力很大的释放，把很多企业从浑浑噩噩的状态中唤醒了。

其次，是税利制度改革和投资体制改革，这两项是连在一起的，也是比较重大的改革。比较早提出的“利改税”，对土地使用制度改革有很大意义。

因为原来企业是国家计划经济体制下的一个经济细胞，收入除了工资以外全部上交。如果要投资，财政再拨款。后来实行了“利改税”，利润上缴变成税收，成为税收后就分得清楚了，百分之多少税赋，余下的是企业利润，然后“拨改贷”。通过投资体制和税利的改革，使得企业的经济活动，开始接近商品经济、市场经济的活动平台。

第三，是价格体系改革。从 1987、1988 年开始，一直到 1989 年达到顶峰。那时候改革出于各种原因，不可能一下子全部进入轨道，所以实行了双轨制，这是有一定道理的。

第四，是金融和外汇体制改革，这牵涉到整体国家战略。

第五，是房地产改革。这项改革对全局性的影响，现在看是越来越清楚了。那时候提出房地产要作为支柱产业，是经过很长时间反复论证的，后来有一段时间大家对“支柱作用”开始怀疑，现在看起来，它对经济发展全局性的拉动作用还是很明显的。改革开放已经 30 多年，今天回头看，我觉得比较重大、影响全局的改革，房地产改革算一个。

当年的房地产改革其实是从两处着手：一个是土地使用制度，另一个是住房制度。按照马克思级差地租理论，土地有级差地租Ⅰ、级差地租Ⅱ，一块地和周围地的关系，以及这块地随着时间推移，通过不断投入引起价格的变化，这些都是要经过长年累月的积累才会形成，房地产业以及城市的形成也是需要时间逐步发展的。因而也就决定了这项改革不可能一蹴而就。从我们当年进行改革探索直到今天，这项改革远没有完成，仅仅是开了个头。

我当年参与的是土地使用制度改革，这项改革可谓牵一发而动全身。这项改革有个特点，就是理论先导。因为有思想解放运动、拨乱反正，大家可以按照马克思主义理论、市场经济理论，分析和认识 20 世纪 70 年代末 80 年代初碰到的问题。很多问题开始可以讨论了，没有紧箍咒了。理论界冲破思想束缚后，马上就牵涉到很多法律层面的问题。在深层次的改革中，一般情况下法律界的动作都是在后面的，但土地使用制度改革比较独特，一开始法律界就跑在前面，几乎和理论界同步行进。为什么呢？因为这项改革牵涉到《宪法》对公有制、国家所有土地等概念的界定和规范，牵涉到物权当中对所有权的占用、处分、转移、使用、收益等问题，所以理论上怎么能说通，必然牵涉到法律。还有个很大的法律问题，特别是上海人比较敏感，一说到批租，就会把“租”字和“租界”联系起来，担心会不会形成“治外法权”。所以，这项改革就不仅是经济的问题，还牵涉到政治、社会的问题。当时上海酝酿土地使用制度改革时，我们请了七位香港各方面的顾问，内地也请了两位，一位是俞健，市委研究室的老经济学家；另一位是冯尔泰，原来市高级人民法院的法学专家。

其次，这项改革牵涉到很多旧有的观念如何改变和突破。长期身处计划经济体制下的人会觉得，使用土地从来都是不要钱的，怎么突然要钱了？这就涉及经济体制改革中两个非常重要的问题：一是以前国有企业生产经营过程中，土地是无偿使用的，没有价值量，也没有使用年限，我们叫无偿、无期限使用；另一个是土地使用效率比较低。企业生产过程中，土地生产资料的价格，没有体现在成本当中，其上交的利润可能隐含了土地占用价值。因为没有这套体系，没有税收、价值和费用，这块东西就被掩盖了。这就引起了另一个问题，为什么一开始搞批租的时候，我们要从外商开始试？刚开始，很多人说上海人精明，先叫外商来买，价格可以抬得高一点。其实当时还有个原因，就是国内企业还没有能力去投资土地。因为所有利润都上交了，企业只能发点工资和一点职工福利，连维持简单再生产的资金都没有。在这种情况下，你叫国内企业突然拿出一笔钱来买地，从经济理论上都讲不通，实际操作也没有资源和能力，所以土地使用制度改革只能先从外资入手。

第三，牵涉到价格双轨制的问题。如果不树立价格标杆，土地批租就永远都不能做，但价格标杆树立起来后，还要有市场能加以区分。土地批租刚开始的时候，台湾一位很有名的女律师邱章跟我说，她实在搞不明白大陆的土地和房地产问题。公私合营以前有一套政策，要收地价税，之后国有企业住房、侨汇房、合资企业造房，又很特殊，限定什么人可以买，什么人不可以买，然后又有土地批租，要怎么判定造出来的房子在市场上可以租，可以卖，还是可以抵押呢？我说对，每一块地身上穿的衣服都不一样。所以不单单是价格双轨制的问题，而是多轨制。但是我们认定土地批租这个方向，就要逐步把土地使用权纳入有偿轨道，即有期限、有价值、有偿、有规划限制地使用土地。这是主轨道，要把其他面多量广的无偿用地，都逐步吸纳进来。到今天，我们还不能说全部改革完了，因为有时候还是会碰到私人的房屋、公寓、别墅，出租时突然发现没有补过地价，要补。等补完后，就并入这个轨道了。

第四，牵涉到行政、经济管理体制的改革。上海是率先在全国将土地、房产两个管理部门分开的。记得 1985 年 3 月我去房地产管理局报到时，这两个部门还是在一起的，但我去了以后领导就告诉我，马上要分了，分别叫房产管理局、土地管理局。上海率先实行土地行政管理体制的变革，其实是为后面的改革做准备。当时是阮崇武常务副市长来操作这件事，主要任务就是要强化土地管理。因为那时房产局也面临住房租金改革、住房制度改革和住房建设体制的改革，这也是很大一块改革任务，所以事情就分开做，齐头并进。

第五，牵涉到市场运作机制和市场结构的调整。房产公司、开发公司，包括土地一级开发、二级开发，是房地产市场运作机制中很重要的方面，其中一级开发跟土地批租关系更紧密。现在有一些规定，说一级开发外资不能搞，我看主要是管理问题，不是简单划分一级市场谁可以做，谁不可以做。

又比如现在从廉政反腐、加强管理的角度，要求土地使用权出让一律采用“招拍挂”方式，这也会带来一些操作上的问题。比如浦东开发、深圳开发早期，大面积的规划和发展，如果完全用“招拍挂”方式，可能就没有办法做，这是在比较成熟的市场上采用的方式。当年，我们搞陆家嘴开发的时候，土地权属乱哄哄的，小陆家嘴地区有一万多户居民、两百多个工厂要动迁，一块块切怎么行？所以就要有一家公司来做毛地批租，一级开发、组织市场。

我讲这段是想说明，土地使用制度改革是水到渠成，顺应历史发展潮流并不断深化的改革，牵涉面非常广。从长远来看，它对国家的经济活动，甚至整个国家人民生活和生产企业发展，都关系重大。应该说，这项改革任重道远，现在走了30多年，还只开了个头。

徐建刚：刚才您说土地批租改革是顺应历史发展潮流应运而生的产物，那么我们上海在启动这项改革的时候，事先都做了哪些研究？对改革的方向和路径是怎么思考的？

王安德：那时候土地和房产问题纠结在一起。我在房管局开始是当助理，协助一位局长搞房租改革。房租改革分两步，先做非居住用房租金改革，后做居住用房租金改革。那时就碰到问题，比如市百一店，产权属于房管局，但是一楼沿马路的橱窗，租给了日本一家公司，一年广告收益比整幢房子的租金还多，达上百万。对房管局而言，橱窗是房屋产权当中附属的使用权，怎么处理这个交易？实际上，这就牵涉到对生产资料所有权、使用权的认定。

还有些原来是工厂，拿出一半的地要造住房，以前是可以的，只要对周围没有影响就批给你了。这个市场形成以后，就不行了，一块地出来以后，马上就有很多人对它主张权益。比如菜场，属于蔬菜公司，菜场要建个什么房屋，蔬菜公司说不行；蔬菜公司上面还有一个副食品公司，也说这个产权是我的，应该到我这里来批，批完以后，盖的房子也应该有我们的份。生产资料的权属和市场经济中商品要素属性的认定，在计划经济体制下是比较混沌的。

以前上海的产品在全国不愁销售，原材料也没问题。但是南方四个经济特区对外开放后，上海逐步开始走下坡路。市政府当时有个口号，叫“保四争五”，也就是说要保住 GDP 每年 4%—5% 的经济增长已经很吃力了，这个口号叫了好几年。

上海的城市欠账也很严重，形象的说法是旧城有 80 万个煤球炉、80 万个马桶，还有几千万平方米的危旧房屋。这种情况下上海怎么办？那时国务院也很关心，搞了个上海经济发展战略研讨，此后又在这个基础上，搞了个上海经济发展战略汇报提纲。在汪道涵任市长的时候，上海制定了三张蓝图，分别是经济发展战略、文化发展战略以及上海城市总体规划。

这三张蓝图绘就后，马上碰到一个问题，蓝图绘得很好，但是怎么做？没有钱，寸步难行，心有余而力不足，步子迈不开。

对于这个城市的改革，除了刚说到的经济界、理论界、法律界有很多讨论，大家也都觉得要回归到生产要素，回归到土地原本的价值和属性上。人心思变与现实需求结合以后，当 1984 年城市经济体制改革提上议事日程后，一些主要领导高瞻远瞩，非常果断地认为要闯出一条路来。这不是战术性问题，不是谁有办法能向中央多借一点钱，或者批一点钱的事，那不是出路，出路在于创新图变，要通过改革找出路。

当时整个社会非常支持改革的想法，所以我们这批人推动土地使用制度改革，说因势利导也好，说顺应历史潮流发展也好，也可以说是被实践、被形势逼出来的。

那时候，香港新华社向谷牧副总理、国务院和特区办提的建议，都不是单单讲上海、深圳，还有其他城市。但为什么这两个城市走得最快？深圳是因为包袱少，它在南方是一块白纸，可以画最新、最美的图画。而上海是兵临城下，没有出路，只能背水一战。其他城市也做了很多试点、试验，但我觉得上海的天时地利人和结合得更充分一些，所以改革才能启动。

关于这项改革的启动，我最近翻了一些当时的笔记，觉得可以从领导的讲话，看出他们当时的心路历程以及发展背后的一些思考。1985 年 8 月 9 日至 10 日，市委在康平路召开了两个半天的青年理论工作者座谈会，芮杏文书记、江泽民市长都参加了。我当时发言的题目是《关于上海房地产业的两个问题》。因为之前我参加了上海市委、市政府组织的香港工商研讨班，专门赴香港研究资本主义，考察香港市场经济如何运作。那时是万学远带队，我是房地局局长助理，他对我说，你去香港要重点研究房地产。我回来后，就参加了 8 月的会议，王战、陈伟恕、曹建明等人也参加了。芮杏文书记在会议结束后讲了一段话，介绍了上海市理论工作者座谈会讨论的两个问题：一是要不要建立金融市场，怎样建立？二是如何创汇、利用外资？

他说，上海当前有三个矛盾：第三产业、基础设施与上海整个经济发展不协调，资金不足，外汇不足。解决的办法无非是两条：改革和建设。他希望我们选择几个题目，专题研究一下。江泽民市长也对发展速度的控制、如何集资，讲了很多他的忧虑和担心。可以看出，1985年面对三张蓝图，面对中央对上海的要求，领导们隐约看出多中心建设里金融中心的建设是核心议题，城市基础设施建设的出路在于改革。这是从困境中寻找改革的出路，城市建设需要钱，但那时还没有直接提到土地批租。

1986年，市委、市政府接待中央一些领导并与他们讨论，看准一个方向，就是通过研究香港，看上海的出路在哪里。5月29日，市委办公厅、市政府办公厅在康平路市委办公楼308室联合召开会议，布置开展上海五大课题研究。芮杏文书记、黄菊副市长出席，主持人是俞健和万学远。俞健开门见山地说："会议中心主题是研究香港，利用香港，发展上海经济。"然后，芮杏文书记做动员。他说："4月胡启立同志来沪时，提出深圳、蛇口、珠海都有自己的特色，上海也应该有特色，建议认真研究香港，把建设上海的目标，上海的历史、地位和作用，与香港做比较，看看如何使上海发挥更大作用"，"现在不是做学术性研究，而要做实质性研究，在全国实行有计划商品经济的条件下，研究香港的政策如何在上海运用"。他讲了土地利用、自由港、外汇自由兑换、税收、利用香港等五个问题，要求俞健和万学远牵头做研究，五个题目一个月内交卷，要"研究透，不是一般化研究，要作政策性研究"。那天，黄菊同志也提了几点意见，他说："香港问题的研究要务实，当务之急是组织一批有开拓精神、办实事的同志，人要少而精，分头成立地产、金融、税收等五个小组，6月20日向书记、市长汇报。每个题目都要解决四方面问题：香港情况如何，上海情况怎样，香港的哪些做法可为上海借鉴，经过一些论证以作为决策依据。"然后万学远说："时间很紧，要考虑可行性，思想上放得开，先由各组研究，讨论后确定一人执笔，横向再开座谈会。15日初稿拿出来，20日再集中。"这次会议和1985年理论工作者座谈会有一个明显不同，问题聚焦了，市委和中央之间互动了，也瞄准了香港。关于土地问题，芮书记自己也研究得很深，知道永业权、使用权等概念。

关于1986年中央对这项改革的意见，我的一段笔记中也有反映。1986年6月5日，我记录了房地局党委班子传达中央书记处第276次会议讨论上海城市总体规划的一些情况。传达内容分两部分：第一部分是中央会议精神。中央书记处在对上海总体规划讨论当中，提出了四点意见和决定：一是上海是我国最重要的工业基地之一，最大的港口贸易中心、科教中心、金融中心、信息中心，也应成为全国经济建设服务基地，成为太平洋西岸最大的经贸中心。上海工作要从这一点出发去规划考虑，高瞻远瞩，面向世界，面向21世纪，面向现代化，发挥最重要的基地和开路先锋的作用。二是上海要搞好对国内国外的开放，要通过各种途径筹集资金，要依靠国内国外两个方面形成资金。胆子要大一些，方法要多一些。历史上上海是著名的港口，当前也是我国最大的港口，对基础设施要加快建设，完善公共服务设施，创造投资环境，总结吸取国内外经验来吸引国内外资金。三是调整工业结构，合理布局。四是城市建设和人民生活改善必须建立在生活发展和生产发展的基础上。

第二部分是芮杏文书记讲话，他讲了中央书记处开会前后，和一些中央领导接触、交换意见的情况，特别是关于地产开发问题。他说："这个问题，凡是来沪的中央领导都说过，上海地产经营搞活了，一切都有了。上海地产概念不能和内地比，完全不一样。地产开发是很大的收入，香港占到总收入的37%。要把地产搞活，吸取香港经验。"芮杏文还总结了上海的"七个怕"：土地开发经营所有制问题；土地买卖后炒卖地皮怎么办；土地卖出后怎么归还；占地不动怎么办；再改造城市怎么办；外商开发贷款怎么办以及外汇平衡等问题。他还讲了与胡耀邦的一段谈话。

胡耀邦说："上海的关键是潜力还远远没有发挥，要提出办法，中央是支持的。要办成对世界有吸引力的城市，无非就是对内对外开放，要把开发资源和建设都放在第一位，开发土地资源。上海要成为全国开放的总窗口。"

从1985年青年理论工作者座谈会，到1986年布置五个沪港经济比较研究课题，再到传达中央书记处会议精神，可以看出，关于上海土地使用制度改革的启动，高层领导的思想有个逐步演变的过程，最后聚焦到对香港的比较研究，聚焦到上海的房地产上。

徐建刚：这么看来，1986年上半年，无论中央领导还是市领导，都已经很清楚地认识到土地资源开发的重要性，并且对土地开发以后带来的问题有了非常深入的思考。应该说，上海的这项改革是在中央支持和鼓励下开展的。那么市委、市政府是如何推进这项改革的？

王安德：现在回头看，这项改革的一步步推进是非常有章法的。大的原则性的事情和中央沟通以后，市委就开始启动研究，研究以后交给市政府，通过市长办公会议、市政府常务会议研究，然后再召开土地批租领导小组会议，等领导小组会议定完，再向市长和市委常委会确认、操作。

土地批租从开始启动到1987年底《上海市土地使用权有偿转让办法》公布为止，市委共开了四五次常委会。第一次是1986年6月11日，这是中华人民共和国成立以后上海首次由市委常委会专门研究房地产问题。这次会议的起因，可以通过我记录的一些批示看出来。4 月 4 日，就是中央书记处第 276 次会议召开前，芮杏文同志曾给江泽民同志写了一段话："泽民同志，可否考虑上半年我们专门开个会，研究改革房租和发展房地产业的问题。是否请有关方面事先做些准备。" 4 月 15 号，杏文同志又给当时的副市长朱宗葆、倪天增批了一个意见："关于房地产的经营和管理问题，确需认真研究一下"，并提到国务院主要领导同志谈到过这个问题，要求上海专门搞一个组织来经营地产。4 月 24 日，江泽民同志批示："同意杏文同志意见，可否请天增同志，请有关部门议一议，先准备一个方案，需要去外地调研，也可以去摸一下。请克强同志具体帮助抓一下这件事。" 天增同志又批示："请如高同志阅，并组织一个小组，提出方案，报市委、市府讨论。"

6 月 11 日的市委常委会议有一个纪要，叫《常委扩大会议讨论发展房地产业和土地开发经营问题》，书记、副书记、常委、副市长、市政府顾问和有关的委办、新闻单位负责人，一共 29 人参加。市土地局在汇报土地开发经营问题时提出，上海土地开发和经营是上海经济发展的重要方面，建议改变国有土地无偿和无限期使用的状况，并提出八点设想：一是建立土地的有限年期的批租制度。土地所有权属国家，承租者取得使用权，限期内可据契约进行开发和经营。二是批租年期可适当长一些，一般可有 30—50 年，视地段、规模和用途来分级制定。三是承租者在租用土地时，一次性缴纳使用期的批租地价，并每年按规定缴纳土地使用费。批租土地可公开招租。四是实行契约制，列明各种权利和义务，必须遵守的规定和要求，违反契约按法律处理。五是批租的土地使用权允许有价转让，市政府制定具体管理办法，加强管理。六是批租土地期满后无偿由国家收回。要继续租用，可经批准重定契约，并缴纳新契约租期的批租地价。七是批租土地可由土地主管部门收取，交地方财政部门，作为城市建设基金。八是增收土地增值税。此外，承租者和政府对承租区的基础设施、投资范围要划分清楚。这一段八个方面是土地局上报的内容。

会议原则同意土地局的汇报，决定：一是要搞房地产业和土地开发基金，同时理论上要进行摸索研究；二是要制定经营房地产和土地开发及与此相关的各项单行法规；三是深入研究香港地产业情况，在适当时候可邀请香港有关专家来沪传授经验。这就是说，市委对改革的大致思路已经都有了。有市领导曾建议，把一部分土地包给外商去做改造，芮书记没有同意。那时沪港经济比较研究五个课题组中的第一小组——地产组提出要到香港考察，这次会议还讨论了这件事。

1986 年 8 月 22 日到 9 月 9 日，由市委常委曾庆红担任顾问，市政府副秘书长夏克强作为团长的上海房地产港口考察团正式出访香港。房地局、规划局、交通办、外经贸委等部门的主要领导都参加了。我当时也去了。因为去香港，大家都不能用官方身份，我的临时身份就是房地产业协会会员。这个团是 8 月 12 日正式组团的，曾庆红和夏克强当天在展览中心会议室里召开团员会议，对出访任务和背景作了一些布置。曾庆红说："今年（即 1986 年）4 月，启立同志来上海视察，临走时与杏文、泽民谈到香港是怎么发家的，觉得上海可以借鉴香港行之有效的政策、办法，说钱的问题总得自己想办法，要问北京拿，是拿不到的。耀邦同志好几次讲到办法要多一点，胆子要大一点，房地产看起来是大问题。"他要求我们出去以前，手头资料要消化。这次回来一定得办事，特别是地产，会震动全世界的。要带着材料和问题，回来拿出东西，要有一整套的政策方针。这项改革不容易，要明知山有虎，偏向虎山行，做改革的促进派。对问题，包括利弊，要充分讨论。他还说了一句话："时间上赶得及的，9 月中旬回来。可以请田副总理来，或者我们上京去谈、讨论，包括实业公司的问题，也涉及外经贸，或者中央全会的时候，有机会跟领导谈。包括可否请一两个（香港）人来做顾问，江市长对这件事情也很关心。"因为当时江泽民也提出来，要我们去看看香港有没有合适的人。

8 月 21 日，代表团出发前一天，芮杏文书记给我们作动员。他说回来以后关于土地批租要写个建议。他还讲了与港澳办主任鲁平接触的情况，说鲁平建议这份报告可以跟新华社商量一下，能不能由两家一起向中央报告，这样分量大一些。（最后没有一起报。）这份报告开始想让中央批，后来主要领导说只要报备一下，不要批了，不要让中央承担（试点）责任。但发展到最后，上海土地使用权批租的启动试点中央还是批了，半批，不是全批。

那时国务院秘书长陈俊生看到这份报告后，报给田纪云副总理，田纪云报给姚依林和李鹏，李鹏又请国务院主要领导画了个圈，国务院办公厅这才电话告诉我们可以做了。所以说，开展这项改革其实是很慎重的，绝对不是某位领导心血来潮。

8 月 22 日，考察团出发后，先到广东。我们想趁机学习一点广东的经验，看一下南方的改革风气，受一点熏陶。然后到了深圳。那时深圳对土地批租还没有深入研究，我们去了以后，深圳马上摸透我们的路径，也组团去了一次香港。我们在香港的考察，主要是从三方面进行的：先是中资机构，新华社、华润、中银、招商局，听他们对香港市场、土地方面的介绍。然后不断拜访香港的专业人士，像梁振英、简福饴、刘绍钧等，还跟测量师协会开专业座谈会。香港很多大的地产商，我们也一一拜会，听他们谈对土地批租运作利弊的分析，同时放一些风声，如果上海施行土地批租，你们怎么看？有什么想法？会怎样行动？三是访问了很多港英当局机关，如田土厅、注册总署、差饷物业估价署、规划署等。

最有意思的是，我们到房屋署去，他们负责接待的冯通署长桌子上有一份东西，是我们这个代表团的名单。在每个人的名字后面，都标注着政府职务身份。他们的秘书见我在看标注，急了，跑过来把纸头一拿。我后来告诉庆红，你的身份人家都看到了，庆红说他知道，他们当然有这个情报。所以他们接待很认真，把资料全给我们了。

9月9日，考察回来后，由俞健牵头，我们帮他一起写给市委的汇报材料，这是给市委的第一次汇报材料。1986年9月18日，市委就召开了常委会，当中只隔了9天。在这份材料中，主要汇报了香港房地产业批地制度的三个特点以及香港批地和房地产经营的十种做法。三个特点：一是有限期的土地使用权；二是在规划上限制和制约土地用途；三是土地的权益是可以转让的。这三个特点其实和市委常委会在研究的东西是对应的。

对香港批地和房地产经营的十种做法，我们对其有特色的地方进行了分析。第一我们说到它多种方式的批租形式；第二说到港英当局的双重身份和两种手段；第三就是物权和权益的登记制度；第四就是地价怎么确定和怎么控制；第五就是半官方机构的参与和专业人士的作用；第六是税收增加房地产收入，地租、差饷、物业税、印花税是怎么回事；第七是金融业对房地产的参与和支持；第八是怎么造地，规划怎么超前，基础设施怎么先行，实际上是开发的前期；第九是讲批地和新市镇的发展，批地的时候政府还是要有计划组织新市镇发展，不完全是市场行为，这个新的市镇还是要由政府主导来发展；第十是多层次解决住房问题，不是只有批租一个模式。后来，我们的商品房发展有点畸形，政府将保障性用房、动迁用房，全部纳到市场轨道了。实际上香港也不是这样。

另外，这份材料还有六个附件，其中五个就是5月布置的五大课题。这五大课题6月20日就已经交上去了，我们回来后又全部重新整理了一下，归属到房地产港口考察团的附件里。还有一个新增的，是社科院做的《关于香港房地产业发展促进财政收入增加、经济发展的若干资料》，这份材料把房地产和财政的关系仔仔细细说了一遍，增加了要实行这一改革的可信度，是一支兴奋剂，令人看了以后会觉得，这项改革一定要进行。在这第一份报告中，我们提了对照香港上海怎么办的三条建议。第一条是正式提出上海试行出租土地使用权办法，要加强领导，建立上海市批租土地委员会，或者批租领导小组；第二条是研究制定试点方案；第三条是在这个基础上向中央报告。

因为芮杏文书记在北京开会，这次常委会是由江泽民主持的。听完汇报以后，常委们提了很多意见和建议。其中有一条意见认为，单单归纳香港情况，不能完全解决问题，还要论证对照香港，上海该怎么办？会议认为，材料要继续充实，要准备一份给中央的报告，说服中央作出同意上海试点的决策，以消除政治、社会层面的一些影响。

市委常委会后，俞健马上组织了一个小班子修改材料，我记得我们是国庆节加班加点做的。10 月 2 日，就差不多把稿子准备好了，等芮杏文回来就准备再进一步向常委会报告。10 月 15 日，我们正式向芮杏文书记汇报了，汪道涵、倪天增也一起参加，其他常委会成员有一部分参加。这次会议是 9 月 18 日市委常委会的延伸。因为上次芮杏文书记不在，没有形成决策性意见，所以这次报告内容作了调整。这次汇报题目修改得很醒目，不再是香港考察报告，而叫做《关于上海试行出租土地使用权办法的初步设想》。报告综合了考察情况、香港各界（包括香港新华社）的态度和反应，从理论、政策、准备工作、试点设想等十个方面，进行了论证和回答。最后得出结论：上海有计划、有步骤地试行土地使用权出租的办法，是可行的。

这十个方面问题，一是试行土地使用权出租是否违反宪法和法律；二是试行土地使用权出租是否违反四项基本原则；三是出租土地使用权对上海经济发展会产生什么积极作用，如何看待出租土地使用权的得、失；四是出租土地使用权需要具备哪些条件，如何吸引外商来上海租地、经营；五是出租土地使用权上海应该制定哪些政策和办法；六是出租土地使用权要请求国家给予哪些政策；七是这项改革从哪里着手，在哪些地区可以试点；八是为了争取 1987 年试行出租土地使用权，当前必须做好哪些具体工作；九是出租土地使用权需要注意哪些问题；十是关于试行出租土地使用权的机构设置问题，就是建立上海土地批租委员会或者领导小组，以及精干高效的办事机构，同时建议有半官方的操作机构和评审委员会。由此，书记和市委就比较放心可以决策了。这个报告是由俞健起草，俞健、夏克强汇报的。蒋如高局长所在的土地局那个时候还是一个操作部门，不是决策部门。夏克强是团长，但是核心的问题实际上是俞健在研究。

讨论当天，我记得就拍板试行了。因为汪道涵、倪天增也参加了，所以市委叫他们向江泽民汇报，上海市政府就启动了。10 月 15 日会开好以后，到 11 月 3 日就召开了市长办公会议讨论此事，同意成立土地批租领导小组，并确定了机构和组成人员。会议开完后，夏克强通知我，倪天增任组长，他任副组长，蒋如高是办公室主任，我是副主任。我问他，我到底脱产不脱产呢？我那时在房管局嘛。夏克强说，这些东西你不要去管，有事情就做，这些事情以后再说。11 月 4 日，上海市土地批租领导小组成立的通知（沪府发〔1986〕115 号）就正式下发了。在下发通知时，土地批租领导小组成员单位一共是 16 家。后来增加了一家邮电局，总共 17 家。1987 年 1 月 14 日，市政府在福州路 12 号召开了全市各委办局负责干部大会，会议由夏克强主持。史玉雪介绍了香港考察规划情况，我汇报了房地产经营情况。会议的主题就是要把观念扭转过来，因为改革就要启动了，新的观念都是冲击性的。

市土地批租领导小组成立后，土地批租改革的整个重心，就逐渐从市委常委会，转到市长办公会议、市批租领导小组了。

徐建刚：市委就不管这件事情了？

王安德：市委也管，但是只管大事。在我的笔记当中，关于试点这件事情本身，在讨论决策以后，市委实际上是做了这么几件事。第一件事情就是1987年1月1日，领导下基层慰问时，芮杏文和江泽民两位领导在车上问夏克强、倪天增，什么时候把试点地块拿出来。慰问结束，夏克强就给我打电话，叫我元旦节后就开始准备、操作试点地块。

1987年2月10日，市委又开过一次常委会，听取土地批租领导小组汇报。批租领导小组主要是讲了两件事情：一是要出一个行政规章——上海土地使用权有偿转让的办法，由上海市政府自己来颁布；二是要编一个大纲性质的试点办法，也就是说不管哪块土地，招标怎么做，评标委员会怎么做都要确定下来，也就是这项工作的大纲。总体来说，就是要出一个法规，一个试点办法。这两样在2月的市委常委会上通过后，就把路径、目标、原则都定下来了。之后的土地批租，就是在市委定好的这个轨道中去操作。

到9月的时候，我们的法规已经完成送审草稿，准备去听香港专业人士意见。我记得是9月29日，市委又召开了一次常委会，决定了《上海市土地使用权有偿转让办法》的大致框架和原则。芮杏文是9月9日离开上海的，在他走之前，我们把送审稿给他审阅，他写了一大段文字，原则同意，并提出一些建议。11月29日，江泽民市长签发《上海市土地使用权有偿转让办法》时，也写了一段话，指出接下来马上要准备什么，因为要考虑到颁布后可能会碰到的问题。市委在整个土地使用制度改革试点决策过程中的介入，就到此为止。

市土地批租领导小组第一次全会是1986年12月召开的，任务就是组建机构。初期比较累，那时人手也没有，大多数工作人员都是兼职，从各个部门挖过来的。每一次领导小组会议召开前，会议文件写好后，由倪天增、夏克强拍板，蒋如高局长再跟我们商量，之后我就拿着征求意见稿，一个一个去找相关委办局领导，把稿子给他们，说明是怎么回事，跟这个局相关的有什么工作内容，什么工作内容不直接相关，等等。这些都要事先沟通好，避免正式开会时哪位局长说一句“我不清楚，回去再研究”，倪天增副市长就不好当场拍板了。有时候，沟通过的局长和来开会的同志不是一个人，我还要把之前沟通的情况事先或者会上讲一下。夏克强很会协调，所以领导小组会议要决定的事项，基本上都是一次性通过的。

土地批租领导小组会议从 1986 年 12 月到 1989 年 3 月 24 日，总共开了十次。这十次会议中，最重要的是第一到第四次，决定法规、试点方案、什么时候招标等。第四次会议主要决定提交市委常委会的法规、试点办法和纲要，到第五、第六、第七次会议，有的是法规修改，有的是后续土地供应，包括招标过程中的一些进度，第三、第四块土地招标等。总之，后面几次会都是为发标而召开的。总体来说，土地批租领导小组这个层面，一直都是在比较平稳、正常的程序和轨道中推进的。

关于第一个批租地块的确定，我记得就上过不止一次会。我们把备选地块都列好表，这些地块有些是我们自己定的，有些是领导批过来的，还有些是下面各区报上来的，大家讨论做还是不做。这些备选地块，有的是没有七通一平；有的是产权还有纠纷，动拆迁没做完；有的是地块蛮好，可周围规划不行……我记得一开始有几块地，在石门二路两侧，还有永安基地，古北、闵行都有。现在还在做的大中里项目，在那时就报上来了，但是周围动迁没办法解决。虹桥经济技术开发区其实也找过三块地，第一块是 31 号小太古地块，但这块地上面，变电站等问题很多，起初小太古列入批租备用地已写入市政府会议纪要，但最后条件不成熟，只能拉掉。然后又是 25、26 号两块地，二选一，提交领导小组决策，最后要听各方面，包括香港方面的意见，大家都觉得虹桥 26 号地块比较成熟，价值也比较明确。第一次招标如果弄一块模棱两可的地，怎么来定标价呢？定完这块地，必须上领导小组会议。选地块的过程，不是领导做完决策后走过场，而是大家七嘴八舌讨论，充分发表意见后，由夏克强、倪天增拍板。

徐建刚：那时候你们是如何测算地价的？当时估计这块地能到什么价格？

王安德：我记得当时有人提价格的问题，我告诉他们有三个办法决定底价：第一个是重置法（即成本法），就是你现在重新做，重置的成本；第二个是类比法，市场上有其他交易，或者国外有类似交易，你觉得它相当于这块地，可以类比；第三个是完全市场法，人家凭眼光来买。比如孙忠利用的市场法就是“比日本的便宜一点”。因为我们自己做，就用重置法，把那块地重新开发出来的成本就是底标的基础，就是代表市政府投进去的标底，这个标底是这块地必须达到的价格，低于这个价格，影响太大，政府情愿流标。因为是第一块地，类比法当时没法用，今天就可以用了。比如浦东要拍一块地，定什么价？只要搜集下这块地周围的价格就知道了。

当然，试点第一块地的起步价比我们想象的高，价格出来以后，大家都觉得下一步继续做有难度。正因为如此，朱镕基市长专门请了梁振英来讨论，我们自己也讨论，但整体来说还是把握了一下。所以，虹桥第二块地的招标，总价是上去的，其中按照土地面积来说，单价是上去的，但是按照楼板面积来说，单价是下来的，这是一个最佳状况。对外宣传时，我们说虹桥每平方米多少钱，价格略微有点上升，但实际上懂行的人看的是楼板价。试点的起步、门槛比较高一点，以后怎么做，我们还是想办法解决了。当然，随着20世纪90年代整个形势的发展，这个问题就迎刃而解了。

徐建刚：通过您的回顾，我们基本了解了市委决策与推进的大致过程。那么，在您看来，上海的土地批租改革有哪些特点呢?

王安德：30多年后，再回顾上海市土地使用制度改革启动和试点的历程，我认为有两个鲜明特点：第一是准备比较扎实。上海市对于土地批租改革的前期准备工作，包括酝酿、决策、考察、比较，甚至和中央的沟通等，都是相当充分和完整的。因此这个改革在推进过程中，没有太多波折，即使1989年受国际、国内影响，市场比较低迷时，这件事情先放一放，但是再启动的时候，基本还是按照这个路子，没有从根本上推倒或者哪方面有重大改变。第二就是领导和组织推进的工作比较有章法。市委做什么，市政府做什么，下面委办怎么做，都比较清楚。包括像上海虹桥经济技术开发区等单位的密切配合，还有与国内外专业人士的良性互动，可以说各方面的配合度很高，试点才会比较顺利。

整个土地批租试点过程比较长，内容也比较多，我重点把前面启动时的一些内部情况说了一下。

其实那个时候主要是解决一个“突围”问题，在人心有点消沉，经济发展的路越走越窄的时候，一定要想办法突围。当然也有一些本意很好的设想，后来没能实现，比如芮杏文书记在传达中央书记处会议时，就讲到土地基金的问题，他主张每年要向里面存款，专款专用，让它滚动。如果上海能做到这一点，每一年土地批租都有一笔钱进入上海土地发展基金，就可以专项用于城市的再发展和土地机制的完善。

徐建刚：第一次这么系统地听您讲述土地批租改革的决策过程，很受启发。当年，你们在市委、市政府的领导下，不仅使上海首例面向外资的土地国际招标获得成功，在海内外引起轰动，也为日后上海乃至全国开展土地批租开创了一条与国际惯例、通行规则接轨的法制化、规范化路径，在中国城市土地使用制度改革的历程中具有里程碑意义。您和您的同事们夜以继日、殚精竭虑，在重重困境中冲破制度藩篱，进行改革探索的勇气和精神也值得我们好好学习。再次感谢您精彩的回顾与思考!

第五篇 合作文件

沪港合作会议第四次会议具体合作项目清单

2018年8月24日

（一）“一带一路”倡议

1. 特区政府积极参与2018年11月在沪举行的首届中国国际进口博览会。利用中国国际进口博览会契机，鼓励海外企业把握内地开放市场的机遇，利用香港为据点进入内地的庞大市场，沪港发挥各自独特优势，共同开拓“一带一路”市场。

2. 鼓励和支持沪港企业双向参与对方的经贸活动、专业展会及综合展会，推动上海企业利用香港的平台与香港企业并船出海，携手开拓“一带一路”商机。

3. 抓紧“一带一路”倡议的重要机遇，继续完善沪港金融合作机制，为参与“一带一路”倡议的企业提供全方位、专业化、针对性的跨境金融服务。

4. 鼓励两地商事争议解决机构，以推进“一带一路”建设为契机，共同打造国际化争议解决服务品牌，为两地企业提供专业化、国际化的商事仲裁和调解服务。推广香港和上海作为争议解决地的选择。在跨境争议中推进双语仲裁。

（二）文化合作及创意产业

5. 香港西九文化区管理局将与上海徐汇滨江综合开发建设管理委员会、上海文广演艺（集团）有限公司和上海当代艺术博物馆签订合作协议，并延长上海戏曲艺术中心与西九戏曲中心于2016年签订的三年合作协议，以深化西九文化区与上海的文化合作交流，共同推动艺术创新和发展，丰富两地群众的文化生活。

6. 特区政府将在2019年在上海举办第一届“香港文化周”，为期约4周。2020年上海市政府将组织在香港举办“上海文化周”。香港康乐及文化事务署与中国上海国际艺术节中心将共同选送两地的作品分别在两地演出。

7. 鼓励并支持沪港创意产业发展。推动沪港企业参加对方举办的具有重大影响力的设计、数码娱乐、电视、电影以及出版等界别的展会和活动，搭建合作交流平台。推进两地设计界深度合作，培育设计跨界人才，推动两地举办沪港设计师交流活动。探索举办创意体验活动，共同培育设计师和设计力量。

8. 两地加强创意园区的合作对接，例如上海的徐汇滨江与香港西九文化区、越界与香港赛马会创意艺术中心、德必创意与元创方等。鼓励建立长期合作机制，加强创意产业人才的培训和交流，根据双向需求，探索制定创意设计人才的培训和交流计划。

（三）教育

9. 香港教育局与上海市教育委员会签署备忘录，促进双方在教育方面的交流与发展，主要内容包括支持建立“沪港大学联盟”。

10. 沪港共有多对经两地教育部门协调缔结的姊妹学校，也有不少两地学校自行结对，学校间按校本发展目标进行交流互访。两地教育部门将鼓励并协助两地更多学校缔结姊妹，并支持他们进行更多不同模式的交流活动。

11. 上海市人民政府深化落实在沪港籍学生享有同等待遇，可以接受各学段的教育

（四）金融

12. 善用沪港金融合作工作会议平台，加强两地金融主管部门、金融监管部门、金融市场和金融机构的互动，探索和研究金融合作。

13. 加强金融市场联动，总结和优化“沪港通”“黄金沪港通”“债券通”等相关制度安排，支持两地金融市场在企业上市、产品开发、信息互换、金融科技领域等方面加强合作。

14. 推动两地基础设施平台的互联合作，优化结算流程、探索扩大交易产品品种。

15. 加强金融业务创新合作，作为资本、研发、业务等方面的交流合作提供支持和便利。鼓励有意“走出去”的上海企业在香港设立企业财资中心或地区总部，已集中管理海外的财资业务和风险。

16. 加强金融人才的培训和交流合作，继续开展“沪港金融专业大学生交流考察计划”。

（五）青年发展

17. 继续举办“沪港澳青年经济发展论坛”，发挥品牌优势，加强两地青年

在卓越城市建设、青年创新创业工作方面的交流。

18. 为两地各界各领域青年的交流互动搭建平台，支持两地青年团体组织开展各类交流活动，鼓励两地青年企业家及各领域青年间的相互访问和交流。例如，在 2017 年 12 月举办的首届“沪港青年科技创新论坛”的基础上，搭建两地青年创新发展的交流平台，继续探索开展沪港青年创新创业交流。

19. 深化香港大学生暑期实习项目，上海方面提供更多优质的实习岗位，例如上海金融企业等实习机会，并且挂牌若干个港澳学生实习就业基地。

20. 继续实施“敢创未来”香港青年在沪就业计划，开设港澳学生专场招聘会，增加香港学生在乎就业机会。

（六）创新及科技

21. 支持两地青年科技人才交流合作及创新创业。香港科技园公司与上海市科技创业中心推进众创空间合作，支持两地创业团队或初创企业入驻对方众创空间，提供创业辅导及其他支持服务。香港数码港会通过“数码港数码科技实习计划”让主修信息及通信科技的大专学生在上海的科技企业工作，汲取实际经验。

22. 支持两地高校及科研机构在重点领域（包括生物科技、人工智能、机器人、金融科技和智慧城市）进行具影响力的研发项目，并鼓励上海顶尖科研机构和科技企业落户香港即将成立的“人工智能及机械人科技创新平台”和“医疗科技创新平台”。

23. 推动中国科技大学上海研究院等与香港高校及科研院所共同建立涉及人工智能、生命科学、新材料等领域的科研成果储备及转化库，组织企业专场对接会，促进两地优秀科技成果转化。

24. 为加强沪港两地在智能制造、智能城市及中小企业科技创新的支持服务合作，香港生产力促进局与上海市经济和信息化委员会将签订协议，促进科技成果的应用和商品化及沪港两地的优秀创科企业交流融合。

25. 鼓励和支持在沪香港机构和企业参与上海市研发公共服务平台建设。引导在沪港资企业或创业团队运用上海市“科技创新券”等优惠政策开展科技创新活动。

26. 加强沪港知识产权贸易有关机构在推动知识产权交易及发展相关高端知识产权服务等领域进行交流与合作，开展与推动两地以多元方式（包括仲裁和调解）解决知识产权纠纷的交流与合作。

27. 为促进沪港智慧城市建设合作及推进软件行业发展，香港软件行业协会与上海市软件行业协会将会签订合作协议，共同开展技术研发交流，尤其在基础软件、工业软件、云计算、大数据、人工智能、智能城市建设等领域加强合作，以及共同开展软件技术人才培养等合作项目。

（七）便利港人在内地发展的措施

28. 上海市人民政府进一步加强落实中央有关部门推出的便利港人在内地发展措施，让在沪港人在教育、就业、创业和日常生活等范畴享有内地居民的同等待遇，做好香港人才居住证办理、落户，为香港专才提供出入境、子女就学等便利。上海市人民政府推出服务在沪港人的“一站式”咨询服务平台，就不同的便利措施提供数据。

（八）法律和争议解决

29. 建立两地法律主管部门对口交流合作机制，落实双方工作人员定期学习交流机制，共同落实推动沪港两地律师交流合作，促进仲裁及调解业界相互支持、共同推广仲裁和调解、加强高素质国际化仲裁调解人才培养及国际争议解决中心建设等方面开展常态化交流合作。第四届沪港商事调解论坛已于 2018 年 5 月 19 日成功举办，支持沪港两地继续交流合作。

30. 试点推行两地律所合伙型联营，在上海开展内地律所与香港本地律所合伙型联营试点。

31. 上海市律师协会建立特邀观察员机制，邀请在内地有业务联系的香港律师担任上海市律师协会的特邀观察员，参与上海市律师协会的相关活动。

（九）自贸试验区

32. 上海市人民政府落实国家和上海自贸试验区关于现代服务业扩大开放的相关措施，积极推动包括金融服务、电信、文化、专业服务业、航运服务等多个领域对香港服务业的扩大开放，吸引港资企业到上海自贸试验区投资兴业。

33. 进一步放宽外资金融机构准入、扩大业务范围和推进资本项目可兑换试点措施，上海与香港探索先行先试和共同发展机遇。

34. 上海有关机构与香港金融管理局、香港证券及期货事务监察委员会、香港保险业监管局等法定机构建立双向合作交流机制，共同分享香港国际金融中心建设经验，推动上海自贸试验区陆家嘴金融城的转型升级。

35. 沪港两地持续就自贸试验区合作适时举办研讨会、座谈会和推介会，通报两地相关情况和最新政策措施，邀请两地相关官员和业界代表出席。

（十）商贸投资

36. 香港投资推广署计划在2018年11月首届中国国际进口博览会期间举办圆桌会议，鼓励上海企业来港落户，利用香港一站式及国际社会认可的专业服务业“走出去”，拓展业务和海外市场。

37. 加强两地政府及商协会等机构的合作。结合CEPA新增协议开展CEPA宣传，搭建专业领域对接交流平台，推动服务贸易和投资。

38. 以电子商务、数码电子、智能城市等数字领域合作作为新动力，支持并促成上海外国投资促进中心与香港相关机构合作，鼓励专业领域的对接交流会，推动科技创新建设，鼓励和支持上海服务贸易企业参与香港相关会展活动，共同开拓国际市场。

39. 促进两地中小企业合作交流。上海市促进中小企业发展协调办公室与香港贸易发展局等建立长效工作机制，组织沪港中小企业间交流互访活动。

（十一）航空航运和物流

40. 落实沪港机场第三阶段合作方案，提升管理效率，完善管理制度，培养专业管理团队。因应上海浦东国际机场扩建工程，2018年4月，香港机场管理局与上海浦东国际机场签订管理咨询协议，委托香港机场管理局针对航站楼流程、商业设计及航站楼管理等三方面展开研究并提出建议。

41. 加强沪港机场培训合作，扩大人员交流。香港国际航空学院在2018年持续扩大和上海机场集团的人才培训计划。预计2018年约有40名来自上海机场集团员工参与有关客运大楼和飞行区运作及管理课程及挂职培训。香港国际航空学院也会首次派出资深导师前往上海机场，就机场工程基建管理作专题授课，预计有50人参与有关培训。

42. 双方合作培养现代航运服务业人才，以及加强两地就船舶排放控制区的管控交流工作经验，共同促进两地航运业的节能减排工作。

43. 促进两地港口交流合作，分享两地港口发展的经验以应对全球航运业的新挑战。两地探讨航运指数及其他海运商业服务领域的合作，研究如何推动两地航运业的发展，特别是“一带一路”沿线国家和港口与上海和香港的航运联系。

（十二）城市规划建设管理和环境

44. 全面加强沪港两地在城市规划、建设和管理，如城市更新、绿色建筑和建筑工业化、郊野公园建设及管理、历史建筑修缮保护、城市地下空间开发研究、地下管线管理、基础设施建设养护、工地管理、物业管理、市容管理、垃圾治理、城市安全运行等方面的交流和合作。

45. 开展两地环境保护合作交流，加强沪港两地在辐射环境监测和应急领域的合作。香港环境保护署与上海市环境监测中心将于 2018 年至 2019 年进行实验室相互交流，加强两地在环境空气监测的质控及质保管理和合作。上海市积极参与香港国际环保博览会，开拓两地优秀环保企业和技术的交流。

（十三）体育及旅游

46. 体育方面，加强上海与香港康乐及文化事务署在体育场地设施及普及体育等方面的交流合作。深化沪港体育团体间的交流，共同拓展与亚洲地区体育团体的合作。与香港足球总会合作，继续举办沪港足球交流活动，例如青少年足球交流活动。

47. 旅游方面，双方联合海上丝绸之路沿线重要节点省市，以美食、文化为依托，打造一程多站文化旅游及美食旅游产品，联手开展海外市场宣传推广活动。两地积极研究联合开发沪港双向研学旅游产品及邮轮产品，推动两地旅游客源互送。

（十四）专业人才

48. 香港特区政府公务员事务局和上海市政府港澳事务办公室按照已签订的公务员交流协议，继续开展交流活动，包括安排两地公务员派到对方机构交流学习。

49. 香港职业训练局与世界技能大赛中国组委会保持联系，为 2021 年在上海市举办的世界技能大赛探讨加强合作和交流经验。

（十五）医疗卫生及食品药品

50. 中医药发展方面，上海支持香港建设第一家中医医院，并与香港分享在中医药领域的优势资源，支持两地中医药学术和人才交流，为香港建设中医医院提供参考。加强两地大学在中医药领域的合作交流，推进两地在中医药国际标准化以及国际疾病分类领域的合作。

51. 医院管理方面，加强沪港两地在临床管理、卫生信息化、质量管控、人才培养等领域的交流合作。继续支持上海申康医院发展中心和香港医院管理局实施合作协议书（2016—2021 年）。

52. 公共卫生方面，加强两地在传染病防控、卫生应急、健康促进、控烟、妇幼保健等领域的交流合作，支持上海市疾病预防控制中心与香港卫生防护中心开展技术交流。

53. 医疗服务业方面，继续支持香港医疗服务提供商到上海设立医疗机构，进一步开放上海医疗服务市场，引进一流医学服务品牌、先进医疗技术、高端医学人才和优质社会资本，推进上海高端医疗服务业的发展。

54. 深化沪港两地食品、药品、医疗器械、化妆品、食品药品监管制度、监管措施、安全体系建设、检验检测体系、监管人员培训等领域的合作，探索在食品药品方面的风险监测和信息交流。

（十六）社会养老服务合作

55. 上海与香港社会组织探索在两地开展合作交流项目的可行性，为有意向与香港方面加强合作交流的上海社会组织牵线搭桥，促进沪港两地社会服务工作的深度融合。

沪港合作会议第五次会议合作项目清单

2021 年 8 月 30 日

（一）“一带一路”建设和商贸投资

1. 继续推动两地企业携手建立伙伴关系，联合参与“一带一路”建设，鼓励上海相关单位和企业继续参与在香港举行的“‘一带一路’高峰论坛”，开展投资和商贸配对，携手“走出去”，拓展国际业务。

2. 鼓励香港企业参与在上海举行的“中国国际进口博览会”，向内地市场推广香港优质产品和专业服务，拓展内销市场及深化两地的经贸融合；支持香港贸易发展局在进博会展馆推广香港作为双循环连接平台的角色，包括 2021 年举办以“香港通道 · 连接全球”为题的研讨会。

3. 加强沪港两地投资推广合作，共同通过举办大型投资推广交流会、圆桌推介会、投资推介酒会等不同形式的投资推介活动，宣传沪港两地营商环境。鼓励更多具潜力的上海企业赴港开展业务或利用香港作为“走出去”合作平台，拓展国际业务；同时，吸引更多海外企业通过香港到上海投资以达致互惠共赢。

4. 鼓励沪港两地商事争议解决机构以服务共建“一带一路”高质量发展为契机，积极加强合作，为企业提供专业化、国际化商事仲裁和调解服务。

5. 继续通过上海市商务委员会派驻香港贸易发展局“中国商务顾问”项目以及香港“创智营商博览会”等项目，促进两地中小企业间开展合作交流。

6. 鼓励上海企业积极参加香港“内地企业伙伴交流及对接计划”，与香港工商及专业服务界对接。

7. 依托“上海市企业服务云”，对接沪港两地优质服务机构，为两地中小企业提供人才培训、品牌推广、创新支持、国际合作等服务。

（二）文化及创意产业

8. 积极支持沪港艺术团体、演艺学校及文博机构等举办在线文化交流活动。疫情缓和后，双方继续拓展交流，包括支持香港管弦乐团、香港中乐团在上海演出。

9. 香港西九文化区持续推动与徐汇滨江综合开发建设管理委员会（上海西岸）、上海文广演艺（集团）有限公司、上海戏曲艺术中心合作，包括邀请上海昆剧团、上海评弹团、上海越剧院等来港演出；推动和探讨上海当代艺术博物馆与香港 M+ 博物馆在展览领域的合作计划。

10. 适时在香港举办“上海文化周”，推动上海文艺院团优秀作品赴港交流。

11. 香港艺术发展局于 2022 年继续与上海“1862 时尚艺术中心”合作，支持香港作品在上海演出。

12. 支持上海博物馆与西九文化区香港故宫文化博物馆签订合作意向书，增进两地的文化交流，并开展在藏品保护、展览策划、博物馆管理等领域的合作。

13. 欢迎香港设计界行业组织、企业、大师积极参与 2021 年 10 月在上海举办的“第一届世界设计之都大会”。支持创意香港资助业界组织“香港设计师协会环球设计大奖 2021”得奖者于 2022 年 4 月到上海举办研讨会，促进两地设计业交流。

14. 支持沪港两地创意产业发展，推动企业参与两地的创意活动，包括邀请上海业界代表赴港参加年度盛事“设计营商周”和“香港影视娱乐博览”及旗下活动（包括“香港国际影视展”），加强两地业界交流。

（三）创新及科技

15. 支持上海市科学技术委员会和香港创新科技署签订合作备忘录，建立沪港两地政府间的科技交流机制，鼓励搭建交流与合作平台。积极探索通过优势互补以推进两地建设国际科技创新中心的共同目标。同时推动上海科学技术交流中心、上海市科技创业中心、香港科技园公司、沪港经济发展协会和上海香港联会的交流合作，共同探讨签署五方合作协议。

16. 继续支持两地高校及科研机构在生物科技、人工智能 / 机器人、金融科技和智慧城市等重点领域开展合作研发项目，共建联合实验室或联合研究中心

17. 继续支持两地科技园区及科研基地等创科平台的建设，鼓励两地产学研机构及创科平台在科技成果转移转化领域开展工作。

18. 鼓励两地创科企业孵化器（众创空间）开展合作，支持两地青年科技人才交流合作及创新创业。

19. 鼓励和支持在沪港资企业或创业团队以及在港沪资企业或创业团队，运用所在地合适的资助计划和优惠政策，开展科技创新活动。

20. 开展 SODA（上海开放数据创新应用大赛）与 B4B（香港 B4B Challenge 大数据应用挑战赛）等开放数据赛事合作，共同打造服务两地的大数据双创平台，深化沪港大数据产业合作。

21. 鼓励香港的人工智能专家、企业家、企业和支援科研的机构积极参与上海世界人工智能大会，并协助举办世界人工智能大会香港分会，推动两地人工智能产业领域进一步交流合作。

22. 支持香港举办首届“亚洲医疗健康高峰论坛”，并视乎疫情防控，组织相关单位和企业参与论坛，共同促进内地、香港和国际医疗健康发展及交流合作。

23. 支持香港知识产权署与香港贸易发展局继续利用“亚洲知识产权营商论坛”等平台，推动知识产权商品化及知识产权贸易，鼓励上海企业利用香港的专业服务，扩大国际合作；加强两地知识产权合作和开展企业知识产权研讨交流等活动，包括加强两地知识产权部门合作，邀请上海的业界及企业参加 2021 年 9 月由香港特区筹办的线上《内地与香港特区、澳门特区知识产权研讨会》，促进沪港两地在此领域更广泛和深入的交流。

（四）金融

24. 深化沪港金融合作工作会议机制，促进两地金融主管部门、金融监管部

门、金融市场和金融机构的互动，继续加强两地金融领域的合作。

25. 鼓励港资金融机构把握国家金融对外开放机遇，到上海设立或参股银行、保险、证券、基金类机构，依法扩大在沪分支机构业务范围。

26. 有序推进两地金融市场和金融基础设施互联互通，研究扩大股票市场互联互通目标范围至 ETF 等产品并持续优化沪港通的交易及结算机制，推动内地与香港债券市场跨境联通机制。

27. 在符合相关监管要求前提下，支持具备条件的上海企业用好沪港两地资本市场，拓宽融资管道，加强两地培训合作以及在金融管理和金融风险防控方面的经验交流。

28. 继续推动 ETF 互挂计划常态化。鼓励沪港基金公司积极参与 ETF 互挂及内地与香港公开募集证券投资基金互认。

29. 深化香港交易所与外汇交易中心和上海清算所的合作，积极探索为境外投资者提供更多人民币利率风险管理工具。

30. 加强沪港绿色金融合作。支持两地金融市场、金融机构在绿色金融产品研发、服务、创新等方面加强合作。加强两地在绿色金融相关标准方面的研究合作和标准互认。相互推广沪港两地绿色和可持续发展市场，发挥两地各自融资平台的优势，鼓励两地企业利用资本市场及金融专业服务开展绿色和可持续投融资、认证及研发各类有关金融产品。

31. 为助力全国碳市场与碳金融发展，推动实现碳达峰碳中和目标，加强沪港在碳交易以及碳金融产品研究、开发和监管方面的交流。

32. 香港欢迎包括来自上海的金融科技企业及金融机构在符合相关监管框架前提下，落户香港及与本地金融科技企业合作，把握国家庞大市场带来的机遇，开拓商机。

33. 加强两地金融人才培训和交流合作，适时恢复“沪港金融专业大学生交流考察计划”。

（五）教育及人才培养

34. 贯彻落实两地教育合作备忘录项目，支持“沪港大学联盟”建设发展，根据联盟章程鼓励两地更多大学加入联盟机构；鼓励支持两地中小幼学段更多学校缔结“姊妹学校”。

35. 进一步推进基础教育领域在沪港籍儿童青少年入学入园工作，继续推进在沪港籍高校学生招生培养工作。

36. 支持香港青年参与 2022 年在上海举办的世界技能大赛，加强与相关院校合作，为参与大赛的学生提供培训和帮助。

37. 继续推动和深化两地公务员交流，并在国务院港澳办指导下，研究制定新一轮交流计划和具体安排。

（六）法律和争议解决

38. 支持和促进两地法律服务业扩大业务合作，继续积极支持香港律师事务所与内地律师事务所在上海开展合伙联营、香港法律执业者受聘担任上海律师事务所法律顾问、两地律师事务所分别在对方设立分支机构等。

39. 支持香港律政司与上海经贸商事调解中心联合举办第五届沪港商事调解论坛，上海国际仲裁中心与香港国际仲裁中心联合举办“2021 仲裁沪港通”。促进双方通过商事调解和仲裁来解决知识产权争议等议题。

40. 支持和促进两地法律、仲裁、调解等服务专业拓展交流平台，开展服务人才的合作、培训和交流。研究在双方各自条件、资源和疫情防控措施许可下，合作举办沪港法律论坛。

41. 按照最高人民法院与香港特别行政区政府相关会谈纪要精神，香港律政司与上海市有关部门保持沟通和合作，支持两地法院相互认可和协助破产程序的试点工作顺利开展。

（七）医疗卫生及药品监管

42. 积极支持香港第一家中医医院的建设，促进两地开展中医药学术和人才交流，推进实施国家中医药管理局与香港食物及卫生局关于中医高级临床人才培训项目，加强两地在中医药国际标准化领域的合作。

43. 积极推动两地在公立医院高质量发展方面开展交流，包括临床管理、信息化、临床专科服务发展、医院评审评价等；继续支持上海申康医院发展中心和香港医院管理局实施新一轮合作协议书。

44. 加强双方在传染病防控、卫生应急、健康促进、输血安全等领域的合作交流，支持上海市疾病预防控制中心与香港卫生防护中心、上海市血液中心与香港红十字会输血服务中心开展交流。

45. 继续支持香港医疗服务提供商在上海依法设立医疗机构，进一步开放上海医疗服务市场，引进一流医疗服务品牌、先进医疗技术、高端医学人才和优质社会资本，推进上海高端医疗服务业的发展。

46. 深化沪港两地药品领域（药品、医疗器械、化妆品）监管制度、监管措施、安全体系建设、检验检测体系、监管人员培训等领域的合作，探索在药品领域的风险监测和信息交流方面开展合作。

（八）青年发展

47. 继续支持举办“沪港澳青年经济发展论坛”，加强两地青年在城市建设、青年创新创业工作方面的交流。不断优化香港青年内地交流和实习计划，包括“内地专题实习计划”“青年内地实习资助计划”等品牌项目。上海将积极为香港青年提供更好的交流和实习机会。支持举办短期创新创业基地的体验项目，增强香港青年对上海的青年双创基地、双创政策和配套措施的认识。支持香港青年在沪创业，鼓励获特区政府“青年发展基金”资助在粤港澳大湾区创业的团队，按照发展需要，拓展业务至上海市。

48. 香港特区政府驻上海经济贸易办事处和上海市人民政府港澳事务办公室将继续合作，共同推动沪港两地青年的交流，增进两地青年相互了解，并为香港青年在上海学习、实习及就业等方面提供资讯和支持。

（九）便利港人在内地发展

49. 上海继续落实中央出台的系列便利港澳居民在内地发展的政策措施，进一步强化居住证便利措施的落实，鼓励更多在沪港人申请居住证，不断推出针对回乡证在教育、卫生、金融和就业等领域的便利化应用。

50. 为在沪就业的香港人才提供海外人才居住证（B 证）、公共就业服务、社会保障、劳动权益等便利，确保来沪就业的香港人才便捷通畅地享受相关政策。

（十）航空航运和物流

51. 善用不同渠道和平台，包括由香港特区政府主办的“香港海运周”和“亚洲物流航运及空运会议”，以及参与每两年在上海举办的“中国国际海事会展”，促进两地航空航运和物流合作，鼓励海运企业善用香港的高增值海运服务。

52. 促进沪港两地船舶注册合作与交流。进一步推广香港船舶注册服务，发挥香港船舶注册处驻上海区域支援团队作用，为船东提供更快捷、更直接的支援。

53. 加强沪港海事仲裁合作与交流。共同促进沪港发展成为国际（或亚太）海事仲裁中心，为各海运企业提供优质的海事争议解决服务。

54. 继续深化与上海海事大学合作交流，例如通过“海运及空运人才培训基金”推行香港大学与上海海事大学学术合作计划，携手培训海事法律专才。

55. 继续推动香港航运和金融机构参与北外滩国际航运论坛等重大论坛展会活动，在航运运价指数、衍生品国际化等方面继续加大合作力度。

56. 继续支持上海虹桥机场引进香港国际机场管理理念，着力打造精品机场，不断提升管理水平和能力。

（十一）城市规划建设管理和环境保护

57. 全面加强两地在城市建设和管理方面的交流合作，如城市更新、优化建筑许可营商环境、工程招投标管理、绿色建筑和建筑工业化、历史建筑修缮保护、地下管线管理、基础设施建设养护、海绵城市建设、工地管理、物业管理、城市安全运行等。

58. 双方探讨开展关于挥发性有机化合物质控／质保管理和应对大气变化监测研究的合作；双方开展超级站和科学观测研究站技术交流与研讨，建立中短期人员交流和培训制度；围绕交通环境空气品质，开展空气品质监测新技术、资料分析、模型类比和大资料融合新方法开发与应用。

（十二）体育及旅游

59. 香港康乐及文化事务署与上海有关体育单位就体育场地设施及普及体育等各方面保持交流，并筹备举办沪港青少年体育交流活动。香港足球总会与上海方面研究举行足球交流活动。

60. 香港旅游发展局与上海市文化和旅游局及当地业界保持紧密联系，待疫情缓和后开展旅游推广活动。

（十三）社会福利服务

61. 推动沪港两地开展社会福利机构、社会组织或慈善机构的联系与合作，为有意向与香港方面加强交流合作的上海社会组织牵线搭桥。同时，支持两地相关机构共同开展项目交流与合作。

上海市商务委员会与香港特别行政区政府商务及经济发展局关于加强商贸合作的协议

2012 年 1 月

为进一步加强上海与香港的商贸合作与交流，推进 CEPA 及其补充协议的实施，更好地发挥两地优势和平台的作用，上海市商务委员会（以下简称甲方）与香港特别行政区政府商务及经济发展局（以下简称乙方）经过友好协商，双方本着相互借鉴、加强合作、互利互惠、共同发展的原则，在遵守各自法律法规的基础上，就如下合作共识签订本协议：

一、推进 CEPA 及其补充协议的实施

1. 在继续深化 CEPA 合作的基础上，甲方将积极推动扩大开放程度，争取在全市范围内开设 CEPA“绿色通道”，进一步提高项目审批效率，对 CEPA 框架下的企业设立给予最大便利，推动沪港投资贸易便利化。

2. 乙方将考虑适时举办关于 CEPA 措施的研讨会，邀请两地高层出席并发表主题演讲，甲方将协调相关部门给予协助。

3. 双方将进里步加强推动 CEPA 及其补充协议的实施，研究配套实施建议。对于落实 CEPA 及其补充协议中遇到的有关问题，乙方可通过甲方将有关问题提交上海市外资工作领导小组或相关负责部门研究解决。

二、加强对两地企业“走出去”的支持

4. 双方将鼓励两地企业联手开拓国际市场，发挥上海产业优势和香港人才、专业服务及全球网络优势，加快上海企业“走出去”步伐。

5. 甲方将组织相关的上海企业，借助乙方的资源和国际网络，举办企业座谈会、培训班或外访考察团，寻找海外投资商机。

三、增进沪港服务业合作

6. 双方将继续鼓励沪港两地服务业加强交流与合作，进一步促进两地服务业的联动发展。

7. 乙方将鼓励相关机构举办及参与推介香港现代服务业的活动，增进沪港优质企业在现代服务业领域的合作，甲方将给予全力支持。

四、拓展沪港商贸流通领域合作

8. 甲方将鼓励上海企业引进香港先进的商贸管理模式和经营业态，促进上海的产业转型和创新发展进程。

9. 双方将积极协助香港企业开拓上海市场，甲方爲更多香港知名品牌和优质产品进入上海提供便利。

五、发挥两地投资促进平台作用

10. 甲方将积极为香港企业到上海拓展业务、开发市场、考察交流和投资兴业提供支持。

11. 乙方将积极支持上海企业赴港发展，为沪港企业配对、招商推介等活动提供信息信息、牵线搭桥等服务，推动上海企业在港设立公司、融资及上市。

12. 双方将探索开展投资环境推介、产业推介等招商引资活动。

六、建立沟通合作协调机制

13. 双方将利用各自渠道，相互提供投资信息及国际市场信息，为对方相关课题的调研提供素材和协助。

14. 双方将考虑建立联络机制，就本协议的落实进行沟通。

本协议正本一式四份，甲方乙方各执两份。本协议自签署之日起生效。

上海市文化广播影视管理局与香港特别行政区政府民政事务局关于沪港文化交流与合作协议书

2012 年 1 月 5 日

为进一步加强上海市与香港特别行政区的文化交流与合作，上海市文化广播影视管理局与香港特别行政区民政事务局（以下简称双方）在沪港经贸合作会议的框架下达成如下协议：

第一条

双方鼓励和支持各自管辖地域下的文化机构、民间团体和个人在“一国两制”原则的基础上，进一步加强文化交流与合作，共同推动中华文化的发展与传播。

第二条

双方同意建立沟通机制，根据实际需要，不定期举行会议或会面；就进一步加强文化交流与合作事宜进行磋商，并制定文化交流与合作的执行计划。

第三条

双方鼓励和推动文化行政管理部门、文化艺术机构及艺术家之间在不同文化艺术领域的交流与合作，不定期选派两地文化行政人员、文化机构从业人员和艺术家进行互访，并协助访问人员实地了解两地在文化发展方面的成功经验。

第四条

双方将积极推动两地文化艺术研究机构和艺术院校建立学术研究、师资交流和人才培训合作机制。不定期举办文化艺术类的主题论坛、专题学术研讨会和师资交流、艺术人才培训班，提升学术研究水平，促进艺术发展和艺术人才培养。

第五条

双方鼓励和支持青少年之间的文化交流与合作，加强两地青少年之间彼此了解与沟通，共同弘扬和传承中华文化。

第六条

双方鼓励两地文化机构合作邀约国外艺术团体和文化艺术机构，以市场运作模式，在两地进行巡演和巡展。

第七条

双方同意在两地举办大型文化活动时进行合作，相互提供支持与协助，积极邀请两地的知名文化团队和人士，参加对方城市举办的艺术节、美术双年展、艺术博览会等大型文化艺术活动，共同提升两地文化品牌的影响力。

第八条

双方将促进两地文艺院团、美术馆、博物馆、社区文化中心等文化机构交流与合作，丰富两地市民文化生活，增进两地市民相互了解。

第九条

本协议书于2012年1月5日在上海签署，一式四份，双方各执两份，自签署之日起生效。本协议未尽事宜，双方另行商议。

上海市人民政府港澳事务办公室与香港特别行政区政府公务员事务局关于沪港两地公务员交流实习活动的实施协议书

2012年1月5日

一、目的

为了开拓香港和上海两地公务员的视野，交流工作经验和专业知识，加强双方的沟通与合作，经国务院港澳事务办公室安排，并经上海市人民政府（以下简称上海市政府）与香港特别行政区政府（以下简称香港特区政府）商定，在两地具有中、高级技术职称或一定专业管理经验的公务员及相关人员中开展交流实习活动。

二、机构的定义

在本协议书中，如交流人员来自于上海方面，“派出机构”指“上海市政府”，“接受机构”指“香港特区政府”。如交流人员来自于香港方面，派出机构”指“香港特区政府”，“接受机构”指“上海市政府”。

三、交流期、交滨人员数量及交流领域

本次交流期为2012年起至2013年底止，两地政府每年相互安排一次交流，每次大约三至五务公务员，每次为期四至八个星期不等；如有需要，经双方协商也可适当延长。两地派出公务员的数目和时间，无须对等。交流领域由两地政府磋商后确定。

四、交流人员的身份及工作计划

1. 在参加交流计划期间，交流人员仍是派出机构的职（僱）员，其身份是派出机构暂时派往接受机构的交流实习人员。

2. 交流人员的交流计划细节，由派出机构与接受机构协商后个案决定。接受机构应拟订实习计划，列明其所接受的每位交流人员在交流期内的工作。

五、考核和指导

1. 接受机构负责定期考核其所接受的交流人员的工作表现，并应委派适当的人员对上述每位交流人员的工作给予必要的安排和指导。

2. 在交流期结束后，接受机构应就每位交流人员的工作表现分别提交考核报告。

六、行为守则

交流人员应遵守派出机构所在地和接受机构所在地的法律、法规；同时遵守派出机构和接受机构内的一般工作规则、规定和行为守则，服从接受机构的工作安排。

七、资料保密

关于掌握和披露官方资料的规定，参加交流计划的人员必须遵守适用于接受机构的保密规定。上海市政府的交流人员必须遵守香港法例第521章《官方机密条例》，香港特区政府的交流人员必须遵守《中华人民共和国保密法》及其《实施细则》。

八、薪酬、开支及福利

1. 交流人员的薪酬、福利（例如医疗保障、房屋、退休福利）以及往返派出机构所在地和接受机构所在地所需的开支和额外津贴由派出机构支付。交流人员在任何情况下均不得同时享有两个机构的双重福利。

2. 接受机构必须按照本机构的规定，支付其所接受的交流人员因执行接受机构指派的任务而直接发生的其他开支。

3. 在接受机构工作期间，交流人员如拟在其职位、职务和职责可享有的每周假期和公众假期以外取得其他假期，必须由接受机构按照程序并视工作需要决定是否批准。在交流期结束后，接受机构应向派出机构提交其所接受的交流人员的假期记录。

4. 交流人员应遵循接受地政府有关每周假期和公众假期的规定。

九、损害、损失

1. 交流人员在执行接受机构的职务时因过失而导致接受机构蒙受损失或造成第三者受损，应由接受机构就这类错失作出赔偿或按接受机构的有关规定处理，交流人员不承担责任。派出机构无需向接受机构负任何法律责任。

2. 交流人员在执行接受机构的职务时导致的个人损伤，应由派出机构按派出地职员赔偿规定和法例作出赔偿。

十、课税

参与交流计划的人员无须就受聘于派出机构所得的薪酬向接受机构所在地政府缴纳个人所得税。

十一、交流期结束后的安排

交流人员在交流期结束后应返回派出机构。

十二、协议书的内容变更

本协议书在实施期间，如遇特殊情况需要变更内容，须经协议的双方签署机构协商确定。

十三、协议书的有效期

本协议于 2012 年 1 月 5 日签署，由签署日起至 2013 年 12 月 31 日止有效。

上海市商务委员会、中国（上海）自由贸易试验区管理委员会与香港特区政府商务及经济发展局关于加强沪港商务合作的协议

2015 年 4 月 10 日

为推动沪港两地在中国（上海）自由贸易试验区（以下简称自贸试验区）建设方面的紧密合作，鼓励沪港两地企业，利用自贸试验区服务业扩大开放及制度创新所带来的发展机遇，开展经贸投资合作，上海市商务委员会（甲方）、中国（上海）自由贸易试验区管理委员会（乙方）和香港特区政府商务及经济发展局（丙方）三方，本着互惠互利、共同发展原则，签订本协议。

一、加强两地互动交流

1. 本着以落实《内地与香港关于建立更紧密经贸关系的安排》（CEPA）合作为基础、以深化合作交流为目的，开展更紧密的经贸合作，密切商务往来和人员互访。

2. 支持各方相关机构在对方开展商务活动，支持两地企业对口洽谈、商业配对，为两地企业开展经贸投资合作和考察活动提供便利。

二、共同搭建投资促进平台

3. 针对沪港两地企业需求，三方合作适时举办沪港经贸合作研讨会、自贸试验区制度创新和投资贸易便利化政策说明会等活动，邀请两地相关官员和业界专业人士出席。介绍自贸试验区进展情况和最新信息，分享香港在投资准入、贸易便利化、过程监管等方面的成功经验。

4. 三方通力合作，支持两地企业、经贸促进机构和商会之间建立联系，开展投资促进活动。

三、促进双向投资便利化

5. 依托香港国际自由港的优势和自贸试验区投资管理方式改革，充分发挥两地投资服务机构优势，配合做好企业注册、融资、保险等商务服务。

6. 支持和引导两地企业投资商贸流通、金融服务、航运服务、专业服务等重点领域，鼓励两地企业开展多种形式的合作，进一步拓展经营领域，提升经营管理水平。

四、建立常态化合作机制

7. 建议上海市商务委员会、自贸试验区管委会与香港特区政府商务及经济发展局建立常态化合作机制。

8. 为使三方合作达到预期效果，各方明确联络部门和联系人，开展常态化交流。

9. 定期交换三方在商贸合作方面的相关信息。例如有关经贸的最新政策及法规落实情况和统计数据等资料。就三方共同关心的问题达成共识，探讨进一步合作事宜。

本协议文本一式六份，甲乙丙三方各执两份。本协议自签署之生效。

上海市金融服务办公室、中国（上海）自由贸易试验区管理委员会与香港特别行政区政府财经事务及库务局关于加强沪港金融合作的协议

2015 年 4 月 10 日

为充分利用中国（上海）自由贸易试验区（以下简称，自贸试验区）建设机遇，进一步推动沪港金融合作，根据国务院《中国（上海）自由贸易试验区总体方案》的精神，在沪港经贸合作会议的框架下，上海市金融服务办公室（甲方）、中国（上海）自由贸易试验区管理委员会（乙方）与香港特别行政区政府财经事务及库务局（丙方）就以下内容达成合作协议：

一、加强沪港互动交流

1. 深化沪港金融合作工作会议机制，进一步加强沪港两地金融领域的信息

交流，促进金融改革创新。

2. 借鉴香港成熟金融管理经验和做法，加强沪港两地在自贸试验区建设过程中的金融研究合作，向国家金融管理部门提供政策建议。

3. 加强金融从业人员交往交流。同时，以“沪港金融专业大学生交流及考察试点计划”为蓝本，定期举办沪港金融专业大学生交流及考察活动，促进沪港两地金融人才之间的互动和交流。

二、推进人民币跨境使用

4. 鼓励港资企业集团利用自贸试验区政策，积极参与人民币跨境各项业务试点，便利集团内部的经营性融资活动。

5. 鼓励沪港两地金融机构加强合作，为企业跨境投融资提供更多创新金融产品和服务，推动香港成为上海企业“走出去”的境外人民币融资的重要来源地和首选的投资平台及财资活动中心。

6. 推动自贸试验区企业在港发行人民币债券，并允许所筹集资金在规定范围内于境内合理使用。

三、推进金融市场互联互通

7. 推动沪港两地金融市场在证券市场“沪港通”基础上，通过产品研发、会员机构联合认定、风险联合监测等方式，进一步增强合作。

8. 鼓励港资企业参与自贸试验区内各金融要素市场国际交易平台的相关交易。

9. 鼓励自贸试验区内金融机构利用香港金融市场进行外汇头寸平盘以及风险对冲管理等金融交易。

10. 培育和提升自贸试验区内企业国际金融风险管理技能，推动区内企业通过香港金融有场衍生工具进行风险对冲，包括投资在港交所挂牌交易的金融衍生产品等。

四、鼓励金融机构互设和集聚发展

11. 积极落实《内地与香港关于建立更紧密经贸关系的安排》（CEPA）及其补充协议下的各项优惠政策及自贸试验区金融制度创新，鼓励港资金融机构在上海设立分支机构。

12. 鼓励符合规定的港资经纪公司、法律专业机构（包括香港律师以及律师事务所）、会计师事务所等金融中介、服务机构利用自贸试验区平台，积极开展规定范围内的各类相关服务。

13. 鼓励上海金融机构借助自贸试验区对外投资便利化的各项政策举措，赴香港设立分支机构，依托香港国际自由港优势，拓展国际业务。

本协议文本一式六份，三方各执两份。本协议自签署之日起生效。

上海市人民政府港澳事务办公室与香港特别行政区政府公务员事务局关于上海和香港两地公务员实习交流活动协议书

（2015 年 11 月至 2016 年 12 月）

一、目的

为了开拓上海和香港公务员的视野、交流工作经验和专业知识、以及加强上海和香港两地的沟通和合作，经国务院港澳事务办公室安排，上海市人民政府（以下简称上海市政府）与香港特别行政区政府（以下简称香港特区政府）商定，特派两地中、高级公务员开展实习交流活动。

二、机构的定义

在本协议书中，如交流人员来自上海方面，“派出机构”指“上海市政府”，“接受机构”指“香港特区政府”。如交流人员来自香港方面，“派出机构”指“香港特区政府”，“接受机构”指“上海市政府”。

三、实习交流期限、人员数量及领域

两地政府在 2015 年 11 月至 2016 年 12 月相互安排公务员实习交流，每次不多于六名公务员，每次为期约四星期。两地派出公务员的数目、职级和时间无须对等。交流领域及具体安排由两地政府协商后拟定。

四、交流人员的身份及工作

1. 交流人员在实习交流期间，仍属派出机构的职员，其身份是派出机构暂时派往接受机构的实习交流人员。

2. 交流人员的实习交流细节，由派出机构与接受机构协商后拟定。

五、考核和指导

接受机构负责定期考核其所接受的交流人员的工作表现，并委派适当的人员对交流人员的工作给予必要的指导。在实习交流结束后，接受机构就每位交流人员的工作表现分别提交考核报告。

六、行为守则

交流人员在实习交流期间应遵守派出机构所在地和接受机构所在地的法律法规；同时遵守派出机构和接受机构的一般工作规则、规定和行为守则，服从接受机构的工作安排。

七、资料保密

关于掌握和披露官方资料的规定，参加实习交流活动的人员必须遵守适用于接受机构的保密规定。香港特区政府的交流人员必须遵守《中华人民共和国保密法》及其《实施细则》，上海市政府的交流人员必须遵守香港特别行政区法例第 521 章《官方机密条例》。

八、薪酬、开支及福利

1. 交流人员在实习交流期间，其薪酬、福利以及往返派出机构所在地和接受机构所在地所需的开支和额外津贴概由派出机构支付。交流人员在任何情况下均不得同时享有两个机构的双重福利。

2. 接受机构必须按照本机构的规定，支付其所接受的交流人员因执行接受机构指派的任务而直接发生的其他开支。

3. 交流人员在接受机构工作期间，如拟在其职位、职务和职责可享有的每周假期和公众假期以外取得其他假期，必须由接受机构按照程序并视工作需要决定是否批准。在交流期结束后，接受机构应向派出机构提交其所接受的交流人员的假期记录。

4. 交流人员应遵循接受机构所在地政府有关每周假期和公众假期的规定。

九、损害、损失

1. 交流人员在执行接受机构的职务时因过失导致接受机构蒙受损失或造成第三者受损，应由接受机构就这类错失作出赔偿或按接受机构的有关规定处理，交流人员不承担责任。派出机构无需向接受机构负任何法律责任。

2. 交流人员在执行接受机构的职务时导致的个人损伤，由派出机构按派出地职员赔偿规定和法例作出赔偿。

十、课税

交流人员无须就受聘于派出机构所得的薪酬及补贴向接受机构所在地政府缴纳薪俸税或入息税。

十一、实习交流结束后的安排

交流人员在实习交流结束后应返回派出机构。

十二、协议书内容变更

本协议书在实施期间，如遇特殊情况需要变更内容，须经协议双方签署机构协商确定。

十三、协议书的有效期

本协议自 2015 年 11 月 1 日起至 2016 年 12 月 31 日止有效。

上海市司法局与香港特别行政区政府律政司
关于法律事务合作的安排

2018 年 8 月 24 日

自二零零三年十二月十二日香港特别行政区政府律政司与上海市司法局签

署法律服务合作协议书以来，沪港两地在法律事务合作交流方面取得良好进展。为进一步加强沪港两地法律事务的合作与交流，本着合作共赢原则，香港特别行政区政府律政司与上海市司法局经充分磋商，达成如下安排：

第一条　支持和促进两地法律服务行业扩大业务合作。双方积极落实两地《关于建立更紧密经贸关系的安排》下法律服务的开放措施及其他法律合作事项，包括沪方在本年内落实香港律师事务所与内地律师事务所在上海开展合伙联营、继续积极支持香港法律执业者受聘担任上海律师事务所法律顾问、两地律师事务所分别在对方设立分支机构等；支持两地律师行业的更紧密合作，尤其是在服务“一带一路”建设、建设自贸试验区、共同拓展国际法律业务等方面的合作。

第二条　支持和促进两地法律、仲裁、调解等服务专业拓展交流平台。支持两地法律、仲裁、调解等服务专业共同举办或邀请一方参加另一方举办的座谈会、研讨会、高峰论坛、活动周等活动，并促进两地法律服务专业在国际及区域的重大交流项目上增进合作与交流，例如支持两地律师在2020年环太律协年会等重大项目上加强合作。

第三条　支持和促进两地法律、仲裁、调解等服务人才的培训和交流。支持和促进两地律师、仲裁、调解等界别，包括两地青年执业者，开展深入的人才培训和交流，例如互聘到对方讲学、实习，就业务拓展、职业操守、诉讼辩论技巧、调解方式及技巧等方面开展学习交流。

第四条　支持和促进两地争议解决领域的合作交流。支持和促进两地仲裁机构、调解组织等争议解决界别在加强国际仲裁、调解和构建多元化争议解决机制方面的研讨，共同拓展仲裁、调解业务空间，共享培训资源，以及开展仲裁与调解衔接等方面的实质性合作。

第五条　合作举办沪港法律论坛。双方在各自条件和资源许可下，定期合作举办沪港法律论坛。论坛邀请双方、国际及区域间的司法机关、相关政府机构、法律服务行业协会、法律服务机构、争议解决机构、国际法研究和发展机构、专家学者等单位和人员参加，分享法律事业发展的经验，就共同关心的重大法律理论和实践问题开展研讨，共同推进两地法律事业的进步。

第六条　加强重大法律问题研究及交流。在各自条件和资源许可下，围绕“一带一路”建设、中国企业“走出去”、中国海外权益保护、内地和香港深化经贸往来等主题，充分发挥各自优势，加强双方政府机构、学术界及业界对上述领域重大法律问题的研究及交流。

第七条　加强两地政府部门法律工作人员培训和交流。通过互派政府部门法律工作人员到对方机构或其他相关政府部门见习，以及安排培训项目等方式，增进对彼此政府部门法律事务的了解，共同提高专业素质。

第八条　双方其他合作事宜。双方秉持合作共赢原则和贯彻“一国两制”方针，就国家重大政策以及由香港特别行政区政府和上海市人民政府达成协议的政策事项等，积极考虑加入相配合的法律事务合作与交流。

本安排于2018年8月24日在香港签署，以中文书写，一式两份（繁体版、简体版各一份），双方各执一份。

上海市教育委员会与香港特别行政区政府教育局教育合作备忘录

2018年8月24日

上海市教育委员会与香港特别行政区政府教育局（以下简称双方），本着加强两地之间的交流与合作，促进双方在教育方面的交流与发展，经友好协商，达成此备忘录。

一、双方将就各自的教育政策、教育管理及教育改革等重要信息，保持密切的沟通。双方将致力于创建更紧密的沟通机制，或通过高层人员的互访，达到相互了解的目的。

二、双方将合力推进在高等教育领域交流，支持建立“沪港大学联盟”，促进沪港两地高校开展多种形式的合作。

三、双方将持续开展在基础教育领域交流，以“沪港姊妹学校平台建设”为合作框架，鼓励两地学校缔结姊妹，支持姊妹学校开展不同形式的交流活动。

四、双方将着力促进两地学生在人文教育领域交流，积极开展科技、艺术、体育和文化方面的交流活动，邀请对方参加各自举办的青少年艺术展演、体育竞赛以及夏（冬）令营，增进两地学生的了解和友谊。

五、双方将协力推动教师专业发展，开展师资培训、教学设计、教学资源共享等方面的合作。

本备忘录于2018年8月24日在香港特别行政区签署。备忘录一式两份，签署双方各持一份，自签署之日起生效，有效期为3年。期满后，双方经协商后顺延。

沪港创新及科技合作备忘录

2021年8月30日

前言

在2018年8月举行的沪港合作会议第四次会议上，两地就包括创新及科技等十六个范畴的合作方向达成共识。为进一步加强沪港两地在创新及科技领域的合作与交流，积极探索通过优势互补以推进两地建设国际科技创新中心的共同目标，上海市科学技术委员会（以下简称上海市科委）与香港创新科技署（以下简称香港创科署）经友好协商，签署本合作备忘录。

第一条　合作内容

（一）支持两地大学及科研机构进行科研合作，包括共同申报国家科技计划、内地与香港联合资助计划，以及建立联合实验室或联合研究中心等。双方继续通过各自的资助计划支持沪港两地的大学、科研机构和企业合作，在重点领域（包括生物科技、人工智能／机器人、金融科技和智慧城市等）进行基础研究和应用研发项目等合作。

（二）支持两地科技园区及科研基地等创科平台的建设，并鼓励两地产学研机构及创科平台在科技成果转移转化领域开展合作。

（三）鼓励两地创科企业孵化器（众创空间）开展合作，支持两地青年科技人才交流合作及创新创业。

（四）鼓励和支持在沪港资企业或创业团队以及在港沪资企业或创业团队，运用所在地合适的资助计划和优惠政策，包括上海的“科技创新券”及香港的“创新及科技基金”等，开展科技创新活动。

（五）推动两地创科相关机构及单位从各自的优势及关注领域出发，围绕科技创新、科研合作、人才及技术交流、初创企业服务及大企业创新等内容开展合作，继续推动落实沪港有关机构及单位已签定的合作协议及备忘录等合作共识，深化原有合作交流项目。

第二条　执行机制

双方同意在沪港合作会议的框架下建立联络员沟通机制，根据实际需要，适时通过合适的形式回顾交流合作进展、跟进相关事宜。沪、港双方分别由上海市科委港澳台科技合作办公室、香港创科署政策及发展部负责日常工作对接。

第三条　其他

本合作备忘录未尽事宜及双方对本合作备忘录的解释、实施及执行如有任何分歧，由双方通过友好协商研究和磋商。

第四条　签署与生效

本合作备忘录由上海市科委与香港创科署的代表签署，自签署之日起生效，有效期五年。本合作备忘录一式四份（繁体版、简体版各两份），具有同等效力。上海市科委与香港创科署保存繁、简体版各一份。

编后记

《沪港合作发展实录》是2018年上海市社科规划（地方志研究专项）课题“沪港合作发展历程研究”的最终成果。“沪港合作发展历程研究”始于2018年10月。课题负责人根据上海市地方志办公室和上海哲学社会科学规划办公室公布的课题研究要求确定研究框架、主要内容、时间节点和人员分工，按照人员分工情况开展研究工作。在研究过程中，根据实际情况对框架和内容进行动态调整。2020年5月，形成课题研究初稿，在听取专家和有关部门意见的基础上，对课题初稿进行修改和完善。2020年9月，向市方志办提交总报告。2020年11月6日，市方志办召开“沪港合作发展历程研究”结题专家评审会，市方志办主任洪民荣、市港澳办副主任周亚军、市方志办处长唐长国等课题结项专家提出多项修改建议，特此表示感谢。为将课题研究报告转化为可以出版的书籍，课题负责人根据市方志办的要求和评审专家的意见，调整框架结构，增补大量内容，补充资料和数据。由于疫情以及补充资料等各方面原因，直到2022年7月提交书稿。其后，按照出版社的要求和规范，对书稿进行补充和完善，增补相关图照。

《沪港合作发展实录》以多元视角对沪港合作发展的历程、特点和经验进行系统总结，客观反映沪港合作发展的全貌，概括沪港合作发展的历史轨迹和逻辑思路，凸显沪港合作发展的成就和亮点，特别是通过专题和典型案例，多层次、多角度、多方位体现沪港合作的各个方面，为人们全面了解沪港合作发展的轨迹、历程、成就等提供参考和借鉴。《沪港合作发展实录》的编撰，得到上海市地方志办公室的具体指导，得到市港澳办和其他有关部门的支持、指导和帮助，在此表示由衷感谢。

本课题研究资料参考了《上海通志》《上海年鉴》《上海经济年鉴》《上海统计年鉴》《上海港澳台侨胞联络志》《上海市志·外事·港澳台侨事务分志·外事·港澳事务卷（1978—2010）》《上海市志·外资经济分志（1978—2010）》《香港志-总述-大事记》《沪港发展报告》《破冰——上海土地批租试点亲历者说》等书籍，以及上海市人民政府港澳事务办公室、上海市商务委员会等有关部门和香港特区政府的有关官方网站信息以及《人民日报》、新华社、《解放日报》、《文汇报》、上观新闻、澎湃新闻、香港《大公报》、《文汇报》等媒体及相关的新闻报道。另外，还参考了其他与沪港合作发展有关的学术论文和研究报告，在此一并致谢。

“沪港合作发展里程研究”涉及内容范围广、时间跨度长、资料收集难度大，加之课题负责人水平有限，最后成书的《沪港合作发展实录（1978—2021》存在不足之处，敬请批评指正。

2022 年 7 月

图书在版编目(CIP)数据

沪港合作发展实录:1978—2021/上海市地方志办公室编;张建著. —上海:上海人民出版社,2023
ISBN 978-7-208-18306-3

Ⅰ. ①沪… Ⅱ. ①上… ②张… Ⅲ. ①区域经济合作-区域经济发展-研究-上海、香港-1978-2021 Ⅳ. ①F127.51 ②F127.658

中国国家版本馆 CIP 数据核字(2023)第 125248 号

责任编辑 黄玉婷 黄好彦
装帧设计 范昊如 夏 雪 等

沪港合作发展实录(1978—2021)
上海市地方志办公室 编
张 建 著

出 版 上海人民出版社
(201101 上海市闵行区号景路 159 弄 C 座)
发 行 上海人民出版社发行中心
印 刷 上海商务联西印刷有限公司
开 本 720×1000 1/16
印 张 17.5
插 页 14
字 数 355,000
版 次 2023 年 7 月第 1 版
印 次 2023 年 7 月第 1 次印刷
ISBN 978-7-208-18306-3/K·3290
定 价 88.00 元